办公室管理

沈蕾 主编

中国建材工业出版社

图书在版编目(CIP)数据

办公室管理/沈蕾编著. —北京:中国建材工业出版社,2005.6(2013.8 重印)
(21 世纪高等教育商务秘书系列教材)
ISBN 978-7-80159-690-1

Ⅰ.办… Ⅱ.沈… Ⅲ.办公室-管理-高等学校-教材 Ⅳ.C931.4

中国版本图书馆 CIP 数据核字(2005)第 052505 号

内容简介

在秘书专业学生的教育和培养过程中,不仅要使之掌握秘书理论和技能,以便做个称职的秘书,还十分有必要让他们学习有关办公室管理理论和工作方法。这是因为,办公室是秘书从事秘书工作的环境和背景条件,只有对办公室的职能性质、工作内容等有非常清楚的认识了解,才能更好地从事秘书工作;其次,掌握办公室管理理论和工作方法还有利于秘书拓展自己的工作领域,有能力胜任其他办公室工作。

本教材正是基于上述观点而编写,其中包括:绪论、办公室工作人员及其管理、办公室工作信息、办公室文书工作、办公室会务工作、办公室保密工作、办公室的基本办公技巧。本教材有案例分析,也有思训练习,既适合教师教,也方便学生学。

办公室管理
沈　蕾　主编

出版发行:中国建材工业出版社
地　　址:北京市西城区车公庄大街6号
邮　　编:100044
经　　销:全国各地新华书店
印　　刷:北京雁林吉兆印刷有限公司
开　　本:787mm×960mm　1/16
印　　张:16.75
字　　数:280 千字
版　　次:2005 年 6 月第 1 版
印　　次:2013 年 8 月第 5 次
定　　价:39.00 元

本社网址: www.jccbs.com.cn
本书如出现印装质量问题,由我社发行部负责调换。联系电话:(010)88386906

21世纪高等教育商务秘书系列教材
编 审 委 员 会

《办公室管理》

主　　编:沈　蕾

序一
——高级商务秘书人才成功之路

我国经济的高速发展，使市场需求发生了显著的变化，从而使人们的职业取向也发生了显著的变化。一些在几年前还难以想像的职业现在开始大量涌现，而过去十分看好的职业却越来越乏人问津。商务秘书就是近年涌现出的一支新兴职业大军。目前，发达国家秘书队伍中商务秘书占绝大多数。随着我国社会主义市场经济体制的建立和逐步完善，商务秘书的需求量将越来越大，我国商务秘书队伍正在迅速发展。

在新形势下，如何学会用开阔的视野和世界的眼光正确地把握商海大潮的大趋势，培养符合新时期各类公司和企业需要的商务秘书人才是当务之急。经济日报集团所属的中国建材工业出版社紧跟形势，抓住机遇，在党的“十六大”精神指引下，组织高等院校从事秘书学科教学的教授、专家、学者编写了一套商务秘书教材。这套系列教材，以“三个代表”重要思想为指导，立足国内商务和教学需要，纵观国际商海风云，借鉴国外经验，归纳综合了目前秘书界研究的新成果，明确了商务秘书的工作内容，强调了商务秘书的基本功和运作能力，对当前商务秘书研究的一些薄弱环节和秘书工作的发展动向等进行了有益的探索，富有新意和特点。

这是一套适合培养高层次商务秘书人才的好教材，它对全面提高商务秘书的素质将发挥重要作用。

郭长宇

（郭长宇先生系教育部国家督学、中国高教学会秘书学会副会长）

序二
——高层次、多视角、实用性强的商务秘书教材

秘书在中国已经成为一个大职业。其中，商务秘书又是秘书大军中需求量增长最快的后起之秀。中国的经济改革催化了商务秘书职业的诞生，而商务秘书职业的形成也标志着中国社会主义市场经济的成熟和完善。

秘书是公司企业中的重要职务。公司企业可以没有副总，但不能没有秘书，可是却有很多从业的秘书(办公室人员就是秘书)没有受过正规培训，这无法适应社会主义市场经济的发展需要。所以，近几年很多高校，特别是高职、高专纷纷开设秘书专业，培养新时期秘书人才，特别是商务秘书人才。那么，如何将一名普普通通的学生培养成为称职的商务秘书人才呢？这首先就需要有一系列符合经济全球化要求的、完整的、高质量的、实用性强的商务秘书教材。

经济日报报业集团所属的中国建材工业出版社在中国高教学会秘书学会协助下，组织了富有教学和实践经验的专家、学者编写了这套商务秘书系列教材，其主要特点是技能性、针对性、商务性、系统性、实用性。“技能性”是指在教材的结构安排上加强了实践性教学的比重，精心设计课程的实训、模拟，以使学生获得从事秘书职业所需的实际知识和技能，并获得进入劳务市场的有关证书。“针对性”是指本系列教材的市场定位非常清晰，填补了商务秘书市场的空白，为大学秘书系和高职、高专秘书专业及时地提供了一系列好教材。“商务性”是指将大量的商务知识贯穿于秘书学科的每一个模块中，使学生在大学阶段就了解经济、了解市场、了解商务。“系统性”是指编委和学者们从市场对秘书的要求出发确定了这套教材的规模和范围，系统地将商务秘书工作囊括其中。“实用性”是指编委和作者们明确将秘书教育定位为职业教育，借鉴国外以能力为基础的秘书教育经验，为读者提供了具有中国特色的有时代感的实用知识和方法。

笔者曾多年在中央机关、国有公司工作，后又投身秘书教育事业，可以说

当过秘书，领导过秘书，培养过秘书，而且深爱着秘书事业。在此我代表中国惟一的一所秘书学院——北京高等秘书学院衷心地感谢教材的主编、编委及各位作者与时俱进、开拓创新，编写出了这套高层次、多视角、实用性强，既便于教学又便于自学的商务秘书教材。感谢中国建材工业出版社出版了这套好教材。我借此机会，向广大秘书工作者、秘书专业的学员表示良好的祝愿。

王世红

（王世红先生系秘书教育家、中国高等秘书学院董事长）

目　录

第三章　办公室信息工作

第五章　办公室会务工作

第六章　办公室保密工作

第七章　办公室基本办公技巧

第一章　绪　　论

第一节　办公室的含义及相关概念

一、办公室的含义

很多时候人们一提到工作，就会提到“办公室”。例如我们经常听到“这件事情请你和我们单位办公室联系”，“一会儿请到我办公室来详细谈一下这件事”，“我去办公室盖章”，“到了办公室我会给你打电话”，“这件事由信息化办公室负责”等。

但是，如果细加体察，在这些谈话中所提及的“办公室”具体含义并不完全相同。因为在实际运用中，我国“办公室”一词一直具有多重含义，最主要的有以下几种：

1. 办公的场所

首先从广义上说，“办公室”泛指人们办公的场所。它是以“白领”们为典型代表的非体力劳动者从事工作的主要场所。这种场所通常必须具有处理与工作有关的各种事务的功能，要有办公家具、文件柜、书写文印设备、联络通讯设备等，可以供人们从事书写、接待、会谈、联络等工作时使用。那些从事非体力劳动的工作者最主要的工作场所就是各类办公室。例如，律师、记者、工程师、会计以及各级管理人员等都会有自己从事工作的办公室，秘书、助理、文员或科员等也都是在办公室环境下从事工作。

2. 各级政府部门及企事业单位下辖的主管某一专项工作的行政机构

在国家机关和企事业单位中，出于集中开展某些专门工作的考虑，会设置一些专门办公室负责专项工作的管理。例如，“江苏省人民政府法制办公室”为省政府负责法制工作的直属机构；“北京市机构编制委员会办公室”是北京市机构编制委员会的常设办事机构，是市委、市政府负责本市行政管理体制改革和机构改革以及编制管理的办事机构；北京市人民政府 45 个工作部门中，亦有多个此类办公室，如“市人民政府外事办公室”、“市人民政府侨务办公室”、“市人民政府法制办公室”、“市人民政府经济体制改革办公室”、“市人民防空办公室”、“首都绿化委员会办公室”、“市信息化工作办公室”等。

这类办公室实际上是一种行政管理机构，往往对所主管的专项工作负有全面的责任，例如某市无线电管理办公室的主要职责是：

(1)负责规划管理全市无线电频率和电台呼号的使用；

(2)负责无线电台(站)建设布局的审定和使用管理;

(3)管理无线电发射设备的研制、生产、进口、销售和使用;

(4)负责无线电监测和无线电发射设备技术标准检测;

(5)负责无线电管理收费;

(6)实施无线电监督检查和违章处理;

(7)承办市政府和上级有关部门交办的其他事项。

从这里我们可以看出,这类办公室要负责该专项工作的规划、管理、监督、审批、政策研究指导、技术研发等各个方面。

3. 各类机关、团体、企事业单位中协助领导处理本单位日常工作,为领导及整个组织提供辅助性或支持性工作的专门机构

我国党政机关、企事业单位及其他各类社会团体中普遍设立一个专门机构协助领导处理本单位日常工作、综合办理本单位行政性事务,为领导及整个组织提供辅助性或支持性工作。"办公室"是这种机构的典型称呼,而我国省、直辖市级以上的党政机关,由于规模较大、级别较高,日常事务繁杂,其相应的协助性办事机构也比较庞大,内设部门较多,一般称为"办公厅",如"中共中央办公厅"、"国务院办公厅"、"北京市人民政府办公厅"等。

另外在我国秘书学理论中,由于秘书是办公室中一类非常重要的职位,其工作内容属于办公室工作的重要组成部分,而且在一些规模不是很大的办公室,往往秘书还要承担其他办公室工作,因此,人们往往又将"办公室"称为"秘书部门"或"秘书机构"。

一般来说,办公室是协助领导处理本单位日常工作,综合办理本单位行政性事务,为领导及整个组织提供辅助性或支持性工作的专门机构。但由于各单位具体情况不同,所以办公室工作的职责也不尽相同,在机构规模较小、工作量不大或业务不太复杂的单位,往往由办公室承担这类工作,但在较大规模的单位,往往是设局长办公室、总经理办公室、校长办公室、所长办公室等专门协助领导处理日常工作,而将整个单位的辅助性工作划归其他专门部门负责。

二、相关概念

"办公室"是我国党政机关、企事业单位及其他各类社会团体普遍设立的协助领导处理本单位日常工作,为领导及整个组织提供辅助性或支持性工作,综合办理本单位行政性事务的一个内设机构的普遍性称呼。但在一些企业还将承担这类工作的机构称为"行政部门"、"支持部门",将负责办公室工作的领导——办公室主任称为"行政主管"等;很多时候人们还将办公室工作称为"事务性工作"、"办公事务"、"行政事务",将办公室负责的后勤工作称为机关事务工作、行政工作。

“办公室”及“办公室工作”与“行政”、“行政工作”、“事务工作”、“行政支持工作”等概念之间究竟是怎样的关系？为什么还会有这样一些称呼？这些就是我们在这里要先了解清楚的一些概念。

1. 行政及行政管理

在我国，“行政”有多重含义，可以泛指各种管理工作，使用非常广泛。因此，“行政管理”一词的含义也相当宽泛，主要有以下几种：

(1)国家管理工作

马克思曾经说，行政是“国家的组织活动”，是国家政务的管理活动。因此“行政管理”可以专指国家行政体系以宪法和法律为依据对国家政务和社会公共事务进行的组织管理活动，包括国防、外交、民政、公安、司法、教育、卫生、科技、文化、体育及国民经济方面等大量的组织管理活动。从事行政管理的主体是国家的行政机关。

但是由于目前“行政”一词有多种含义，而国家的管理活动与一般的管理活动的本质区别就在于它的“公共性”，所以现在人们趋向于将国家的政务活动中的公共性加以强调，以区别于一般意义上的行政管理。例如，我国将之称为公共行政管理或公共事务管理，以与一般的管理活动相区别。英文中的国家行政管理一词，是 public administration，public 本身就含有公有的、公众的、政府的、公家的、公用的、公开的等多种含义。

(2)组织内部管理工作

“行政管理”又可以指各种组织的内部管理工作。法国管理学家、世界管理学之父亨利·法约尔第一个从企业的一般管理过程中区分出行政管理职能，他认为，行政管理并不局限于政府事务的管理，在企业或私人部门的管理活动中同样包含着行政管理。对企业而言，管理是指导企业朝着自己的目标前进的所有工作，而行政管理则是整个管理过程中的一个重要的管理职能，是管理者的工作中仅对人事有影响的那一部分。

所谓组织内部管理工作，是与组织为完成使命、行使职权所做的政务或业务管理相对而言的。例如，我们可以将国家行使权力管理国民经济、维持社会秩序、维护国家安全等看作是政务活动，而将政府部门为了维系自身运转，对其内部人事、财务、物资、信息、后勤及各种办公活动方面的管理看作是组织内部的管理。同样，一个生产性企业为了实现自身目标对从事采购、生产、运输、销售、技术研发等进行的管理可以被看作是业务管理，而对组织内的人、财、物、信息及办公活动的管理也同样可以被看作是内部管理即行政管理。任何一个组织都离不开对内部的管理，因为组织目标的实现不可能离开人、财、物、各部门工作的配合以及信息的交流与共享。

正是因为“行政管理”有这样一个含义，所以，在人们普遍将各类组织中综合承担本单位内部管理工作的专门机构称为“办公室”的同时，也有一些单位特别是企业，将负责这些工作的部门统称为“行政部门”。

(3)后勤管理

由于总务后勤工作是办公活动的物质保证，在我国，“行政管理”又可以理解为“行政事务管理”，专指组织内的总务后勤管理。

1949年中央人民政府成立后，中央人民政府办公厅设立“行政处”(也称为“总务处”)负责总务工作，1950年又设立“中央人民政府政务院机关事务管理局”，承担中央人民政府及政务院会议招待、宴会、典礼及政府办公厅、政务院机关的总务、财会、供给、交际、人事、警卫、生产、中央一级(包括大区)政府、党派、团体的行政经费管理等，这一机构的命名，最初拟为“行政管理局”，但当时有关领导考虑到这一名称易产生误会，所以才采用了“机关事务管理局”之名。由此可见，用“行政”代指“总务后勤”由来已久。

现在我国很多机关、企事业单位中也都依然有“行政科”、“行政处”等以“行政”为名的专门机构，负责本单位的机关财务管理、办公用房及车辆管理、办公物资管理、水电维修、机关公共服务生活设施的使用管理、食堂宿舍管理、消防卫生管理、绿化、接待工作等后勤总务服务及管理工作。

2. 事务

“事务”一词在日常有较多的使用，但究竟什么是“事务”则少见明确统一的解释，商务印书馆1983年出版的《现代汉语词典》中对“事务”的解释为：①所做的或要做的事情；②总务。而从实际各方面情况来看，其含义也并不统一。在这里就人们平常经常使用的，如办公事务、事务性工作、行政事务、机关事务等做一些解释。

(1)办公事务

人们进行办公是通过一系列活动体现出来的，所以“办公事务”即泛指人们在办公场所处理业务和办公信息时所从事的各种活动，如接打电话、收发文件、开会、谈话、书写文件信件、资料查询、管理文件档案等。在整个组织的职能活动过程中，必然会大量产生这类办公事务，这些活动或工作是人们完成各项使命和岗位职责必需的手段和表现方式，也是实现行政管理目标和效能的重要手段，而且随着组织机构的膨胀，特别是管理活动的加强，这类工作还在不断增加。

(2)事务性工作或事务活动

这些概念与“办公事务”的含义大致相同，只不过人们有意识地将接打电话、收发文件、开会、谈话、书写文件信件、资料查询、管理文件档案等活动视为一类共同具有事务活动特性的工作，并指派专门的机构或人员承担起领导者们的办公事务，因此这类工作往往与“办公室工作”和“秘书工作”联系得更紧密，甚至泛指办公室和秘书的工作。

与一般意义上的办公事务相比较，二者的细微不同主要表现在：办公事务是人们在履行工作职责时都会产生的一系列活动，散布在每个人的工作过程中；事务性工作或活动更经常地是指组织和领导活动中规律性的或经常出现的一类办公事务，并且它的主要实施者并不是产生这类活动需要的本人（领导），而是办公室或秘书这样的专门机构和人员。

所以赵国俊、陈幽泓在《机关管理的原理与方法》一书中，对事务活动给出的解释是：“事务是相对职能而言的，指职能之外但却为实现职能所必需的、例行的、程序性的、辅助性的事情的总体。事务活动则是指那些为机关职能的实现、为职能活动的有效展开奠定基础、提供服务、创造条件的条件性、辅助性、技术性的活动。如文件工作活动、会务活动、档案信息工作活动、处理来信来访、组织保障和制度规范保障活动，以及后勤服务保障等活动都属于事务活动。”

由专门人员或机构按照专业的方法综合承担起组织及领导的事务性工作，对整个组织及领导工作来讲，都是极有效率的。

（3）机关事务

由于“事务”可以指“总务”、“行政杂务”，所以在我国行政机关，人们将“机关事务”用来专指机关的“后勤工作”。

自 1950 年我国成立“中央政府机关事务管理局”和“政务院机关事务管理局”以来，在我国国家机关，“机关事务管理”一直是机构后勤管理的正式称呼，并且一直沿用至今。2004 年上海市人事局和上海市机关事务管理局联合制定了《上海市机关事务管理职业资格》标准，依然将机关后勤工作称为机关事务管理工作，明确指出该资格主要适用于“为各类机关提供后勤保障服务的机关、企事业单位中从事后勤管理工作的人员”。

（4）行政事务

由于“行政”同时具有“管理”和“总务后勤”之意，所以从人们平常运用情况来看，“行政事务”所指主要有两种含义：一是泛指管理活动所派生出来的各种事务性工作，二是专指总务后勤（机关事务）工作。

3. 支持部门、服务部门

西方企业和其他组织往往也是将组织内专门负责人、财、物、信息及各类辅助性工作集中于一个部门，并将之称为“支持”、“服务”、“便利”、“辅助”或

“支援”部门，同时将从事所有这类工作的人员包括秘书、助理、各类专员等统称为行政支持工作者(administrative supply professions)，以便从名称上直观地反映出这类工作对组织的“支持”和“服务”作用。这类机构与国内综合负责组织内各种办公事务的“办公室”职能非常相近。

4. office

英文 office 通常被译为“办公室”，但它却与我国“办公室”的含义并不完全相同。1995 年版朗文当代英语辞典(英语版)中对 office 解释主要有：

(1) Building, the building that belongs to a company or organization, with a lot of rooms where people work. (2) Room, a room where you do work that involves writing, calculating, or talking to people. (3) Office, used in the names of British government departments.

所以 office 可以是办公室，可以是政府部门名称，也可以是营业处、事务所、研究室等。a doctor's office 意为诊所，lawyer's office 为律师事务所，a head office 是总公司，a branch office 则为分店，ticket office 为售票处，print office 则指印刷厂。

但是值得注意的是，在各类英文工具书中，却几乎未见作为“各类组织中协助领导处理本单位日常工作，为领导及整个组织提供辅助性或支持性工作”这样一个专门机构的名称的含义；而且在西方国家各类组织机构设置中，虽然也有总经理办公室、总裁办公室等名称，但却很难见到这样的“办公室”作为一个专门机构出现在组织结构图中，而我国的“办公室”往往在组织结构图中占有一席之地，并明显地表现出中枢机构的特性。

这主要是因为，西方国家似乎并不是以“办公室”这样一个专门机构综合承担对组织及领导的辅助支持工作，一般是由秘书和助理对领导提供办公事务支持，而对整个组织提供辅助支持的有关工作则往往是被归于“行政支持”部门。

所以在这里需要说明的是，本书后面所要讨论的有关“办公室”中的问题，是基于“各类组织中协助领导处理本单位日常工作，为领导及整个组织提供辅助性或支持性工作的专门机构”这一含义下的专门机构，它可以叫“办公室”、“办公厅”，也可以有“行政办公部门”或“支持、服务部门”等其他称呼。

第二节 办公室的职能

所谓职能是指人、事物或机构应有的作用。在秘书学理论中，人们往往认为秘书部门具有辅佐决策、参谋咨询、沟通协调、事务服务、检查督办等职能，但我们还要进一步去思考，为什么会有这样一些职能？它们是怎么产生的？

事实上，各类组织设置“办公室”这样一个专门机构，最主要的用意都是为领导及整个组织提供辅助支持，它的组织分工是从事辅助支持活动，它的服务对象是领导及管理活动，所以我们可以从组织分工、管理工作需要的两个方面来研究办公室应有的职能。

一、从组织分工看办公室的职能

1. 组织的管理体系及分工

现代社会组织的管理体系通常包括以下几种机构：领导机构、职能机构、监督机构、辅助机构。

(1)领导机构

又称首脑机构或领导班子。它是组织内部领导统辖全局的最高决策和指挥中心。其主要任务是制定政策、方针和长远规划，并统一领导、监督其他机构工作，从宏观上保证管理目标的实现。

(2)职能机构

职能机构是领导机构下设的执行部门，因此又称执行机构。它是组织内部的主体部分，具体是指在领导机构的直接领导下，负责组织和管理某一专门业务的机构。其主要任务是在领导机构的统一领导和指挥下，执行领导机构的决策，负责实施领导机构所制定的某一方面的计划，或对某一项专门工作进行管理，并领导或指导业务相同的下属机构。

(3)监督机构

是为了实现组织的目标，在组织内部负责监督和检查的机构。设置监督机构在组织内形成制衡机制，促使职能部门和有关人员有效执行领导决策。如审计机构和行政监察机构都属于监督机构。

(4)辅助机构

在各类组织中，一般都会有会计、人事、统计、信息处理、秘书、沟通协调、物资管理等工作，它们虽然不直接创造价值，不是组织的主营业务活动，但却是组织活动的必然派生物，是各项管理活动所必需的、最基础的工作。而且随着组织规模的扩大，管理工作的日益复杂，组织活动中产生的内部事务日益增多，管理工作对这些工作的依赖还在不断增强。这些工作对管理活动的支持作用非常明显，不夸张地说，如果没有相应的信息支持、物资支持、财务支持、事务支持、人力支持、环境支持等工作，管理工作的效率和质量便会大打折扣，甚至陷入瘫痪。另外，领导开展工作也需要大量的辅助活动，辅助机构就是组织中承担上述工作的机构。

简言之，辅助机构就是为领导及整个组织服务，承担各种辅助性工作的机构，其工作重点是协助领导机构办理日常事务，负责组织内部各项管理工作。与领导决策工作相比，这些工作属于较次要的或基础性工作，其中很多是属于程序性的工作，还有一些具有较强的专业技术要求，需要具备专门知识和技术的专门人员完成。与职能机构和监督机构的工作相比，辅助机构在组织中发挥的是全局性的辅助作用，要对领导机构、职能机构及整个组织的工作起辅助作用，对各项工作没有直接的指挥权力。

2. 辅助机构(办公室)的职能

我国各类社会组织大多是设立办公厅(室)来承担组织内的各项辅助性工作，其职能主要体现在以下几个方面：

(1)后勤工作

任何一个组织的各方面工作运行都需要相应的物质环境支持，包括房屋、车辆、办公设备、通讯设备、家具、文具、纸张及其他办公用品等多种资源，同时也产生了办公环境的安全、卫生、绿化、消防等要求。这些事务在整个组织范围内存在，也不属于任何一个职能部门的职责，应该由辅助部门统一管理。

(2)财务、人事工作

在组织活动中，人员的合理配备和使用、资金的运行等都是各项职能活动所必需的，其重要性不言而喻。而且这些工作的专业性发展使得其越来越独立于其他事务活动，因此在很多单位它们是辅助机构中的专门部门。

(3)为领导者和管理工作提供辅助支持

辅助部门应该是提高管理工作和领导者工作效率的部门，其对领导者及管理者的支持主要包括三个方面：

一是事务支持，通过替他们承担起较次要的行政工作或不必要他们亲自承担的事务性工作，尽量减轻其工作压力，使之有更多的时间和精力投入到更重要的工作中去。组织的活动归根结底大都是人的活动，必然会产生大量的联络组织工作及多种事务工作，领导者们每天都会有不少的电话、来访、来信、来文等，相应地，也会有出访、发文、召集和出席会议等大量活动，辅助部门可以为他们做好先期处理工作，将所有有关的事情准备就绪，然后再交领导者办理。此即人们通常所说的办文、办事、办会工作。这样可以节约领导的时间和精力，提高他们的办公效率。另外，办公室还要采取有效手段，协助领导对各项工作的落实和实施情况进行监控和协调，促进各项决策和工作部署的顺利完成。

二是信息支持，在组织活动中也会产生和需要大量信息，这些信息遍布组织内外，是领导决策及整个管理工作的基础，也是执行部门正确领会决策意图、执行领导决定，开展工作的必需依据。辅助部门应当承担起信息的收集、整理、加工、保管、传递、反馈等工作。各种信息在整个组织中各个方向的顺畅流动是组织良性运行的根本保障。

三是决策支持，领导决策需要相应的专业知识作支持，作为一个自然人，必然会有智力、精力和时间等多方面的限制，辅助部门可以发挥补偿功能，给予支持。例如，一项决策性工作，辅助部门可以提供的支持是提供全面信息，征询多方面意见拟订方案，组织各方面专家进行方案评估，然后供领导进行方案选择。辅助部门这方面职能的发挥，目标应该是“将各项领导工作加工成半成品”，最大限度地提供决策辅助。

从上述分析不难看出，组织分工决定办公室这样的机构要以整个组织为服务对象，以组织中的领导者、职能部门及整个管理工作为服务重点，其职能定位主要是负责组织的后勤、人事、财务工作，并通过文电办理工作、会务工作、信息工作、督办工作、协调工作、事务服务、辅佐决策工作及其他有关工作，协助领导处理日常工作。

二、从管理工作需要看办公室的职能

在组织分工中，办公室要为整个管理工作及领导者的工作提供辅助支持，所以办公室工作的开展要以领导和管理者的工作为重心，管理工作及领导者的职责范围就是辅助部门的工作范围，管理工作及领导者工作的重点，就是辅助部门的工作重点。因此，我们有必要先对管理及领导者的职能进行考察，然后分析办公室的职能。

对管理的职能，人们有不同的认识，早期管理理论一般认为，管理有计划、执行、控制三大基本职能。亨利·法约尔认为，管理有五大职能，他提出，在所有的企业中都包括六大类活动：(1)技术活动(生产、制造、加工等活动)；(2)商业活动(购买、销售、交换等活动)；(3)财政活动(资金的筹措和运用)；(4)安全活动(设备维护和职工安全等活动)；(5)会计活动(货物盘存、成本统计、核算等活动)；(6)管理活动，其中包括了计划、组织、指挥、协调、控制五种职能。“计划就是探索未来和制定行动方案；组织就是建立企业的物质和社会的双重结构；指挥就是使其人员发挥作用；协调就是连接、联合、调和所有的活动及力量；控制就是注意一切是否按已制定的规章和下达的命令进行。”

其后的管理学研究又提出了一些新的管理职能认识，通常人们认为，管理的主要职能是计划、组织、控制、协调、激励及领导六个方面。

1. 计划职能

计划是管理的基本职能之一，其主要任务是在收集大量基础资料的前提下，对组织的未来环境和发展趋势做出预测，并根据预测的结果和组织拥有的资源确立组织目标，然后制定出各种实施目标的方案、措施和具体步骤，为组织目标的实现做出完整的谋划。因此，计划实际上应该是一个连续程序，其中包括下列工作：

(1)正确地预测未来，进行机会分析

即预测未来可能出现的变化趋势，分析组织的环境状况，从中寻找发展机会，并判断利用这种机会的可能性及影响程度。这项工作需要掌握大量的信息情报进行科学的分析。

(2)确定目标

即通过机会分析确定出相应的目标，并将目标具体化。在这项工作中所确定的目标一般是操作目标或在一定时间内所要完成的具体目标，因此，要说明目标的具体内容，制定目标的指标。

(3)拟定可行性方案

即根据设定的目标，考虑将之付诸实施时要涉及到的问题，如要做什么、为什么要做、怎么做、什么时候做、由谁做、在哪儿做、需要什么及多少资源等。据此提出若干行动方案以供分析选择。制定方案时，可以委托专门的咨询机构，也可以广泛征询意见，提出若干可行性方案是为了进行多方分析比较，从而为选择最优方案打下基础。但方案的提出也不是多多益善。

(4)评价备选方案

即组织专家对每个方案的利弊进行分析比较，分析衡量的指标主要是方案的客观性、合理性、可行性、有效性、经济性、机动性、协调性等方面。

(5)选定方案

即通过对备选方案的综合分析比较，选择出最优化方案，这实际上就是决策工作。有时选出最优方案后，还要有备用方案，以备环境或其他因素发生变化时使用。

(6)拟定实施方案的步骤和计划

选定的方案一般是总体性计划，为了使之具有可操作性，需要对目标进行分解，制定出阶段性目标，即实现目标的具体步骤、程序和方法，并为之制定一系列行动计划，以保证各项工作的协调性、稳定性和系统性。目标的分解将落实到各职能部门及下级部门。

(7)制定预算

即计划的数字化。计划必须考虑人力、财力、物力方面的限制，预算的任务是准确计算计划的可行性，使计划的资源、任务分配变得容易。同时，预算也是对组织的各个层级的工作进行考核、监督和控制的依据。

上述工作中，办公室一般要负责信息的收集、加工处理和提供工作，并在拟定可行性方案、组织联络等方面发挥重要作用，这些工作属于相对简单的事务层次，也是办公室发挥辅助、协助作用的主要方面。

2. 组织职能

组织职能是指把确定的计划方案付诸实施的活动。其主要作用是为了实施计划而进行组织结构的设计，如成立某些机构或对现有机构进行调整，通过合理设计组织结构和权责关系，妥善安排及分配组织系统内各种机构及各类人员的工作，并进行设备、技术、物资等资源的调配。组织职能主要在以下两个方面发挥作用：

(1)进行组织机构的设计

即为了实施计划而设计出合理的组织结构，具体包括：通过研究，确定为达到目标所需要的各项工作；将这些工作分别归类，组成若干部门和分组，并指派管理者负责这些部门的工作，同时授予他们必要的权力；对组织结构的各种工作条件、权力、纵向和横向的信息联系做出条文规定。组织结构的目的是为人们进行工作创造合理的、良好的环境，它很大程度上决定着计划能否得以实现。

(2)为了完成计划目标而进行相应的组织活动

这种组织工作的作用是使分解了的目标能够有效地整合。其中主要包括：根据一定的原则进行任务分配和适当授权，即把分解的任务落实到具体的部门或个人，使一定的部门和个人具有完成任务所必需的相应权力，做到责、权、利统一；进行资源的合理配置，作好人员、设备、技术、物资等方面的调配工作，加强组织内部的协作；建立良好的沟通渠道，以保证每个人、每个部门都能清楚地理解组织的目标及责任关系，有清楚的方向可循。

在这项工作中，最重要的是机构的合理设置及人员安排。同时，每一次机构调整必然要带来相应的人事变更，员工对此反应极为敏感，在组织发生剧烈变革时，必须要将有关变革的目的等方面的信息及时正确地传达下去，并随时了解把握员工的反应，以便平稳渡过变革期。办公室为此需要承担起大量的信息工作、沟通协调及联络工作，负责上下级之间、部门之间以及组织内外的沟通联络。

3. 控制职能

控制职能是指上级部门或领导者对具体执行机构或人员进行的检查、督促和纠偏的活动，作用是检查各项工作是否按既定的计划、标准和方法进行，发现偏差后分析原因并进行调整和纠正，以确保组织目标的实现。控制职能贯穿于管理的全过程，内容涉及到事前事中的预防、督促、检查和事后的纠偏、惩戒，一般包括资源控制、过程控制和结果控制。

著名管理学家孔茨指出，“控制工作就意味着确定标准、执行标准、衡量执行情况，并采取措施努力纠正偏差的一系列工作”。所以有效的控制要求有明确的控制标准、适当的控制幅度、获取偏差信息的渠道、有力的调节措施和持之以恒的检查、督促等。

办公室对这项职能的辅助支持作用将体现在以下三个方面：

(1)制定综合性规章制度

办公室要协助领导者制定各项综合性规章制度，规范组织内每个人的行为，并作为检查和纠偏的依据。

(2)做好信息传递工作

控制工作实质上就是一个施控者向受控者传递指挥和决策信息，受控者向施控者反馈执行信息的过程。没有信息的传递，就难以保证控制的有效性。为了保证双方获得有效的信息，必须在组织内建立完善的信息传递网络，从而保证信息的畅通。办公室在这类信息收集、传递、反馈等工作中应该发挥出极大的作用。

(3)做好重要工作的督促检查工作

办公室要协助领导部门对全局性的或重要的工作实施控制，确保各项工作得到及时的贯彻落实。具体做法是了解工作的完成期限要求，掌握责任分工或任务分配情况，及时了解工作进展，对工作的进行全程检查和督促，并及时将各种信息反馈给领导，以便于领导的控制和纠偏。在国家机关，这项工作被称为“督办工作”，是明确规定由办公室负责的一项重要工作内容，办公室要安排专人按照规定的程序完成此项工作。

4. 协调职能

所谓协调即使事物达到一种和谐、同步的状态。协调是管理的本质，也是管理者的中心任务，在组织内部，人们在动机上、方法上、努力程度上、兴趣上等多方面存在差异，个人和群体之间也会有意见分歧、行动不一的情况，因此，为了实现组织的某种目标，必须要进行协调。

组织中的协调主要包括两个方面，一是内部协调，二是外部协调。

(1)内部协调

内部协调是使组织内人与人之间、部门与部门之间关系和谐，配合得当。在组织中，很多工作都需要多个部门、多个人员共同配合才能完成，因此不仅组织的人力、物力和财务要进行和谐配备，组织内各部门的活动也应该达到和谐，只有这样，才能保证各方面能够协调一致地努力实现组织目标。

内部协调的核心是沟通。沟通是把组织中的成员联系起来以实现共同目标的手段,没有沟通就不会有彼此的协调。沟通活动中最基本的要求是将一个正确的信息以正确的方式传递给需要的人,所以信息最为关键。

(2)外部协调

外部协调是使组织与外部生长环境之间达到和谐。外部环境是组织的重要生存和发展条件,同样存在协调问题,外部环境协调的目的是在一定范围内取得社会认同和合作,为组织的发展提供良好的空间。所以外部协调的核心是公共关系。即通过妥善处理组织与政府、媒体、客户、社会公众的关系,得到社会的认可接纳。

协调工作一直是办公室的一项重要职能,这主要是因为,在管理体系中,各职能部门有各自的分工领域,所能进行的只能是本部门内部的人际及事务协调,而与其他部门间的、更大范围的协调则更多地依赖于领导。而领导往往将这项工作委托给办公室,办公室接受领导的指派,采取各种有效手段做好组织内外的协调工作。

5. 领导职能与激励职能

领导是一种影响力,即对一个组织为确立目标和实现目标所进行的活动施加影响的过程,领导者是实施领导的人。而激励则是创设满足职工各种需要的条件,激发职工的工作动机,使之产生实现组织目标的特定行为的过程。

领导职能和激励职能主要涉及的是组织活动中人的问题,即研究人的需要、动机和行为,对人进行指导、训练和激励,以调动他们的工作积极性;同时还要解决下级之间的各种矛盾;保证各单位、部门之间信息渠道畅通等。1938年巴纳德(C. I. Barnard)在他的《行政主管人员的功能》一书中提出,主管人员的主要功能在于发挥每个人的智力,而沟通将在其中发挥重要作用,因此主管人员应多加注意并建立有效的沟通网络。

在这些职能活动中,最基础的工作还是协调以及信息传递,也是办公室工作发挥作用的重要方面。

综上所述,领导和管理活动要求办公室提供的辅助支持即承担的职能主要包括:信息工作、沟通协调工作、辅助决策工作、督办工作、事务服务工作等。

通过前面对组织分工及管理活动需要两个方面的分析,我们可以清楚地看到办公室的职能主要体现在两个方面,一个是对整个组织的辅助,需要承担起内部后勤、人事、财务及其他有关方面的管理及服务工作,另一个是对管理工作及领导者工作的辅助,需要通过信息、协调、辅佐决策、事务服务、督办等工作协助领导处理日常工作。

办公室的职能
- 对整个组织的辅助支持：后勤服务（物资管理、环境管理、安全保卫等）、财务工作、人事工作
- 对管理及领导工作的辅助支持
  - 计划工作辅助：信息工作、沟通协调工作、辅佐决策工作
  - 组织工作辅助：信息工作、沟通协调工作
  - 控制工作辅助：制定普遍性规章制度、沟通协调工作、信息工作、督办工作
  - 协调工作辅助：沟通协调工作、信息工作
  - 领导工作辅助：沟通协调工作、信息工作
  - 激励工作辅助：沟通协调工作、信息工作
  - 事务服务

但是同时需要说明的是，在不同的组织中，办公室的实际职能还是存在一定差异的，有的办公室综合承担各类辅助工作，有的办公室只承担对领导的协助工作，也有的办公室不承担财务、人事工作，在职责相同的情况下，具体工作内容也会因组织的需要不同而有不同。

另外，由于财务、人事工作有它专门的理论和工作方法，业务上具有相对的独立性，并且在组织的管理活动中的地位逐步上升，所以，在一些组织中，将人事及财务工作从办公室工作中独立出去，成为单独的工作部门，甚至在组织结构中上升至战略地位，所以在本书后面的内容中，将不再涉及这两方面的工作。

第三节　企业办公室的组织环境

如前所述，组织分工赋予办公室为领导及管理工作提供辅助支持的功能，办公室是协助领导开展日常工作的专门机构，与组织中领导及管理部门的活动等密切相关。因此，所在单位领导的职能活动、管理层的设置、组织形式等就成为影响和决定办公室活动的组织环境，而这一切又都与单位的性质、目标、内部机构设置形式、工作分工等有直接的联系。

一般来说，企业中的办公室所发挥的作用大致相同，但是由于其所处的具体组织环境不同，造成了办公室的工作内容、人员分工及配备、职责分工等多方面的差异，特别是企业的目标、组织形式、机构设置、管理层的具体情况等，对办公室工作产生着直接的影响。因此，要具体了解办公室的职能及主要的工作任务，就要将之放入整个组织系统中去进行考察。

一、企业形式

在西方国家，按照财产的组织形式和所承担的法律责任划分，企业的形式可以分为三类，即独资企业、合伙企业和公司企业。我国自党的“十四大”提出

建立社会主义市场经济以来，已针对内资企业先后出台了《中华人民共和国公司法》、《中华人民共和国合伙企业法》和《中华人民共和国独资企业法》等法律，据此设立的企业也有公司制、合伙制以及独资制企业三种形式。

1. 公司制企业

公司是企业组织制度的形式之一。它是依照法定程序设立的、以营利为目的的具有法人资格的企业，早在17世纪和18世纪就已在欧洲一些国家出现，进入20世纪以后，在英、美、法、德、日等国成为一种重要的企业形式。

在世界上，公司的种类依不同的法律体系有不同的划分。以法国和德国为代表的欧洲大陆法体系将公司分为无限责任公司、两合公司、股份有限公司、有限责任公司及股份责任公司；而以英国和美国为代表的英美法体系中的公司仅指负有限责任的公司，即有限责任公司和股份责任公司。在我国，公司制的企业主要包括有限责任公司和股份有限公司两种形式。

(1)有限责任公司

又称有限公司。按照我国《公司法》规定，它是指股东以其出资额为限对公司承担责任，公司以其全部资产对公司的债务承担责任的企业法人。

我国公司法规定，有限责任公司分为两个以上的股东设立的有限责任公司、国家单独出资设立独股的有限责任公司及外商投资者设立的有限责任公司(其中包括两个以上股东成立的有限责任公司和一个外国投资者设立的有限责任公司)三种形式。

有限责任公司是在吸收其他公司形式优点的基础上，晚于其他公司形式产生的。一般来说，有限责任公司股东人数较少，不公开发行股票，是中小型企业普遍采取的一种公司形式。在现代西方国家，有限责任公司的数量大大超过股份有限公司，是数量最多的一种公司形式。有限责任公司具有以下特征：

第一，有限责任公司是独立的企业法人。它有自己的经费和财产，依法独立享有民事权力和承担民事义务，能对自己在经营中的活动负责。

第二，股东以其出资额为限，对公司负有限、间接、非连带责任。

第三，有限公司的资本一般不表现为等额股份，不得公开发行股票。公司的全部出资额由股东认股集资构成，禁止邀请公众认购其出资。我国公司法规定，有限公司的注册资金最低限额为10万至50万元人民币。

第四，有限责任公司股东以公司所出具的出资证明作为出资凭证。出资股东的出资不得随意转让，亦不允许在证券交易所公开出售。如果发生特殊情况需转让出资，必须经全体股东一致同意，并在公司章程上做出相应变更。

第五，公司的股东人数少。有限责任公司的股东人数一般有最高限制，而且只有自然人才可成为有限公司的股东。英、法、日本等国都规定有限责任公司人数为 2 人以上 50 人以下。

(2)股份有限公司

股份有限公司是指全部资本分为等额股份,股东以其所持股份为限对公司承担责任,公司以其全部资产对公司债务承担责任的企业法人。它是西方发达国家大企业所采取的主要组织形式。股份有限公司具有如下特征:

第一,股份有限公司是法人。

第二,由于股份公司的重要作用之一是通过向社会发行股票筹集大量资金,以成为较大规模的公司,因此股份有限公司的股东不得少于法律规定的人数(可以是自然人,也可以是法人),我国公司法规定,不能少于 5 人。

第三,股份有限公司的全部资本划分为等额股份,公司股票可以向社会公开发行并自由转让。任何人只要按照有关规定支付股金,均可获得股票并成为股东,没有资格的限制。

第四,股东承担有限责任。公司是独立的法人,公司的债务责任由公司以其全部资产独立承担责任,股东不对公司债务承担出资范围以外的责任。即股东以缴清其股份金额为限对公司承担责任,此外不再承担任何义务。

第五,公司的账目必须公开。股份公司必须公布经注册会计师审查验证过的财政年度报告,包括董事会报告、年度财务预算方案、决算方案、公司利润分配方案和弥补亏损方案等,以便于股东了解公司的财务状况。

有限责任公司和股份有限公司还可以有进一步的分类,如以公司的国籍分,可以有本国公司和外国公司;以管辖系统分,可以有总公司和分公司,总公司是从组织、业务上管辖分公司的公司;分公司是接受总公司管辖的公司,而且不是独立法人,对外实施法律行为时要以总公司为民事主体;按公司的组织系统分,可以有母公司和子公司,母公司是持有另一公司 50%以上股份或出资的公司,子公司是被持有 50%以上股份或出资的公司,母子公司分别为独立企业法人,但母公司有权参与子公司的经营。

2. 个人独资企业

个人独资企业是由一个自然人出资组建,财产为投资人个人所有,投资人以其个人财产对企业债务承担无限责任的经营实体。它是最早产生也是最为简单的一种企业形式,也是西方国家数量最大、最常见的一种企业形式,目前我国这类企业也在逐年增加。个人独资企业主要具有以下法律特征:

(1)个人独资企业本身不具有法人地位,而与独资企业主属同一法人主体

个人独资企业只有一个投资人或业主,企业的投资人(或业主)既是企业的所有者,往往又是企业的经营者,并且业主是自然人,而不是企业法人。这

实际上就是由自然人个人从事商业经营的一种法律形式，所以亦称为自然人企业。

(2)投资人对企业债务承担无限偿付责任

独资企业的所有财产和对外所负的债务在法律上归业主所有。一方面，独资企业的盈利由企业主独享并可自由处置。另一方面，企业的亏损和责任亦由企业主个人承担，法律规定独资企业业主以其个人全部财产对企业的债务承担无限偿付责任，也就是说，企业资产一旦不足以偿还对外的债务，则由业主用其在独资企业以外的其他财产继续偿还。雇员在执行任务过程中产生的损害赔偿责任亦由企业主个人负责。因此它的财产与投资者的个人财产没有任何区别。

(3)投资人对企业经营管理拥有控制权和指挥权

在经营管理上，企业主享有企业财产、业务、人事的绝对控制权，但他也可以将经营管理权通过委托关系交由其代理人或雇员使用，自己只保留所有权。

独资企业资金来源有限，资本相对较小，一般从事小本经营。

3. 合伙企业

合伙是一种古老的法律形式，是公司产生之前经济联合的普遍形态。在西方国家，合伙是指两个或两个以上的人根据契约相互约定出资以经营共同的事业，合伙人共享利润、共担风险。合伙有民事合伙和商务合伙之分。商务合伙是指两个或两个以上的人根据契约相互约定出资组成以盈利为目的的企业。我国民法通则第30条规定，合伙是“两个以上公民按照协议，各自提供资金、实物、技术等，合伙经营，共同劳动”。我国合伙要求合伙人必须共同劳动，这是区别于西方国家合伙的一个显著标志。

按法律规定，合伙企业要“有两个以上合伙人，并且都是依法承担无限责任者”。合伙企业常常采用书面协议的形式确立收益分享或亏损责任。合伙企业具有以下主要特征：

(1)合伙企业不是法人

合伙企业的各合伙人就是合伙企业的法定民事权利和义务人，一般均为自然人，在法律上，合伙企业与独资企业类似，它不是一个独立的法人。合伙人之间通过签订合伙契约，规定各合伙人在合伙中的权利和义务。

(2)合伙人是“人的组合”

合伙人丧亡、破产或退出都会影响到合伙企业的存续。

(3)合伙人对合伙企业的债务承担连带无限责任

各合伙人、合伙企业对其债务，应先以企业全部财产进行清偿，合伙企业财产不足清偿到期债务的，各合伙人应当承担连带无限清偿责任。在我国司法实践中，合伙企业一旦发生对外债务，首先用该企业的财产偿还，不足偿还的部分，则由合伙企业的债权人在规定时间内向法院申请向任一合伙人的其他个人财产予以执行，由于合伙人承担连带责任，被执行的合伙人有权依法再向其他合伙人追偿超过其应承担的债务数额。

(4)合伙人原则上均享有平等参与管理合伙事务的权利

(5)合伙企业的财产归全体合伙人共有

合伙人出资于合伙企业的财产，虽由合伙企业统一管理和使用，但并不改变各合伙人对财产的所有权。

以上特征决定了合伙企业人数有限，很难募集大量资本，因而规模一般不大，是适合于中小规模或家族经营的企业的组织形式。

与公司比较，独资和合伙企业有一些明显的不足：一是资本规模有限，限制了企业的扩大生产和规模效应，现代化的大生产更适合采取公司形式；二是独资和合伙企业的投资者须负无限偿债责任，具有较大的投资风险，所以独资和合伙形式适用范围受到了一定限制，一般适用零售业、专业服务性行业（专业咨询机构，律师事务所等）以及小型生产企业的兴办。

另外，独资和合伙企业与公司企业还有一些明显不同：

一是独资和合伙企业都不是独立法人，因此，它们都不是企业所得税的纳税个体。按照国家最新规定，企业无须交纳企业经营所得税，企业所实现的利润直接归业主或各合伙人拥有，各投资人按照个人所得税法的规定依法交纳个人所得税，而业主和合伙人的纳税情况属于投资人个人的财务，与作为独立会计主体的企业财务必须分开。

二是公司法规定，我国对公司制企业实行的是注册资本制度，所谓注册资本即公司在登记机关注册登记的由全部股东认缴的出资额的总和。它不得低于国家对各行业所规定的最低法定资本的限额，例如，以生产经营为主的有限责任公司的注册资本不得少于人民币 50 万元，股份有限公司注册资本的最低限额为人民币 1000 万元。法律同时要求注册资本须有法定评估机构的验资证明，方可向企业登记机关办理注册登记，并且其注册资本一经登记不得随意增减，这样规定，从制度上保障了企业债权人的合法权益。而独资和合伙企业，一般无注册资本的限额要求，从理论上讲，申请登记的资本金可以为一元，但相关法律在其设立条件方面有明文规定，独资企业和合伙企业的设立，必须“有经营场所和从事经营的必要条件”。

很明显，公司制企业是符合现代化大生产需要的一种企业形式，同个人独资企业和合伙企业相比较，它的规模大、内部机构组织复杂，管理严格，相应地，办公室工作也比较正规。因此，后面关于企业办公室组织环境的讨论将集中于公司制企业。

二、公司的高级管理机构

公司法规定，有限责任公司和股份有限公司的组织机构包括股东会、董事会、经理及监事会。股东会为公司的权力机构；董事会是公司的决策与管理机构，在股东会的领导下工作，对股东会负责；公司经理是公司的高级职员，负责公司日常业务活动；监事会是公司的监察机关。这四者实际为公司的高级管理机构，也是办公室最主要的协助对象。

1. 股东会

又称股东大会，是依公司法和公司章程的规定，由全体股东或股东代表所组成的，对公司经营管理和股东利益进行最高决策的机构。

股东会是公司法律上和名义上的最高权力机关，公司的一切重大事项，都必须由股东大会做出决议。董事会、监事会、经理机构等都隶属或服从于股东会。公司法规定股东会的职权包括：

(1)决定公司的经营方针和投资计划；

(2)选举和更换由股东代表出任的监事，决定有关监事的报酬事项；

(3)选举和更换董事，决定有关董事的报酬事项；

(4)审议批准董事会的报告；

(5)审议批准监事会或监事的报告；

(6)审议批准公司年度财务预算方案、决算方案；

(7)审议批准公司的利润分配方案和弥补亏损方案；

(8)对发行公司债券做出决议；

(9)对公司增加或减少注册资本做出决议；

(10)对公司合并、分立、解散和清算等事项做出决议。

责任有限公司股东会的职权还包括对股东向股东以外的人转让出资做出决议以及修改公司章程等。

股东会采取常会和临时会的形式，行使股东决策和决定公司的重大事项行动。股东常会每年至少召开一次，具体召集的次数及时间由公司章程加以规定。股东临时会一般由董事提议召集，也可由股东或监事提议，董事召集。

2. 董事会

董事会是指依照法律规定必须设置的公司常设权力机关，是公司实际的最高管理者和决策者，权力仅次于股东会。它由股东推选的董事组成，对内管理公司事务，对外以公司名义进行活动。

按照公司法规定，我国有限责任公司的董事会成员为 3～13 人，具体人数由公司章程决定；股份有限公司的董事会则由 5～19 人组成。股东人数较少和规模较小的有限责任公司，可以不设董事会，只设一名执行董事。执行董事在公司中的地位相当于董事会。

董事会对股东会负责，拥有管理公司的权力，除公司法或章程另有规定外，公司的一切业务活动都应在董事会的领导下进行。董事会拥有决定经营计划、投资、内部机构设置、聘用公司经理、制定基本管理制度等重要权力。董事会的职权主要包括：

(1)负责召集股东会，并向股东会报告工作；

(2)执行股东会的决议；

(3)决定公司的经营计划和投资方案；

(4)制定公司的年度财务预算方案、决算方案；

(5)制定公司的利润分配方案和弥补亏损方案；

(6)制定公司增加或减少注册资本的方案；

(7)拟订公司合并、分立、解散的方案；

(8)决定公司内部管理机构的设置；

(9)聘任或者解聘公司经理(总经理)，根据经理的提名，聘任或者解聘公司副经理、财务负责人，决定其报酬；

(10)制定公司的基本管理制度。

规模较大的公司董事会还会根据需要下设若干委员会，如执行委员会、财务委员会、生产委员会、审计委员会等。其中，最重要的是执行委员会和财务委员会。执行委员会一般由董事长、总经理、执行副总经理以及有关的部门经理组成，董事长任主任，负责领导公司的经营活动；财务委员会由董事长和若干名董事及高层管理人员组成，总管公司的财政，一般由负责财务的副总经理任主任。

3. 监事会

监事会又称监察委员会，是对公司经营业务活动进行监督的机构。其设立的主要目的是加强对公司业务执行机构的检查和监督，防止董事会滥用职权，危害股东及第三人利益。但监事会仅仅行使监督权，不能参与公司的经营决策和管理，也无权代表公司。我国公司法规定，有限责任公司经营规模较大的，设立监事会，股东人数较少和规模较小的，可以设一至二名监事。具体监事和监事会的设立与否由公司章程决定。大多数国家规定监事会成员由股东会从股东及企业职工中选任，并在法律上禁止同一公司的董事、经理等兼任监事职务。

监事会行使的职权包括：

(1)检查公司财务;

(2)对董事、经理执行公司职务时违反法律、法规或者公司章程的行为进行监督;

(3)当董事和经理的行为损害公司的利益时,要求董事和经理予以纠正;

(4)提议召开临时股东会;

(5)公司章程规定的其他职权。

4. 公司的经理(总经理)

董事会根据公司的实际需要自行决定设置公司的内部管理机构,聘任公司经理或总经理。公司经理或总经理全面负责公司的经营业务活动,有权在董事会的决议和指示范围内,对公司事务进行总的指导和控制。公司经理或总经理还可以组织一个经理人机构,经理人机构为公司的常设业务管理机构,负责执行日常的经营管理业务。其职权包括:

(1)主持公司的生产经营管理工作,组织实施董事会决议;

(2)组织实施公司年度经营计划和投资方案;

(3)拟订公司内部管理机构设置方案;

(4)拟订公司的基本管理制度;

(5)制定公司的具体规章;

(6)提请聘任或者解聘公司副经理,财务负责人;

(7)聘任或者解聘应由董事会聘任或者解聘以外的负责管理者;

(8)公司章程和董事会授予的其他职权。

在公司中,董事会以下的人全部是公司职员。公司经理是董事会聘任的公司雇员,是公司的高级职员。

三、公司中的管理者

管理者是从事管理活动的人,即在组织中承担计划、组织、控制、领导、激励、协调等工作,以实现组织目标的人。公司的管理者分为高层、中层和基层三个层次,不同层次管理者工作的重点及权力也不相同。

1. 高层管理者

高层管理者(top manager)对整个组织的管理负有全面责任,主要任务是制定组织的总目标、总战略,把握发展方向,如首席执行官、总裁、董事长、董事、总经理、副总经理等。

2. 中层管理者

中层管理者(middle manager)的主要职责是贯彻执行高层管理人员所制定的重大决策,监督和协调基层管理人员的工作,或对某一方面的工作进行具体的规划和参谋，如部门经理等。

3. 基层管理者

基层管理者(first line manager 或 supervisor)即一线管理人员，其主要职责是给下属作业人员分派具体工作任务，直接指挥和监督现场作业活动，如班组长、主管、科长等。

四、几种常见的企业组织结构

在管理学中，“组织”通常是指构成元素及个体间的关系，而“结构”则是产生决策的骨架，它会根据组织的规模和特性显得多样化。简单地说，组织机构的作用在于说明谁在单位中拥有权力，谁对谁负责，对什么负责。

任何一个组织的成立都是为了要达到某个特定的目标或目的。组织结构即依据组织的工作及责任分工而定。企业的组织结构从其变化演进来看，主要有直线制、职能制、直线职能制、事业部制、矩阵制和网络型等几种形式。

1. 直线制组织结构

是一种集权式的组织结构形式，又称军队式结构，其主要特点是组织中的各种职位，都是按照垂直系统直线排列，不存在管理的职能分工。在一个小企业，若干工人直接听命于厂长，这是直线制组织结构最简单的形态。但同所有的管理人员一样，厂长的管理能力和管理幅度是有限的，当工人人数增加时，就需要在厂长和工人之间设置工长，每个工长最多管理 15 个人，当工长的数目超过 4～5 个时，就需要在工长和厂长之间设置车间主任，直线制结构中的层级逐渐增多。

直线制的优点是结构简单，每个人都清楚地知道他的直接上级是谁，以及自己在组织中的地位，在直线制组织结构中，权力高度集中，便于指挥，而且权责分明，信息沟通方便。缺点是组织中的大部分责任集中于高层领导，要求领导有多方面的专业知识，而且直线制组织缺乏横向联系，缺少专业分工，不利于管理专业化。

2. 职能制组织结构

现代企业中很多活动都需要有专门的知识和技能，职能制组织结构就是以工作方法和技能为部门的划分依据，形成相应的职能部门，如生产、采购、销售、财务等。其优点是通过区分工作领域或职能，让不同的专家在不同的职能领域发挥作用，某项个人的特长不受部门限制，可以在全公司通用，因此便于发挥人们的专业特长，避免人力、物力等资源的重复配置，降低管理成本。缺点是职能部门对业务部门是多头领导关系，各个职能部门的主管都是从本专业角度出发对同一业务部门下达指挥命令。另外，在职能制组织结构之下部门之间的沟通和协调性较差，而且不利于培养全面的管理人才。

3. 直线一职能制组织结构

是在直线制的基础上，在各级领导之下设置相应的职能部门作为该级领导的参谋，实行领导统一指挥与职能部门参谋指导相结合的一种组织结构形式。职能机构人员是同级直线主管人员的参谋，对直线关系中下级主管人员没有指挥权。这种形式综合了直线制与职能制的优点，既保持了直线制集中统一指挥的优点，又增加了职能制专业化管理的长处，提高了管理工作的效率，是目前世界各国都普遍采用的一种形式。我国大多数企业、机关、学校、医院等也采用这种形式。

但这种形式的缺点是权力高度集中，下级缺乏必要的自主权；各职能部门间横向协调差；信息传递线路长，适应形势变化的能力差。

4. 事业部制组织结构

是企业对于具有独立的产品和市场、责任和利益的部门实行分权管理的一种组织结构。事业部制实行的是集中决策、分散管理的方针，即企业的最高管理层主要致力于研究和制定各种经营的总体目标、计划、方针及政策，而日常的生产销售等具体管理事务则由相应的事业部承担，各事业部独立核算，自成体系，有较大的自主权。

事业部制在实践中体现了巨大的优越性，它提高了管理的灵活性和适应性，便于组织专门化生产，有利于发挥事业部的主观能动性，因而得到了较快的推广，到 20 世纪 70 年代，美国 70%～80%的大企业都实行了事业部制。但是事业部的缺点是增加了管理层次，机构重叠，造成了管理人员和管理成本的增加。

事业部的组织形式主要有三种：即职能部、产品部和地区部，也有采取产品、地区部相结合的形式。每个事业部是一个利润中心，独立核算，自负盈亏。

5. 矩阵式组织结构

事业部制对于加强总部的集中控制，统一国内与国外业务发挥了重要作用，但是，企业的经营管理主要靠纵向信息传递，无法解决横向信息传递的问题，因而难于全面适应市场经济的要求和有效地协调各职能部门、各地区和各产品之间的相互关系。在这种情况下，出现了矩阵式组织形式。

矩阵式组织结构由纵横两套管理系统组成，纵向为职能管理系统，横向的是为完成某一任务而组成的项目系统。这种形式非常适用于当企业同时有几个项目需要完成，而每个项目要求配备不同专长的技术人员或其他资源的情况。

由于矩阵结构是按项目进行组织的，项目小组的成员有不同的背景，不同的知识和技能、来自不同的部门，所以非常有利于各部门的协作与配合，也有利于通过集思广益、相互启发来攻克难题。不仅如此，项目小组有较强的机动性，可以根据形势及特定需要而变化，保持高度的环境适应性。

矩阵结构的缺点是容易出现权责不清的问题，在项目小组中的人都是临时来自于各个部门，所以，几乎每一个人都要接受两个或两个以上的上级的领导，容易造成管理秩序的混乱。

其后，在飞机制造业和建筑业等行业中的一些大型国际企业开始采用三维矩阵结构，这种结构由三套管理系统组成，一套为职能部门，一套为按产品划分的事业部门，另一套为地区性管理机构，这时设在国外的子公司必须分别向产品分部经理、地区经理以及某个职能部门经理报告经营活动情况。

这种形式增加了公司总部的信息渠道，加强了对各子公司的综合决策和综合管理，提高了公司适应市场的能力。但同时也增加了信息传递的环节，延缓了信息传递时间，管理机构和管理人员也大大增加了。

上述企业的性质、管理机构、管理人员、组织结构等几个方面，构成了办公室工作最主要的组织环境。受这些环境因素影响，不仅不同性质企业中的办公室工作职责、内容、方式可能不同，即便在相同企业性质下，办公室工作也会因组织结构、工作分工形式、服务对象的不同产生相应的差异。

第四节　办公室工作的主要内容及特点

一、办公室工作的主要内容

办公室工作的具体内容是由办公室职能导出的，由其职能所决定，办公室工作主要包括以下各项内容：

1. 信息工作

综合负责本单位信息的收集、整理、保管、传递等工作，如向上级主管单位报送重要政务信息；广泛收集、整理有关本单位各项活动的信息，反映情况，编印《信息简报》、《工作信息》等信息类刊物，报送领导参阅；进行数据统计、调查研究等专项信息收集工作，为领导决策服务；负责本单位网站的建设与维护；研究信息管理方法和技术，负责本单位的信息化建设等。

2. 文电办理

即协助领导组织起草或审核以本单位名义发布的各种公文；负责外单位来文来信的登记、拟办、转送、催办及归档等工作；负责本单位内部向领导部门提送的请示、报告等的登记、审核、呈送、批办工作，并检查办理情况；负责机要文件管理等。

3. 档案管理工作

组织在各种社会活动中会产生很多公文、图纸、照片、录音录像及其他材料，这些材料中只有那些对今后工作具有凭证和参考价值的部分才会被经过筛选、整理作为档案保存下来，是组织信息的一个重要组成部分。档案是组织活动的真实历史记录，其价值不言而喻。

办公室的一项重要职责就是对档案进行科学管理。包括制定档案工作的规章制度，并监督、指导、检查各部门执行情况；接收、整理、统计、鉴定、保管各类档案；开展档案利用工作等。

4. 辅佐决策工作

决策是领导的重要工作，它与组织的使命与职责直接相关，关系到组织的存在和发展，所以不能有半点草率。一项科学决策的做出要经过前期调研、计划、组织论证等一系列工作，办公室作为领导的助手机构，将在这些工作中发挥重要的作用，为领导决策做好基础性工作。

5. 督办工作

督办工作是指为了保证组织的重大决策及其他各项工作的布置得到贯彻实施，办公室要采取有效方法协助领导对计划、会议决定、领导批示等涉及的重要工作，对承办单位和承办人执行任务情况进行督促检查，确保工作按期办理完成。改革开放以来，这一工作在我国各类机关中已经制度化，并在工作中摸索出一套行之有效的方法。

6. 协调工作

协调工作是指办公室协助领导协调组织内外各有关单位及部门之间的工作及工作关系，减少和解决矛盾冲突，使各部门之间能统一意志、统一行动、相互支持、紧密配合地实现组织的目标。办公室在组织分工中，是为整个组织及领导和管理工作提供辅助服务，其在组织中的地位决定了它能够成为联系上下左右、沟通内外的桥梁，因而能够在组织的协调工作中发挥重要作用。

办公室的协调既包括组织内部各部门之间、上级领导部门和下级基层部门的协调，还包括组织与外部相关方面的协调，负责组织与外部的各项交往活动。办公室要负责本单位的对外通讯联络工作，与有关单位密切联系，沟通关系，及时交流情况。

7. 重要会议及活动的组织安排工作

协助领导对本单位的重要会议如领导办公会、高层管理人员的工作会议等进行组织安排，对会议的筹备、召开及善后工作提供全面服务。

同时办公室还要负责本单位重大活动的组织及领导的重要内、外事活动的安排。

8. 建立健全制度规定

组织的正常运行离不开各项规章制度，办公室要协助领导建立健全本单位内部各方面工作的制度、办法、规定，如《来宾参观接待办法》、《考勤请假规定》、《打字、复印工作制度》、《印信管理办法》、《图书借阅管理办法》、《公文处理规定》、《会议管理制度》、《办公用品发放制度》等。

9. 印信管理工作

负责掌握本单位公章及领导印章的使用，并负责开发对外行政介绍信。

10. 保密工作

协助领导做好有关保密工作的制度、人员、措施等方面的安排，防止各种秘密外泄。

11. 接待工作

负责上级单位及其他有关单位的来访接待工作，做好迎送、食宿、交通及活动组织等工作。

12. 办公设备管理工作

科学技术的发展，为现代办公活动创造了无比优越的条件。电话、电脑成为办公室最基本的办公设备，而传真机、复印机、打印机、扫描仪、光盘记录设备、远程通讯设备等层出不穷的各种现代化办公设备也为办公活动提供了极大的便利，为人们的办公活动所倚重，办公室是这类设备最主要的使用者。但这些设备的操作使用需要相当的技术，并且价格不菲，所以出于对设备的维护和管理，各单位一般将重要文印、通讯等办公设备的操作管理权交付给办公室。

13. 后勤工作

为组织的活动和运转提供物资和环境保障，负责本单位的房产及车辆管理、基建管理、食堂宿舍管理、环境卫生管理、消防治安管理、设备物资管理、值班管理及其他后勤保障工作。

14. 领导交办的其他工作

负责领导和管理机构临时交派的工作，以及对各种突发性事件进行处理等。相对于日常程序性工作而言，这些工作的出现没有明显的规律，也没有规范的操作规程，但是同样需要认真处理。

二、办公室工作的特点

1. 辅助性

办公室的本质功能是为领导及整个组织提供辅助支持，协助其完成工作，所以辅助性成为办公室工作最基本的特点，这也是办公室开展一切工作的出相应地，办公室管理的概念就可以作如下表述：

办公室管理是指通过计划、组织、控制、激励和领导等环节来协调办公室的各项资源，从而发挥出办公室为领导及整个组织提供辅助服务的最高效能。

2. 办公室管理的对象

同一般管理一样，办公室管理的对象也包括人、财、物、信息、技术、时间等一切资源。对人的管理主要涉及人员调配、工作评价、人力开发、组织模式等；对资金的管理主要涉及财务管理、预算控制、成本控制、成本效益分析等；对物的管理则主要是对各种办公物资进行合理的使用和调配；对信息的管理主要涉及组织外部、内部信息的收集、传递、反馈、处理与利用、对外部环境及发展趋势进行的准确预测等；对技术的管理主要涉及工作技术和方法的研究、新技术和理论的引进利用、各种技术标准的制定与执行等，一般体现为对各项具体的工作管理；对时间的管理主要是如何合理安排工作时间并提高工作效率等。

3. 办公室的资源

(1)人力资源

人力资源是办公室完成各项工作最重要的资源，其中既包括各级办公室管理人员，也包括办公室其他各工作岗位的人员，这些人员要符合岗位素质要求，具备完成相应工作的技术和能力。

(2)有形资产资源

包括组织所有的房产、基建财产、车辆、办公家具及其他办公用品等物资，同时还包括办公室内的设备装置、办公物资等。

(3)无形资产资源

组织活动所必需的各类信息是办公室负责管理的最重要的无形资产，既包括文件、档案、资料、图纸、书籍等纸质载体的信息材料，也包括各种电子载体的信息材料和照片、录音、录像等。

另外，组织的形象及声誉也是办公室要负责管理的一种重要无形资产，它在很大程度上影响着组织的生存环境。

(4)资金资源

出于工作需要，办公室往往会掌管一定数额的办公资金，在规定的范围内自行决定使用，如用于补充办公室消耗的物资及招待联络工作等。即便是规模较小的单位，办公室也会有一笔固定数额的小笔零用现金(备用金)，供零星办公用品及其他数额不大的临时采购等活动使用，使用后可以通过财务报销继续补足原来的金额。

4. 办公室管理与办公管理

近些年来，我国的办公室管理研究中引进了一些西方国家的办公管理理论，但由于国情的差异，二者的研究对象还是略有区别的，二者不能简单地混为一谈。

目前我国办公室管理理论的研究对象——办公室，很明确地是为领导及整个组织提供辅助支持的专门机构，而且在多年的工作实践中，我国机关办公室工作已形成一套相对完整的工作体系和行之有效的工作方法。

而西方国家的办公管理研究的对象是办公活动，而不仅限于某一专门机构。它虽然也同样研究办公室人员管理、工作管理、物资管理、环境管理等，但它所涉及的办公室——office，实际上往往是泛指人们办公的场所，这是在普遍办公意义上所进行的研究。只不过由于其中的大部分工作不可避免地是那些事务性工作，办公人员中也包含了大量的秘书、助理、专员等以事务服务为主要工作内容的辅助人员，所以，与我国的办公室管理理论又有很多相通之处。但总的来说，其研究范围要比我国的办公室工作更大，更具有广泛意义。

二、办公室工作的变革及未来发展

"办公室"作为大多数组织中普遍设置的协助领导工作、为整个组织服务的专门机构，在我国已经延续存在了几十年，期间其工作内容不断丰富发展，工作方法日益科学完善，逐渐形成了一些相对固定的工作模式，并在组织及领导活动中发挥了很大的作用。

但是办公室工作也不会是一成不变的。近些年来现代管理理论的推陈出新，科学技术的迅猛发展及其在办公领域的应用，就正在使得"办公室"及其工作受到前所未有的影响，处于一个巨大的变革时期。

1. 办公室工作岗位出现重大调整

(1)机构缩编

近些年来企业、机关正在进行的内部机构改革，也影响到了办公室，办公室的规模及编制有了很大的削减，通过梳理工作流程，简化工作程序，大大减少了用人需求。例如某集团企业办公室原有工作人员 20 余人，经合并调整后，在工作内容基本不变的情况下，只保留了 3 人的编制，改变了从前人浮于事的现象，也大大削减了办公成本。

(2)岗位合并裁撤

办公自动化特别是 IT 技术在办公领域的应用，使办公室工作中那些手工式的工作大大减少，许多原来费时费力的工作可以由电脑和机器设备轻松完成。例如实现了信息化办公方式的办公室，文书的办理、档案的归档等工作可以在网上自动完成，原来需要通过电话、发文等方式进行的督办工作也可以在网上完成。工作强度的降低，工作方式的简便，促成了办公室中多个岗位的合并调整，原来需要由多个人分别承担的工作，现在合并归一、二个人即可，原来办公室中的专职档案员就有可能要同时兼管档案工作和督办工作及其他工作。

(3)岗位推陈出新

办公自动化减少了手工式的简单劳动，使办公室工作人员有了从事其他更高层次工作的时间；管理工作的科学化和复杂化也恰恰对办公室的辅助工作提出了更高更新的要求，多种条件促成办公室工作岗位的推陈出新。例如，在总机接线员普遍消失的同时，办公室中出现了"行政助理"等一些新职位。

(4)部分工作的分化独立

在传统办公室工作借助现代化办公手段变得轻松简便的同时，领导工作作风的转变及管理工作的科学化使得某些办公室职能得到更进一步的强化。例如，领导决策对信息工作要求不断提高，对各项工作布置的控制监督明显加强，扁平化组织结构使得组织内的沟通协调工作变得更经常也更重要，这时办公室的信息、协调、督办等职能得到强化，这些工作从一般日常工作中分化独立出来，办公室中出现了协调专员、督办专员、信息专员等一批新职位。

不仅如此，组织结构的扁平化，使得办公室信息服务重心发生转变。在原来的直线-职能制度组织结构下，办公室信息工作的主要服务对象是单位领导，信息在组织中主要是进行自上而下，自下而上的流动。而组织结构变得扁平化之后，部分管理权力下移，组织中的团队、员工需要大量信息，信息的横向、交叉流动也大大增加。这时，信息工作成为整个组织的需求。因此，信息工作开始出现了进一步的独立化趋势，将有可能继财务、人事工作之后，成为下一个独立于办公室工作之外的专门工作。

2. 对办公室工作人员的素质提出更高的要求

办公室工作繁杂具体，看似专业技术性不高，所以在不少单位中，对办公室工作人员的学历、专业、技能等方面并无明确要求，似乎办公室工作是随便什么人都能做的。但实际并不应该如此，办公室工作恰恰要求有关工作人员具有相当高的素质。

首先，办公室的服务对象是管理工作、领导者乃至整个组织，其所从事的一切工作都是为组织活动和各项管理工作提供有力支持，即便是收发邮件、传递信息、打字复印、接待来访等等这些看似简单并且无足轻重的工作，其实质也是为了提高领导者和管理活动的工作效率，因而与管理工作及领导者的工作质量紧密相连，具有非同寻常的意义，所以必须对其完成各项工作的质量做高标准要求，不容许有半点差错。在西方国家一直就有这样的说法：一个优秀的秘书可以使一个普通的经理看上去很不错，而一个普通的秘书却会使一个优秀的经理看起来很一般。就这一意义而言，办公室人员的素质必须加以强调。

其次，随着办公室管理理论和工作方法的不断完善，办公室大量工作有了理论方法指导，办公室中的文书工作、档案工作、秘书工作等都早已摆脱了摸索经验的阶段，有完善的学科知识支撑；而现代化办公设备的大量应用，也对工作人员提出了计算机网络及信息技术等方面的能力要求，所以，办公室工作已经发生了重大改观，需要那些有相当的专业技巧和专业知识的人以专业化的方式完成各项工作。

所以自从我国对大量具有重要意义的工作实行职业准入制度之后，"秘书职业资格证书"、"剑桥秘书证书"、"办公管理证书"、"机关事务管理资格证书"等相继推出。这些都说明，对办公室工作人员的素质要求已受到国家和社会的普遍重视。

3. "办公室"工作的垄断性受到冲击

按照管理学的有关理论，在组织内设置协助领导处理日常工作，为领导及整个组织提供辅助性或支持性工作的"办公室"，是适用于工业经济时代的直线-职能制组织结构（金字塔式的等级制结构）下的产物。在直线-职能制组织结构下，高层领导负责对全局进行自上而下的垂直指挥和控制。办公室作为附属于领导机构，协助高层领导处理全局工作的办公部门，所开展工作大多是具有"垄断性"的。因为一切决策都是由领导做出，下级部门只负责服从和执行，对自己的直接上级负责，所以对与决策有关的一切资源（人、财、物及信息）控制以及产生的相关办公活动（如对外交往、开会、办文、协调督办等）都被集中于领导身边，成为办公室专门负责处理的工作。

但是进入 21 世纪后，人类又迎来了知识经济时代，面对经济全球化、信息网络技术和知识经济的挑战与冲击，率先在企业开始进行组织结构的变革，组织结构逐步向扁平化演进。在企业中，由于信息技术的运用改变了组织的沟通方式，以往中间层的上传下达的功能在很大程度上可以被现代技术所提供的大容量通讯技术所替代，中间管理层被大幅削减。组织格局分权化，组织的管理更趋向于以分散的形式来解决，P·F·德里克对此做出了分析："在一个世纪以前，知识都掌握在企业最高领导手里，其他人只不过充当帮手和劳力，按照指令行事，做着重复性的工作。在信息型组织中，知识却主要体现在基层，体现在专家的脑海里，这些专家在基层从事不同的工作，自主管理、自主决策"。

在企业中，各种跨部门团队、项目小组纷纷出现，这时，让员工跨部门一起工作，充分授权，并确保他们获得所需要的信息，拥有做出决策的权力就成为实现这些灵活组织机制的最重要的方面。

由此，与决策有关的一切资源和活动相应地也被分解，很多原来被垄断于办公室的资源和工作不再单纯是组织高层领导机构及领导人员的特权，那些小组、团队的工作一样需要相应的办公事务支持。这时，专门的办公室工作变为普遍的办公工作就成为一种未来发展趋势。这大概也是我们在西方国家和我国部分企业的组织结构图中见不到"办公室"这一专门机构的原因之一。

4. 从业人员数量将持续上升

尽管办公自动化使机器设备承担了大量原来由秘书、打字员、文员们从事的工作，但是办公事务工作在组织中的扩散蔓延，使得这一行业的人员需求在今后很长一段时期内仍将呈上升态势。

西方国家在职业分类中，将从事办公室事务工作，对其他工作提供辅助支持的人员归类为"行政支持人员"。多年来，在西方发达国家行政支持人员一直是各国最大的职业群体之一，随着办公室中各种新工作和新职位的出现，行政支持人员的数量还在不断上升。

据美国劳动统计局统计，2001 年全美国已经有 890 万行政支持人员，其中有 390 万名秘书和行政助理，2002 年达到了 410 万；加拿大有 50 万行政支持人员，其中，有 40 万名秘书，1 万名资深助理，9 万名各种专员；20 世纪 90 年代末，英国从事行政支持工作的人数占到了国有和私营部门就业人数的 31%，其中有近一半是秘书。也正是因为如此，西方国家中从事办公事务工作的办公室职员成为一个庞大的职业队伍。有资料表明，今天，西方工业化社会里一半以上的劳动人口都是"白领阶级"，在服务性行业里，百分之九十以上的职员都是办公室职员。

由于我国劳动部门一直没有这样的职业调查数据，我们只能从连年来秘书及其他相关人员一直是招聘中的热门职业、各类社会组织都需要辅助支持工作等情况来感觉我国办公室人数的快速扩张。

三、对办公室管理理论研究的展望

1. 办公室管理的科学化程度将不断增强

以前各类组织中的办公室管理是一个相对薄弱的环节，无论是人员管理还是工作管理基本上都是处于经验管理的层面。20 世纪 80 年代以后，我国的管理理论研究飞速发展，对实际工作有着极强的指导意义，相应地，这些理论和成果也被逐渐引入办公室管理活动中，使办公室管理工作上了一个新台阶。

例如，办公室人员管理可以有人力资源管理理论和方法做指导，从岗位设置、招聘选拔、培训开发到绩效考核等一系列环节都变得更加理性和科学。而办公室工作管理也引入了目标管理等科学方法，并被纳入整个组织管理的大系统。

由此我们可以预期，在今后一段时期，借助管理学研究的成果，办公室管理理论还会有更高的探索和发展空间。

2. 办公室管理理论将与西方的办公管理理论进一步融合

不可否认，目前我国机关、企业办公室工作同国外相比，自成一体并且在对领导的协助支持方面极为有效，而且与西方国家以一般事务服务为主的情况不同，其工作构成中既有一般事务层次的服务工作，也有大量参谋、辅佐性的工作成分，工作层次相对更高一些。

但是，随着办公室工作在组织内扩散这样一种趋势，办公室管理理论的适用领域也会得到极大的拓展，扩大到所有存在办公活动的区域；另一方面，经济的全球化，也使得各种办公方法在相互的取长补短中变得更加相似，我国的办公室管理理论将会在很大程度上与西方国家的办公管理理论相融合。

3. 办公室管理研究意义更加深远

办公室管理的研究对象从秘书工作开始，到现在的办公室工作，还会再扩展至更广阔的办公（行政支持）领域，范围在逐步扩大。显而易见，对这样一个在各类组织中都不可缺少的工作及庞大的职业群体进行研究，其意义是显而易见的，影响也必将是深远的。

思考题

1. 办公室具有哪些含义？
2. 我国的"行政管理"具有哪些含义？
3. 什么是"事务工作"？
4. 按照财产的组织形式和所承担的法律责任划分，企业有哪几种形式？
5. 董事会有哪些职权？
6. 办公室的职能是什么，为什么？
7. 办公室工作有什么特点？
8. 什么是办公室管理？
9. 请分析下列"办公室"属于哪种含义上的办公室：

国务院法制办公室、北京市人民政府信息化办公室、全国哲学社会科学规划办公室、三峡大学校长办公室、总经理办公室、律师办公室、市政府办公室、管理系办公室、管理系主任办公室、计划生育办公室、老干部办公室、工会办公室。

10. 列举出五、六个你知道的带有“办公室”称呼的机构，并根据其职能说明它们属于哪种含义上的办公室。

11. 通过互联网搜索或实地考察，获得十份以上关于机关、学校、企事业单位辅助部门（可以是办公室、行政办公室或其他称呼）的机构设置及职责任务情况介绍，研究其机构性质及与之相对应的职责构成。

第二章　办公室工作人员及其管理

第一节　办公室工作人员

一、办公室人员分类

1. 办公室人员构成的变化

曾经有相当长一段时间，秘书是办公室中最主要的工作人员。他们为各类组织的管理活动和领导活动提供全方位的行政支持工作。但自20世纪中期以后，现代科学技术在办公领域的广泛应用，以及在全球各地频繁发生的机构重组等环境变化使办公室人员构成发生了很大变化。

(1)助理类工作的出现

以计算机、复印机、传真机、打印机等为主流的各种现代化办公设备在办公室的广泛使用，大量减轻了秘书们简单的手工劳动，从而使秘书有可能有更多的精力和时间在更广阔的行政工作领域中给领导者及管理工作以支持；而以提高组织效率为目标的机构重组，以及管理工作的复杂化、科学化，也要求秘书们发挥潜在能力，在更高层次上对组织活动及领导者提供支持。因此，自20世纪中期以后，从西方国家开始，秘书工作中分化出一个助理阶层，他们更主要的是在行政工作中提供辅助支持作用。

(2)办公室人员规模增大

组织规模的普遍扩大，使得办公室事务工作成倍增加，直接导致了办公室人员总量增加，在很多办公室中，办公室工作人员、办公室管理人员的数量都有了很大增长。

(3)出现了更多的专门化人员

各种办公设备操作技术的更高要求，以及文档管理、信息处理等一些工作的专业化发展，使得一些工作从秘书职责中分化出去，由一些更具备专业技能的人承担。因此，办公室人员中除了秘书和助理以外，又有了数据录入员、文字处理员、打字员、设备操作员、档案管理员、办公室文员、信息专员等。另据国外预测，不久的将来，随着办公室分工的细化以及某些重要工作的强化，还会有协调专员、通讯专员等各种新职务的出现。

2. 办公室人员分类方法

研究办公室人员构成，可以从多个角度入手，一般以以下几种方法较为常见：

(1)按照发挥功能的通用程度划分

按照办公室各类人员在工作中发挥功能的通用程度划分，办公室人员一般可以分为通用型人才和专门型人才两类。

通用型人才是指能够基本胜任办公室工作广泛职责的人才，如行政秘书、办公室秘书、行政助理等，他们具有多方面的知识和才干，在多方面给管理工作及领导提供支持。

专门型人才是指具备某些专门知识和技能，在办公室工作中某一专门领域发挥重要作用的人才，如各种专门助理、专员以及速记员、设备操作员等。

在组织规模大，或特别需要某些专门活动支持的组织中，往往需要同时配备这两类人员。

(2)按照工作职能划分

按照工作职能划分，办公室人员可以分为办公室管理人员和办公室一般工作人员。

办公室管理人员是负责整个办公室或内部细分机构管理工作的人员，如办公室主任、办公室主管、文秘科科长、信息科科长、打字室组长等。

办公室一般工作人员是在办公室管理人员的统筹管理下从事职责范围内工作的各类人员。

(3)按照服务对象分类

按照服务对象分类，办公室人员主要也可以分为两类：

一类是专门服务于组织中某一高层领导的工作人员，如董事长秘书(助理)、总裁秘书(助理)、总经理秘书(助理)、局长秘书(助理)等。

另一类是通过某些方面的工作服务于整个组织(部门、团队)的工作人员，如部门秘书、办公室秘书、行政助理、各类专员、复印员、打字员、设备操作员、文字处理员等。

总之，在进行办公室人员配备时，各类组织均应该首先制定出符合组织战略需要的人力资源政策，通过职位分析，确定所需要办公室人员的数量及种类，进行合理的规模设置及人员配备。

二、办公室管理人员

任何组织都需要办公室部门及时有效的行政支持，以提高整个组织的工作效率。办公室管理人员的职责就是协调办公室的人力、物力及各项工作，使办公室发挥出最大的效用。

1. 办公室管理人员的种类

办公室管理人员大致可以分为两类：一类是办公室主任或称办公室经理、

行政经理、行政总监(Office Manager, Office Administrator),负责整个行政办公工作的管理;另一类是办公室下设部门负责人,如科长、股长、组长、主管(Office Supervisor),负责分管某一方面的工作,如文书、通讯、信息、文字处理等。

2. 办公室管理人员的主要职责

办公室管理人员的工作主要有以下两个方面:

(1)对于下属人员及其工作的管理

· 根据工作内容安排工作岗位,并提出合适的任职条件;

· 制定科学的工作流程,并关注其实际运行;

· 分配工作,并规定完成工作标准;

· 监督并指导下属员工的工作;

· 对下属员工安排必要的培训,以提高其工作技能;

· 制定纪律及规章,规范员工的行为;

· 对内部工作及人员进行协调,解决出现的矛盾或冲突;

· 及时向下属员工传达领导部门的领导意图,使之认同组织的目标;

· 经常与下属员工进行沟通,了解其在工作中遇到的困难和需要的支持;

· 对下属员工的表现进行评估;

· 对所有下属员工的领导和激励。

(2)与管理工作及领导者的配合

· 透彻了解组织的目标,制定切实可行的办公室工作目标;

· 及时了解组织的动向及各时期的工作重点,调整办公室工作重心与之相配合;

· 了解组织的职能分工、机构设置及重要岗位安排,理顺工作关系;

· 对重要领导人的工作有全面了解,以便在必要的时候提供全力支持;

· 与管理机构及领导者保持良好的沟通;

· 及时了解组织内的各种事务需求并提供优质服务。

3. 办公室管理人员的任职要求

各类组织中办公室管理人员的选用一般可以通过社会招聘的方法,但似乎更多组织愿意在组织内部的办公室工作人员中选拔,因为他们更了解组织的文化和工作情况。但无论如何,办公室管理人员通常要具备下列能力:

(1)团队协作能力;

(2)解决问题的能力;

(3)领导管理能力;

(4)沟通能力;

(5)在职责范围内做出决定、处理问题的能力；

(6)适应能力。

另外，忠诚、守信和保守秘密等是他们的必备的职业道德，同时，还要熟练掌握各种办公技巧和知识。

三、秘　　书

1. 秘书的种类

秘书是从事办公室程序性工作、协助上司处理政务及日常事务并为决策及实施提供服务的人员。与其他办公室工作人员相比，秘书最主要的特性表现在直接服务于领导，为领导提供信息、文字、决策及事务等方面的服务。到目前为止，各类秘书依然在办公室人员中所占比重最大，是办公室中最主要的工作人员之一，而且在秘书的名称之下还可以有更细致的类别划分，根据不同的分类方法还有多种职务名称。

• 按照工作行业领域的不同秘书可以有机关秘书、企业秘书、商务秘书、涉外秘书、教育秘书、法律秘书等；

• 按照工作分工可以有文秘、机要秘书、公关文秘、会议秘书、董事会秘书、接待秘书、通讯秘书等；

• 按照服务对象分可以有经理秘书、部门秘书等；

• 按照工作水平分可以有初级秘书、中级秘书和高级秘书等。

另外，服务于高层领导的秘书工作重点是为高层管理者服务，在他们的工作中，打字、复印一类的操作型工作比较少，他们更多的时间和精力是用于组织内部协调、信件起草、安排日程等工作，其中有很多工作实际上已经属于管理工作的范畴，而且他们往往还要负责监督和指导办公室中文员的工作。

2. 秘书的主要职责

在各类组织中，秘书的工作不完全相同，但他们的工作对象都明确为组织的中、高层管理者，都会为领导分担那些简单的基础层次的事务工作，如打字、速记、接待来访、安排约会、安排会议、安排领导的工作日程、搜集信息、研究分析信息、存储和传递信息、保管印信等。在业务量不大的办公室，因为没有过细的分工及太多的人员配备，办公室秘书还要协助其他人工作，并承担其他办公室行政工作，所以工作职责相当广泛。但秘书最主要的职责是为领导者服务，通过各种活动为领导者节约时间和精力。

例如某公司规定秘书的职责是：

(1)将领导的工作分为远、中、近三类。

(2)及时处理例行函件。收文要按重要程度分别处理；搜集与收文相关的背景资料待领导决策时参考;按照收文中的日期要求检查处理结果;领导不在办公室时能够妥善处理当日信件并及时转交给有关人员答复、处理;该起草的及时起草,该归档的及时归档。

(3)接听电话及时、礼貌。正确填写电话记录,把有关资料转交相关部门;给有关单位所提供的资料必须准确;必要时秘书可以代替领导安排回电时间,并准备好领导回电时所需的资料;将需要回电的事项一一列表;重要电话及时整理、归档;可由其他部门处理的交给其他部门处理,避免分散领导的注意力。

(4)给领导收集有价值的信息。要为领导提供经过选择的、已标出重点的报纸、杂志和其他材料。

(5)适当地做一些约会安排,保证领导有充足的自由支配时间。安排约会的目的、时间和地点,准备好相关资料,及时发送请柬。约会内容记录在案。

(6)接待客人热情大方。如果需要客人稍等片刻,除了表示歉意,还要主动送上报纸和饮料,对于约好的客人,秘书必须在客人到达之前准备好领导会面时所需要的资料。如果客人逗留过久,秘书要打电话给领导,以便领导有谢客的台阶。

(7)领导外出时,负责预订旅馆、车票;负责预算并预支差旅费;负责准备相关资料及生活用品;负责拟定行程安排,安排一式三份,一份交给领导本人,一份交领导家眷,一份交领导办公室;负责代领导报销差旅费;及时将有关资料整理归档。

(8)严守机密。

3. 秘书人员的任职要求

秘书要求有比较全面的办公室业务知识和技能、丰富的工作经验、良好的沟通协作能力、人际交往能力、足够的专业教育背景、工作态度认真谨慎,同时还要具备一定的管理知识,所在行业的背景知识、综合办事能力等,以便更好地发挥作用。他们应该能够依据对秘书工作的全面认识,独立开展工作,不需要或很少需要别人的指挥和监督。

四、助　　理

办公室职务中,行政助理一职出现得比较晚,大约是在20世纪中期以后才普遍出现的。

1. 助理的种类

助理有行政助理、经理助理及各种专门助理之分。

行政助理的工作类似行政秘书,但更主要的是在行政工作方面给整个组织或团队以支持。

经理助理、总裁助理、局长助理之类的工作是对某个特定的高层管理者提供行政辅助支持。一般来说，配备私人助理只是组织中高层领导的特权，例如某企业中的领导自董事会以下共分为四个层级：总经理、副总经理、部门经理、主管，按照规定可以配备助理的只有前两个层级的人。

专门助理是指具有某种专业特长，在某个专门领域或部门工作的助理，如人事助理、市场助理等。

2. 助理的职责

各类助理的工作主要是帮助组织或高层管理者处理一些行政事务，特别是高层领导助理，他们是名副其实的“与领导者一同工作的人”，他们通常不履行具体的职能，只是服务于高层领导，接受领导的各种指派，因此对下面各部门没有权力。但在接受每一项指派后就被赋予了一定的职权，有时还可能充当领导的私人代理人。因此，在人们眼中，他们所承担的工作职责要比办公室其他秘书更重要，其地位也比一般秘书更高一些。

助理经常要做的工作包括：

·起草文件和常规性报告；
·为领导的报告准备图表、幻灯片及讲稿；
·进行组织内外的联络；
·为某项决策去搜集各种资料并进行研究；
·为领导安排商务旅行并做好相关准备和计划工作；
·安排领导工作日程；
·协调各种关系；
·对办公室的人员进行监督和培训；
·安排会议，进行会议管理。

很多助理特别是高层领导助理实际上已经是组织中的管理人员。在很多组织中，人们还将“助理”职位看作是一种培养有潜能的管理者的工具。为了让未来的管理者们能够对整个组织有全面了解并积累管理经验，他们被有意识地安排在各部门助理职位进行工作实践，以便能够在高层管理者身边学习实际管理经验，增长见识。一部分有能力和经验的秘书会通过其出色的工作表现晋升为助理。

一般来说，办公室工作人员从文员到秘书再到行政助理，其承担的行政管理工作逐步增多，这也是办公室人员的一条重要职业生涯发展途径。

但近些年来，在企业中，行政助理职务的运用有时也另有一番用意，如一些企业中的“行政助理”所从事的工作实际就是一般秘书工作，之所以称之为“行政助理”，只是因为从激励角度考虑，这种称谓让人感觉地位更高一些，会让人有一种心理满足感。

3. 助理的任职要求

助理的任职要求一般与秘书大致相同，只不过会在管理知识与能力、沟通协调能力、组织联络能力、协作能力等行政管理能力方面做更进一步的强调。

五、文　　员

文员是指在办公室中没有管理职务或其他专门职务名称的一般员工，在机关、事业单位往往被称为办事员、科员等。由于办公室业务的增长，文员在办公室中承担了大量事务性和操作性工作。在办公室中他们最常见的工作主要有打字、速记、复印、接待、接听电话、文件存档、数据录入、电脑操作员、各种办公设备操作、传递信息、装订文件等。同时他们可能还要根据需要承担起更多的例行事务工作。

另外，文员的工作在各类组织中会因组织规模、分工等方面的不同而有一些变化，文员个人的经验及能力也会给他们的工作带来一些不同。

文员属于办公室中最基层的人员，一般没有太多的办公室工作经验和良好的专业教育背景，在最初的工作中往往需要有别人的指挥和监督，他们只对分派给自己的工作做出反应和承担责任。他们最明显的工作特性是：在接受工作指令后，按照规定的工作程序完成工作。因此，其工作要求主要集中在完成工作的技能方面，要具有较熟练的操作技能如打字、速记、设备操作等，另外还应该有协作能力，对工作有兴趣，有快速反应能力并且工作认真仔细。

六、各种专员

随着管理实践与理论的深化、新技术的运用，办公室工作内容也在不断的发展变化中，既有一些新的工作产生，也有一些原有的工作得到了进一步强化，从而带来了办公室职务的一些变化。例如，目前在美国、加拿大等国的行政办公领域以及我国的一些企业中出现了一些带有专业工作头衔的办公室人员，如沟通专员、信息专员（主管）、计算机专员等。

沟通专员是为了强化办公室沟通工作而设。在21世纪的组织中，快速有效的沟通是最重要的。沟通专员的工作是保证组织内外部的各个沟通渠道的畅通，因此他们不仅要有良好的沟通技巧，还必须能够熟练使用各种有线、无线、可视通讯设备，安排电视电话会议等。

办公室是组织中信息网络及信息处理中心，计算机、网络技术的发展给办公室信息工作带来了极大的变化，除了纸质的文件、档案、图书、资料等传统信息载体形式以外，电子信息的数量在不断增加，组织管理和决策对信息工作提出了更高的要求，不仅需要将全部信息进行整合分析加工，而且信息灵敏度已经成为衡量一个组织现代化管理水平的重要尺度。信息专员的工作是管理组织中大量增长的信息，促进各种信息在组织内外部的流动。例如，某公司信息专员的主要职责是“合理组织各种沟通活动，推动有效信息的流转”。具体工作内容为：

- 公司会议管理；
- 公司合同管理；
- 公司文件管理；
- 总裁办文件管理；
- 信息收集与发布；
- 公司网站建设的组织；
- 公司域名管理。

专员是那些发挥专业特长从事办公室某一方面工作的人员，需要某一专门领域的学科知识作为支撑。因此，这类人员往往要在相应专业知识和工作能力方面有重点强调，并在工作中表现出足够的专业性。

第二节　办公室工作人员的素质要求

“协助领导者和管理者处理公务”这样一个角色定位，决定了办公室在领导和管理工作中的作用及其工作的重要性，也决定了秘书及办公室其他各类人员必须具备相当的素质。早在我国封建社会，虽然没有办公室，但已经出现了为各级官员聘用来辅佐自己办公的幕友、师爷，他们可以被看作是我国私人秘书阶层的前身，他们的素质备受人们重视。曾有人将对幕友、师爷的素质要求归纳为“十不”：

一笔好字不错；
二等才情不露；
三斤酒量不吐；
四季衣服不当；
五子围棋不悔；
六出昆剧不辞；
七步歪诗不迟；
八张马约不查；
九品头衔不选；
十分和气不俗。

从这里不难看出，做个称职的幕友、师爷既要能写一笔好字、有敏捷的文思、记忆力强这样的技能要求，也要有琴棋书画多方面的艺术修养，还要做个谦谦君子，有不慕功名，甘居人后的人品。其中不少内容在今天依然适用。

今天对领导提供辅助支持工作的人员种类已不仅仅限于秘书，对相关各类人员的素质要求也形成了一个越加完备的体系。在这里我们将讨论办公室各类工作人员普遍需要具备的素质结构，办公室人员的素质结构主要从三个方面来构建：

一、办公室人员的业务技能

业务素质主要是指办公室工作人员开展工作必须具备的各种业务技巧及完成各项业务所必需的有关知识。它是办公室人员素质结构的最低层次，也是最容易通过教育和培训加以提高和完善的。主要包括：

1. 业务技巧

(1)要有高标准的速记、打字技术；

(2)能够熟练使用各种现代化办公设备；

(3)具备基本办公技能，包括接打电话、接待来访、处理信函等；

(4)掌握各项办公室工作(如文书工作、档案工作、信息工作、会务工作、保密工作、督查工作、协调工作、财务出纳工作等)的工作流程和操作方法；

(5)能够熟练掌握一门以上的外语；

(6)具有纯熟的文书写作和文字处理技巧。

2. 相关知识

(1)社会人文知识(包括天文、地理、文学、历史、科技、国际文化知识等)；

(2)经济知识；

(3)法律知识；

(4)管理知识(如行政管理、企业管理、人力资源管理等)；

(5)所在行业的专业知识；

(6)有关办公室及秘书工作理论知识；

(7)礼仪知识；

(8)公共关系知识；

(9)心理学知识；

(10)市场营销知识。

二、办公室人员的能力要求

能力构成属于办公室人员素质结构的中间层次，技能和知识仅仅使人们掌握了科学的工作方法，而能力使人们能够在某种状态下做出一种自然而然的反映，会帮助人们更好地运用知识和能力。具备某种能力的人，会把与之相关的工作做得更好，更加得心应手。

许多人认为，每个人的能力各不相同，因为能力的形成与每个人独特的成长经历和环境有关，并且不是经过一般的课堂教育和短期培训便能够具备的，因此，能力的获得也比知识和技能的获得艰难许多。

1. 沟通能力

卡尔·罗杰斯说："世界的未来靠的并不是自然科学，而是靠我们人类相互之间的理解和联络"，因为人与人之间一旦缺乏沟通或沟通不畅，相互之间的关系就会恶化并且最终断绝。有效的沟通有助于克服人类社会中经常出现的冲突和误解。

办公室协助领导工作，首先必须要能够正确领会领导意图，同时，它还要负责各种信息传输工作，是单位信息沟通的枢纽，所以沟通能力是办公室各类工作人员必备的能力。沟通能力又由表达能力、倾听能力、人际交往能力三个方面组成。

(1)表达能力

表达能力主要分为语言表达和非语言表达两个方面。

- 表达能力
  - 语言表达能力
    - 书面表达能力
    - 口头表达能力
  - 非语言表达能力

通常人们对办公室人员的语言表达能力给予了相当的重视，却相对忽视非语言表达能力，事实上，非语言表达能力和语言表达能力同样重要。曾有专家说，在沟通时，人们说话的方式往往比说话的内容更加管用，因为在说话的时候，通过语调和说话时的面部表情传达给别人的信息比语言本身更多。如果用百分比来表示，语调和面部表情占人们所传达全部信息的93%，实际讲话却只占7%。所以，在进行表达时，要紧的不是看你说什么，关键是看你怎么说。

非语言表达所体现的主要方面包括：

· 目光
· 距离(身体)接触
· 手势
· 说话的流利程度
· 衣着
· 身体姿势
· 面部表情
· 语调
· 场合

（2）倾听理解能力

不光是表达，倾听也是沟通的常用手段。卡尔·罗杰斯还曾经说，“当我们会心地倾听别人谈话时，我们实际上就真正在与别人沟通。这就是说，我们应该通过倾听对方的观点来理解他想表达的思想和态度，体会他的感受，并根据他的谈话内容了解其观点。”

在日常工作中，人们不仅要表达，更要认真倾听，而且往往花在倾听方面的时间还要多于表达，研究显示，随着职位的提升，工作中用于倾听的时间比例也会随之增长，一个执行总裁80%的工资是靠倾听挣得的。工作人员每天也得花上80%的时间倾听来自各方面的信息。

但是与表达能力相比较，人们往往忽略自己的倾听能力，认为它不需要特殊训练，不是什么能力问题，事实上管理者们经常发现，虽然员工每天大部分时间都在听别人说话，但他们的倾听水平往往并没有达到应有的标准，所以不能正确领会和执行管理者的指令和要求。所以学会倾听，具备倾听理解能力，是正确理解别人意图、想法的关键，也是沟通的关键。

（3）人际交往能力

要进行沟通，先要能够被别人接受，让人产生愿意与之交往的意愿。良好的人际关系能力即是在实施沟通过程中能够被人们接纳的保证，它格外需要人们具备一些良好品行修养及特性。

20世纪90年代初的一次亚洲秘书大会的主题是：人际关系——成功的阶梯。即秘书成功与否的关键，往往取决于他的人际关系能力。

办公自动化在为办公室工作带来极大的便利的同时，也带来了极大的冲击。因为科学技术的发展使领导们可以运用各种设备自行操作，人们早就预言，终有一天，电脑的功能会取代传统秘书们在办公室里所做的所有事情。但是人们也相信，“人性秘书”的工作在未来是无法被机器取代的，原因很简单，人类具有沟通所必需的人际交往能力，可以解决人际关系中的种种问题，而机器不能。

早在1985年《新闻周刊》科技篇提到：美国IBM公司发展研究出声控电脑，它可以执行一切主管想要传达的命令，可以分析提供报表，可以记录、写信，甚至可以和它作一个谈心的朋友，但当IBM将试验成功的这种产品交给该公司的主管试用时，所得到的结果居然是他们拒绝使用，原因很简单，主管们每天就在偌大的办公室里面对一个会讲会听的机器上班，感觉上非常没有人性，他们还要和人接触，才能活得自然。

由此证明，在短时间内秘书们不会因为科学技术而断了生路，办公室工作也不会完全被机器所取代，但是要想让秘书和办公室相关工作在将来继续存在并发展，必须要不断努力强化和提高自己的人际交往能力。

2. 其他能力

除沟通能力以外，办公室工作还需要具备下列能力：

(1)管理能力(计划、组织、控制、协调、领导、激励等)；

(2)观察能力；

(3)分析判断能力；

(4)学习能力；

(5)时间管理能力；

(6)解决问题的能力；

(7)预见能力；

(8)环境适应能力；

(9)减轻压力的能力。

三、办公室人员的职业道德

职业道德是办公室人员素质结构中的最高层次，因为员工的知识、技能与能力只是技术层面的保证，只能保证他们能够胜任相应岗位的工作，而不能保证他们一定就能很好地运用知识和能力，表现出企业管理者预期的行为；而职业道德才是决定员工是否能够真正在岗位上充分发挥出其才干的关键因素，职业道德水平不同，员工所表现出来的工作态度也将大不相同，最后形成的实际劳动能力就有明显差别。而且只有具有良好职业道德的人，才能最后在职场竞争中胜出，具有发展潜力，他们可以通过良好的职业道德表现，充分发挥自己的聪明才智，为自己拓展出更大的发展空间。

但是与知识技能、工作能力相比，道德修养更难在短时间内培养完成，更多的时候，需要人们穷一生之功不断修炼，所以其对组织和个人的价值也最高。

职业道德主要体现在人的品德修养和工作态度两个方面，而且品德修养直接导致人们表现出不同的工作态度。在我国历史上，品德修养一直为人们所关注，并将之视为人们安身立命之本，不少名家还对人的品德修养与职位、才干之间的关系和影响发表了精辟独到的看法，例如：

汉代王符在《潜夫论·忠贵》中指出：“德不称其位，其殃必大。”

董仲舒认为，选贤取士要量才授官，录德而定位。

司马光在《资治通鉴》中认为"才德全尽谓之圣人，才德兼亡谓之愚人，德胜才谓之君子，才胜德谓之小人。凡取人之术，苟不得圣人，君子而与之，与其得小人，不若得愚人。何则？君子挟才以为善；小人挟才以为恶。"他还指出，"自古昔以来，国之乱臣，家之败子，才有余而德不足，以至于颠覆者多矣"。

我们也可以借用现代心理学分析情商与智商对事业成功的贡献研究结果来看职业道德的重要性，因为情商中的很多内容可以对应为人的品德修养，智商则主要对应的是人们的聪明才干。现代心理学研究表明，一个人的成就中最多只有20%可以归于智商的贡献，而80%要归结于情商的贡献。心理学家霍华德·嘉纳(Howord Garder)说："一个人最后在社会上占据什么位置，绝大部分取决于非智商因素"，在现代社会中，"很多智商达到160的人在为智商只有100的人工作。"所以，人的品德修养对企业和个人事业的成功的作用不可低估。

近些年来，随着我国高等教育普及化、企业培训经常化，企业人员素质普遍得到提高，各类员工知识与技能准备基本上能够满足企业的需求。但随之而来管理者们也清楚地感觉到，员工的职业道德对企业的作用绝对不容轻视，职业道德越来越被管理者视为人才选拔和考核的关键因素与标准。现代企业管理研究的成果也表明，随着高科技的发展，员工的品德修养在企业的生产、竞争中的作用将日趋重要。

办公室各类工作人员也必须具备相应的职业道德，才能保证他们真正能表现出组织管理者所预期的行为表现，并获得更好的职业发展。其中主要包括：

1. 品德修养

- 诚实
- 守信
- 严谨
- 守时
- 整洁
- 自信
- 自尊
- 耐心
- 正义
- 遵守法纪
- 平易近人
- 公正公平

2. 工作态度

- 忠诚
- 合作
- 保密
- 勤奋
- 敬业
- 服从
- 积极主动

- 认真细致
- 富于想像力
- 精力充沛
- 开朗热情
- 开拓创新
- 做事有条理
- 坚韧果敢

第三节　办公室人力资源管理

在现代社会，企业成功和成长的关键在于核心竞争力，人力资源在建立企业的竞争优势中扮演着更加核心的角色，越发显示出其在组织中特殊的重要地位和作用。特别是在知识为基础的领域，如软件业和信息服务业，其成功越来越取决于"人体内存诀窍"，员工的知识、技巧和能力构成对于组织实现和维持竞争优势具有非同寻常的意义。

因此，组织都将人看成是最有价值的资源，欲图通过人力资源建立和扩展组织的竞争优势。《今日美国》和德勤会计师事务所最近的调查表明，将近80%的公司总裁认为，人力资源管理在他们公司里的重要性比过去10年有了大幅增长，并且2/3的人认为，人力资源在当今世界被看作是一种成本最有限的战略投资。因为员工的技巧、知识和能力是一种最特殊的可再生的资源，这是公司可以吸引人的资源，这种战略管理比其他更为重要。

所谓人力资源管理，是指组织对人力资源取得、开发、保持和利用等方面所进行的计划、组织、指挥、控制和协调的活动，具体可以体现为影响员工的行为、态度和绩效的各种政策、制度和管理实践。人力资源管理工作主要包括：进行工作分析、制定人力资源规划、对组织需要的人才进行招聘、挑选、培训、考核及职业生涯管理等。

对办公室人员进行管理的目的是使办公室中的各类员工产生组织期望的行为，从而更好地完成各项工作和组织的目标，同时也是为了在取得组织效益的同时，让员工有更好的职业发展。采用人力资源管理的方法和理论对办公室人员进行管理是一种最科学有效的方法。

一、工作分析

1. 工作分析的概念

工作分析是收集工作岗位信息以确定工作的责任、任务或活动的过程。

在组织中，通常一项工作包括了一组相关的活动和责任，有的工作可能需要几个员工来完成，但这几个人同样要有分工，即每个人都有一个单独的位置，因此，在特定的组织中，在一定的时间和空间内，由一名职工承担若干项任务，并具有一定的职务、责任和权限时，就构成了一个岗位。一个岗位由一名员工所承担的不同义务和责任组成，岗位是职工职务、工作任务和责任、权限的统一。

工作分析就是以组织中各类工作岗位为对象，通过科学地收集有关工作岗位的信息，对特定的岗位工作做出明确的规定，并确定完成这一工作需要什么样的行为的过程。其结果一般都会形成工作描述和工作说明书两个重要的人力资源管理文件。

工作分析是进行人力资源管理的基石。一个组织要有效地进行人力资源开发与管理，一个重要前提是要了解组织中各种工作的特点，以及能够胜任相应工作的人员特点，这就是工作分析的主要内容。通过工作分析所提供的工作内容的系统和定量的定义，可以为人力资源规划、招聘、挑选、考核、培训与开发、职业生涯管理等方面提供准确有效的信息。

2. 工作描述

工作描述是通过工作分析形成的对一份工作及其所包含的义务种类的书面描述。

工作分析的一项重要工作是确定工作岗位的内涵，即职务名称、工作地点、工作任务、工作职责、工作权限、工作对象、劳动资料、工作环境及本工作岗位之间的联系和制约方式等，对这些因素的系统表达，即为工作描述。在实践中，各个组织工作描述从形式到内容都不尽相同，但通常会包括工作名称、工作基本信息及工作职责几个重要部分。

(1)工作名称

工作名称是组织对从事一定工作活动所规定的工作名称或代码，以便于对各种工作进行识别、登记、分类以及确定组织内外的各种工作关系。一个好的职务名称，可以明确指明某种工作的职责本质，让人比较容易形成对这份工作的感性认识，还可以暗示员工有一定的地位，即这一职位在组织等级制度下的相关等级，让人们在心理上得到满足。

现实中有一些企业出于某种考虑，将打字员、数据录入员等等一概称为秘书，这样固然会为这些人带来荣誉感，但也容易让人造成角色认知上的混乱。事实上这些工作与秘书工作是迥然不同，还是应该根据个人工作性质的不同给出不同的职务名称，从名称上反映出工作的特性及区别。这是对各职位进行规范管理的基础。

在实际应用中，能够反映出职务特性而且使用比较普遍的职务名称有：秘书、助理、数据录入员、文字处理员、打字员、设备操作员、协调专员、信息专员、办公室文员等，而且在秘书和助理之下还可以有更细致的类别划分，根据不同的分类方法还有多种职务名称，如秘书按照工作重点分工可以有文秘、机要秘书、公关文秘、会议秘书、接待秘书等，按照服务对象分可以有董事会秘书、经理秘书、办公室秘书、部门秘书等等；助理也有行政助理、经理助理及各种专门助理。这些职务名称都能很好地反映出各自的职务特性。所以各组织应该根据实际职位设计，使用准确的职务名称。

（2）工作基本信息

工作基本信息包括：工作部门、直接的上级领导、职务等级、职务概要及制定日期等。其中，职务概要包括本岗位的特征及主要工作范围，一般用一句话对职务的工作内容进行简要描述，如一位就业助理的工作概要，可以描述为“从事人力资源工作，包括人员招聘、挑选、测试、情况介绍、调动、保管员工人事档案。”

（3）工作职责

工作职责是该岗位所要求完成的工作内容，是职务与责任的统一。一般按照重要程度顺序逐项编排，并且要说明职位所赋予的所有义务所包含的责任以及它们所要达到的结果。因此，工作职责应该是通过分析岗位任务范围、工作责任大小、重要程度而得出的。如某公司销售助理的工作职责是：

· 负责销售部门的日常行政管理工作；
· 对销售工作给予协助；
· 负责销售部门与其他部门的沟通协调工作；
· 统一整理、管理客户档案，对各种文件进行管理、收集、备案；
· 负责销售部销售费用和市场费用的统计；
· 汇总有关市场、同行业信息及时反映市场及销售状况。

工作描述对组织及员工双方均有益处，对员工来说，工作描述可以帮助他们更清楚地了解自己工作的义务，并且可以提醒他们知道组织对他们从事该项工作的具体期望；从组织方面而言，书面的工作描述可以尽量减少管理人员及员工之间在工作要求方面因理解不同而产生的误会，同样，当员工没有完成工作描述中提到的义务和职责时，管理人员可以据此采取纠正错误行动。

3. 工作说明书

工作说明书是通过工作分析得出的对某一岗位任职者要成功完成岗位工作所必需的素质或任职资格的说明。其中主要包括一般要求（年龄、性别、学历、工作经历、经验、专业等），体力要求，能力性格要求，知识技能要求等几个方面。如某金融企业总裁助理的工作说明书为：

（1）性别不限，年龄在28岁以上；

（2）正规大学本科（含）以上学历；

(3)一年以上的IT行业从业背景,熟悉IT行业;

(4)熟悉金融系统工作;

(5)思路清晰,文字表达能力强;

(6)有良好的沟通和协调能力;

(7)熟悉投资银行业务者;

(8)有政府部门工作经验。

二、人力资源计划及招聘

1. 人力资源计划

人力资源计划是对人员在组织内部和流入、流出组织的行为进行预测及做出相应准备的过程,目的是为了尽可能有效地配置人力资源,保证组织现在和未来特定时间、特定岗位能及时得到合适的人员,为实现组织目标服务。

办公室人力资源计划必须与组织的战略计划密切配合,保证它的岗位设计及人员配备在实现组织战略计划的活动中发挥出最大效用。人力资源计划的制定主要包括下列工作:

(1)对组织环境进行深入研究

组织内部环境和外部环境都会对人力资源计划产生影响。组织内部环境因素主要有:组织领导变更、技术的更新换代、组织经营状况等;组织外部环境因素主要有:宏观经济形势、劳动力市场供求关系,人们的工作价值观变化、政府的政策法规等。

(2)对组织人力资源的需求进行预测

即在对组织环境进行研究的基础上,对组织在未来一段时期内所需要人员数量与类型做出预测。

组织的竞争策略、技术、组织结构、管理水平及产量等都会影响对人员的需求。

(3)对劳动力的供给做出预测

即对未来一段时间内组织内部和外部各类劳动力供给情况的预测,确定组织是否能获得足够的合格人员。

(4)制定人力资源计划方案

2. 招聘

招聘是寻找和鼓励潜在的应征者申请现有的或预期的空缺职位的过程。组织会视不同情况和需要在组织内部和外部进行招聘。

一般来说,当初级以上的职位出现空缺时,大多数公司会采用晋升或调动员工的方式来弥补,因为内部招聘有很多优势和方便之处,第一,内部招聘可以使组织在人员招聘、选拔、培训和发展现有员工上的投资资本化；第二，晋升可以作为对员工过去工作成绩的回报，并对其他人产生激励；第三，内部员工已经对组织文化非常熟悉，因此可以降低外部招聘的成本，减少新职员的适应期；第四，相对而言，组织对内部人员的了解更全面、可靠。

但是，尽管人力资源政策鼓励从内部招聘员工，组织也经常需要进行外部招聘。一方面，有时候一些中高层次的工作需要特别的知识和经验，组织内部无法满足这种要求，所以必须到组织外部去寻找；另一方面，从外部招聘人员，还可能会为组织和职位带来新的思想和知识，有效防止由于过分依赖内部资源引发的“员工复制”风险。另外，当组织中出现人员退休、调职等情况时，必然会引起一系列职位变动，最终产生某个职位的空缺，也必然会导致外部招聘。外部招聘有很多渠道，如员工推荐、校园招聘、猎头公司、广告、职业介绍中介机构等。

无论是内部招聘还是外部招聘，组织都应该努力使应征者得到工作要求和职位机遇的全面信息。

三、挑选员工

即从一组求职者中筛选出最符合需要的人来补充现有职位空缺的过程。

很多管理者都认为，员工挑选是最困难，也是最重要的决策之一，据有关调查表明，挑选活动的平均成功率只有 1/3，而它最终会决定组织获得人才的水平，进而影响组织的生存能力、适应能力和发展能力。因此人们通常都会对此项工作给予高度重视。

挑选员工的工作都会以工作分析为基础。因为，工作描述和工作说明书可以清楚地告诉员工成功完成工作所需的知识、技术和能力及其他产生优秀表现的因素，在挑选时，可以此为对照，采取相应的科学方式来对应聘者的资格条件进行衡量。

1. 挑选过程

在大多数企业中，挑选是一个连续的过程，比较典型的环节有：

(1)通过求职人的个人履历资料和推荐材料对申请者的资格进行审查；

(2)通过笔试、面试及其他方法获取求职人与工作岗位有关的可靠的和有效的信息；

(3)身体健康检查；

(4)做出挑选决策。

2. 挑选方法

在挑选过程中，人力资源部门会采取很多种方法对求职人进行测试，测评活动是目前我国很多组织都在使用的一种综合方法。测评活动是心理测试技术在人力资源管理领域的应用。它是以心理测试为基础，通过标准化和客观化的测试方法对求职者的人格特质、职业的适应性和能力倾向进行测试。测评活动的结果不太容易受主观因素的影响，而能够真正反映求职者的心理特征，通过测评的结果对人员进行选拔，能够预测求职者未来的工作绩效。

在人力资源管理领域，人们对很多挑选方法进行了科学研究，并对心理学、行为学等方面的研究成果进行了积极借鉴，以使挑选结果更接近实际。总的来说，所采取的挑选或测试的方法主要都集中于工作知识和技能、个人天赋、个性兴趣以及诚信等方面。因为人们普遍认为，这些与人们未来的绩效及发展有紧密的联系。

尽管办公室工作与领导工作息息相关，但在很多单位对办公室人员的挑选工作并没有给予足够的重视，他们往往认为办公室工作不需要太专业的技能，什么人都可以做，所以不太考虑办公室人员所需的专业、学历背景，对于能力的考察也仅限于打字、电脑操作、公文写作等技能方面。这样的做法和认识是十分错误的，必然会影响办公室人员的整体素质。要保证办公室工作的效率和水平，必须要依据科学的方法对办公室人员进行挑选。

另外，虽然挑选方案通常是人力资源部门的责任，但是，办公室主任或主管对办公室是否录用某人起决定作用。所以，办公室负责招聘的管理人员要对挑选过程和方法有足够的了解。

四、培　　训

培训是指组织为了实现自身和员工个人的发展目标，有计划地对全体工作人员进行培养和训练，使之提高与工作相关的知识、技能和能力以及工作态度等素质，以适应并胜任岗位工作。

培训不仅能够使组织获得高质量的人才，提高竞争能力，也能够使个人素质得到提高，促进个人职业发展。所以，培训在当今的各类组织中变得日益重要，不少员工也将之视为组织提供的一种最重要的福利。

培训主要有两个重要内容：培训需求分析及制定培训计划。

1. 培训需求分析

人力资源部门及办公室管理人员要对办公室各类员工需要哪些培训进行认真的思考，一般他们需要从三个方面进行培训需求分析。

(1)组织分析

即对组织环境、战略和组织资源进行分析，以确定培训的重点。例如，组织发生合并与兼并情况时，组织结构会发生变化，很可能员工的岗位职责也会发生变化，要求员工承担起新的职责，或者要适应新的企业文化和新的工作方式。由此会产生一些非常具体的培训需求。

(2)任务分析

即研究工作描述和工作说明书，从中发现相应岗位员工应具有的知识、技能和能力，如果发现员工在其中的某些方面表现出不能够胜任时，就产生了培训的需要。

(3)人员分析

即根据绩效评估及其他方法对员工的表现进行分析，确定哪些人需要培训，需要什么培训，采取什么方法培训最有效。

2. 制定培训计划

即根据培训需求分析所获取的信息，设计出最有效的培训方式和培训内容，使员工通过培训能够真正系统地提高其工作技能和工作绩效。

培训员工有多种方式，如在职培训、课堂培训、互联网培训、情景模拟、研讨会、案例研究、管理游戏、角色扮演、行为模拟等，培训时，既可以按需选择最有效的一种，也可以在一次培训中综合运用多种培训方式。

五、绩效评估

绩效评估是衡量、评价员工工作绩效的过程或系统。通过绩效评估，可以衡量员工工作活动和工作成果与组织期望的一致程度，有效管理和控制员工的行为和工作结果，使人力资源效用发挥最大化。绩效评估也可以作为办公室人员管理的一个重要措施和手段。

参与评估的人员可以是多方面的，如上司、同事、部门或小组成员、员工本人、下属、客户等等。最近，很多公司开始采用360度评估方法，即由各方面有关人员对某个人的业绩进行评估，这些人与被评估人都有工作接触。

各类组织采取的绩效评估方式不尽相同，但主要可以分为三类：

1. 特征评估法

即衡量员工在多大程度上拥有对组织和岗位非常重要的某些特征。这些特征和人的个性密切相关，往往体现在创造性、热情、诚实、独立等一些工作态度。所以特征法实质上是以衡量人们的工作态度和品德为核心。

工作态度和品德会直接影响员工的行为，管理学大师彼得·德鲁克即指出，人的知识、技能和能力如果不与良好的工作态度相结合，对组织就毫无价值可言。

2. 行为评估法

即评估人们的工作行为哪些是组织期望的，哪些是组织认为不应该的。

行为法的依据通常是工作分析及行为规范，根据工作分析规定的工作范围和尺度，来评判员工的实际行为在多大程度上与组织的预期相吻合。

在实际应用中，有多种行为评估技术。

3. 结果评估法

即对员工的工作结果进行评估，衡量他们对组织的贡献程度。工作结果是指员工取得的业绩或达到的目标，它们应该与组织的战略目标相一致。在进行目标管理的组织中，通常会采用结果评估法。

特征法、行为法及目标法是从不同的角度对员工的工作绩效进行考察，在实际评估中，组织应该根据具体的工作情况设计三者的权重，不能偏废其中的任何一个，否则可能会造成评估失败。对办公室工作人员的评估，同样不能只偏重于工作态度，还应该仔细进行工作分析，制定有效的行为规范和工作目标，对员工的工作行为及结果进行科学考察。

第四节　确定办公室人员工作职责和工作规范的方法

办公室各类人员工作职责和工作规范的确定，是办公室人员管理的核心内容，它们是对办公室人员进行科学选拔、培训、考核等工作的基础。

一、确定办公室各类人员工作职责的方法

工作职责决定了各类人员的主要工作内容。要想对办公室人员进行有效管理，就要同时让管理者和被管理者都清楚地知道每一个岗位的职责。如果人们不知道自己应该承担起哪些工作，那么很难想像他日复一日的工作会是什么样子。

尽管秘书、助理等办公室人员是一种社会通用性人才，但在不同规模、性质的组织中以及同一组织的不同岗位中，办公室各类人员的工作职责会有一些不同，这些职责是由组织目标和分工决定的，所以，要确定工作职责，就要从组织的目标入手。

1. 目标分析

办公室人员是组织团队中的一员，他们的任务同样是为组织的目标做出贡献。各个岗位的设置也应与实现目标密切相连。所以首先要让他们了解所在组织、部门及所服务对象的目标。对这些目标的了解可以通过下列问题得到答案：

(1)这个组织的总体、阶段目标是什么？

（2）我所在的部门如何为实现组织的这些目标做出贡献？

（3）我这个职位是干什么的？

通过对这些问题的回答，就可以找出每个具体岗位的目标，一般来说，办公室人员的工作目标都可以称为是为组织、部门、上司目标的实现做出贡献，但具体还会有不同的侧重点。例如，秘书的目标可能是：

（1）通过分担团队成员的日常事务性或行政性工作，使他们能够集中精力实现他们的目标；

（2）管理办公室，使之成为组织的综合信息中心和沟通中心；

（3）为经理提供全力的行政支持，使之实现组织或部门的目标。

2. 职责分析

明确了岗位目标以后，接下来要考虑的就是为了实现这些目标自己应该做些什么——即确定职责。职责是为了实现岗位目标所要做的那些主要工作，完成了这些工作，就可以认定基本实现了岗位目标。例如，根据前文所列秘书的目标，秘书的主要工作职责可能就是：

（1）负责接听电话、对外联络；

（2）接待来访者；

（3）收发信件及传真；

（4）各类信息的收集、整理、研究、检索和传递；

（5）办公设备的操作和维护；

（6）为经理安排工作日程；

（7）公司考勤统计和管理；

（8）办公用品的采购、领用和分发；

（9）处理其他日常行政工作；

（10）文书起草。

而办公室主管的目标是协调办公室人员的工作，使之与管理工作紧密配合，由此其主要工作内容是：

（1）对工作做出计划并监督办公室其他人的工作；

（2）评价每个人的工作表现；

（3）负责办公室一般员工的面试；

（4）为培训公司新员工提供有关的组织知识和办公程序方面的知识；

（5）负责与管理层的沟通协调；

（6）解决内部员工冲突。

总之，岗位目标是从宏观上说明一份工作的整体方向，而工作职责则说明了实现这个目标的关键工作领域。这些可以让人们比较清楚地知道组织对他们的期待是什么，也知道自己每天所做的工作与目标的关系，从而可以随时调整自己的工作，使之不会偏离目标。

二、确定工作规范的方法

1. 工作规范的含义

工作规范又称工作标准，它是由管理者与员工本人一起商讨制定的完成各项工作职责的质量标准及有效行为。

通过岗位目标和工作职责的研究，人们可以抓住工作的重点，但是，仅仅知道自己应该做些什么并不意味着百分之一百地能做好它，要恰到好处地完成职责，还要清楚地知道自己应该把这些工作做到什么程度或水平才是合适的，这就是工作规范要解决的问题。

2. 工作规范的重要意义

(1)工作规范可以让每个员工从一开始就清楚地知道组织对自己行为的期望，随时知道自己做得怎么样，哪种工作水平是组织可以接受的，哪种行为是组织不能接受的。

(2)行为规范是组织对员工进行规范化管理的重要基础。一直以来，正是由于没有明确的行为规范作为对办公室人员行为要求，使得对这些人员的招聘、挑选、培训、考核、薪酬、职业发展等方面缺乏科学的依据。以秘书人员的考核为例，现在许多人都表示这是一件比较困难的事，通常人们很难通过秘书一天接几个电话、起草了几份文稿来考核他的工作量，也不容易准确评价他接电话、起草文稿的质量，因此，最多只能从工作结果中看他的工作态度。但如果有了行为规范，它可以清楚地告诉管理者能够导致这种行为的素质要求，也能以这些事先制定好的规范去控制员工的行为，那么这些问题都可以迎刃而解。

(3)科学的行为规范还可以在一定程度上弥补员工知识和技能的不足，保证岗位工作的水平和一定的稳定性。行为规范作为一种行为指导可以清楚地告诉人们完成一项工作需要关注哪些环节、从哪些方面完成工作，因此可以指导那些没有经过专业培训的人按照正确的方式从事工作，从而保证每项工作不论何时、何地、由哪个人来完成都能取得组织预期的结果，人们工作时也不会自行其是。这一点对于目前我国办公室工作人员构成较为复杂、许多人没有经过专业教育或培训、工作能力参差不齐的状况极有裨益。

3. 制定办公室人员行为规范的方法

制定行为规范首先应该注意这样几个问题：第一，制定行为规范应该保证与组织的目标和战略保持一致；第二，行为规范应该尽量精确，形成那种能够度量的标准；第三，行为规范不可能面面俱到，制定时应该将注意力集中在那些与组织目标及战略关系紧密的领域——主要的工作职责；第四，行为规范应该适用于从事同一份工作的任何人，并相对固定。

例如，某单位秘书接待日常来访工作的行为规范是：

(1)礼貌地接待来访者，并确认其身份；

(2)了解来访者的来访性质及要求，并确定它们与组织的产品或服务相符；

(3)确保在自己职责范围内接待的来访者得到直接接待；

(4)按照规定的程序对其他来访者进行指引和分流；

(5)随时避免来访者对其他人不必要的打扰；

(6)正确地向来访者说明所在组织的产品或服务；

(7)及时有效地处理一些非常规的或紧急的要求；

(8)如果要去操作车间等处参观，需要为客人提供必要的防护设施；

(9)对重要来访要做记录，并保证记录的清楚、准确；

(10)在接待工作中，遵守保密规定和程序，防止秘密外泄。

而邮件处理工作的行为规范则应该是：

(1)每天及时接收处理邮件；

(2)正确区分出需要自己处理的邮件并确定处理顺序；

(3)将应由他人处理的邮件及时正确地转交；

(4)在自己处理范围的信件要根据处理顺序及时复信或采取其他行动；

(5)综合考虑并选择最有效、最方便、最经济的回复方式；

(6)回复时注意用正确的语法、合适的语气、规范的文体；

(7)对所有要发出的信函进行检查、校对，及时发现和改正错误；

(8)发出信函时选择最经济、有效的邮寄方式；

(9)发出的重要信函应该备份存档；

(10)每天收进或发出的邮件应该进行登记；

(11)随时更新、增添地址信息；

(12)随时注意信件内容及保管的安全保密工作。

另外办公室工作中有不少是程序性工作，虽然不同时期工作内容会有变化，但都是按照基本固定的程序来操作的，对其中的一些重要工作，可以按程序或工作流程逐一提出明确的操作要求，即行为规范，以确保完成工作的质量。

以会务工作中的发放会议通知这一环节的工作为例，可以提出下列行为规范：

(1)重要会议必须发放书面通知；

(2)书面会议通知应按事先编制的模板制作，保证风格统一并防止缺项；

(3)传达会议通知时必须保证每个出席人都及时得到了通知，并就通知情况进行登记；

(4)及时收集预定会议出席人的反馈信息，并就其是否能够出席会议的信息进行登记，采取后续行动。

但需要注意的是，这样细致的行为规范虽然可以将可能出现的失误降至最低，但它的研究成本较高，且容易阻碍员工的创造性，因为毕竟工作可以有多种完成方法，未必只有一种是最好的。所以，只有那些操作性非常强的工作或重要的工作环节才有必要做出如此细致的行为规范，其他工作只需从重要方面提出质量要求或完成标准，而不必面面俱到。

第五节　推行职业资格证书制度

1994 年我国劳动部颁发的《职业资格证书规定》中对职业资格的定义是“对从事某一职业所必需的学识、技术和能力的基本要求”。中国人民大学劳动人事管理学院萧鸣政教授则进一步提出，“职业资格可以解释为个人从事某一职业必备的能力系统或基本条件，包括个人的智慧能力、学识、体质、品质与经验”，“它是对做好某一职务(岗位)工作任职条件的规定”。

总之，职业资格是指个人从事某一职业所必备的学识、技术和能力等方面的基本条件，是人们做好某项职业的基本保证。对某一职业的就业资格进行严格的限定，即表明这一职业对组织、对社会有重要的意义，并且具有系统的专业知识和技能体系，为了保证其工作质量，要求从业人员必须具备相应的条件，它不应该再是什么人都可以从事的工作。

而职业资格证书是职业资格的一种外化形式，是反映劳动者具备某种职业所需要的专门知识和技能的证明。它是由国家或行业权威部门集中统一对某一类职业的劳动者进行考查，并表明其具备该职业所需的基本素质要求的证明材料。

一、我国职业资格证书制度的推出

职业资格证书制度是我国劳动就业制度和就业准入制度的一项重要内容。它是指按照国家制定的职业技能标准或任职资格条件，通过政府认定的考核鉴定机构，对劳动者的技能水平或职业资格进行客观公正、科学规范的评价和鉴定，对合格者授予相应的国家职业资格证书的制度。它是国际上通行的一种对技术技能人才的资格认证制度，也是我国劳动就业制度和就业准入制度的一项重要内容。

1. 就业准入制度

改革开放以后，为了有效地保证各项工作的完成质量，我国开始对一些重要职业实行就业准入制度，所谓就业准入是指根据《劳动法》和《职业教育法》的有关规定，从事技术复杂、通用性广、涉及到国家财产、人民生命安全和消费者利益的职业（工种）的劳动者，必须经过培训，并取得职业资格证书后，方可就业上岗。实行就业准入的职业范围由劳动和社会保障部确定并向社会发布。

为此，我国对一些职业在全国范围内推行了职业资格证书制度。一方面，根据国家有关规定，对初高中毕业的青年实行全面的就业准入控制，规定各用人单位不得招收高、初中毕业生就业，必须经过规范的培训才能录用就业；另一方面，对在职职工、职业院校毕业生以及社会其他从业人员中开展不同职业的职业技能鉴定，对通过技能鉴定者颁发职业资格证书。取得职业资格证书的人方准就业上岗。

2. 我国职业资格证书制度的确立过程

在我国全社会推行职业资格证书制度，是中央确定的一项旨在全面提高劳动者素质的重要政策。1993 年 11 月，中国共产党十四届三中全会通过的《中共中央关于建立社会主义市场经济体制若干问题的决定》中第一次指出“要制定各种职业资格标准和录用标准，实行学历文凭和职业资格两种证书制度”。随后，在 1994 年 7 月，全国人大通过并正式颁布的《劳动法》第八章第 69 条规定，“国家规定职业分类，对规定的职业制定职业技能标准，实行职业资格证书制度，由政府批准的考核鉴定机构负责考核鉴定”。1996 年颁布并实施的《职业教育法》第一章第八条明确指出：“实施职业教育应当根据实际需要，同国家制定的职业分类和职业等级标准相适应，实行学历文凭、培训证书和职业资格证书制度”。这些法规确定了国家推行职业资格证书制度和开展职业技能鉴定的法律依据，将职业资格证书制度上升为一项法律制度。

1995 年 1 月，人事部发布了《职业资格证书暂行办法》，从从业资格、执业资格、资格证书等方面对职业资格证书做了详细规定。1999 年 6 月，《中共中央国务院关于深化教育改革全面推进素质教育的决定》再次重申，要“在全社会实行学业证书和职业资格证书并重的制度”，“要依法抓紧制定国家职业（技能）标准，明确对各类劳动者的岗位要求，积极推行劳动预备制度，坚持实行先培训、后上岗的就业制度。”

2000 年 3 月 16 日，中华人民共和国劳动和社会保障部发布第 6 号令，命令自2000年7月1日起在全国实行《招用技术工种从业人员规定》，规定指出，“国家实行先培训后上岗的就业制度。用人单位招用从事技术复杂以及涉及到国家财产、人民生命安全和消费者利益工作（职业）的劳动者，必须从取得相应职业资格证书的人员中录用”，“用人单位和职业介绍机构发布技术工种人员招聘广告时，在应聘人员应具备的条件中须注明职业资格要求”。在规定中公布的须持职业资格证书就业的工种（职业）中，有“办事人员和有关人员”一类，其中主要包括秘书、公关员、计算机操作员、话务员等。

2002年3月，教育部、公安部、人事部、劳动和社会保障部联合发布了《关于进一步深化普通高等学校毕业生就业制度改革有关问题的意见》，提出要积极推行职业资格证书制度，逐步在全社会实行学业证书、职业资格证书并重的制度。

在2003年《中国21世纪初可持续发展行动纲要》中，也继续将“提高劳动者素质，建立健全国家职业资格证书制度”作为全面提高人口素质的一个重要手段。从此职业资格证书制度逐步在我国推行、建立起来。

二、职业资格证书制度的作用

长期以来，我国很多用人单位在招聘和选拔人才时，最看重的是文凭，认为“文凭就等于人才”。但实际上，文凭只是一种受教育程度的证明，而且在我国传统教育模式下，文凭教育更多的是注重理论学习和研究，在实际操作和动手能力的培养以及与社会实际需要相结合方面，一直是比较薄弱的环节，因此，尽管一些人受教育的层次比较高，但实际工作能力并不与之成正比，正所谓“高分低能”。现实的很多情况清楚地说明，文凭和实际工作能力之间还存在着一定差距，有文凭的人不一定就有必需的实际工作能力、不一定就是人才，文凭只是就业的一个基础条件。只重文凭不重才能，必然会严重制约人的才能发挥和经济发展。

而职业资格证书制度是国际上通行的一种对技术技能人才的资格认证制度，通过推行职业资格证书制度，可以对文凭教育起到很好的补充作用。因为，职业资格是指个人从事某一职业所必备的学识、技术和能力等方面的基本条件，是人们做好某项职业的基本保证。而职业资格证书是职业资格的一种外化形式，是反映劳动者具备某种职业所需要的专门知识和技能的证明，如果说文凭教育是一种素质教育，那么职业资格证书制度则有很强的职业针对性，《职业资格证书暂行办法》中指出，专业技术人员职业资格是对从事某一职业所必备的学识、技术和能力的基本要求，包括从业资格和执业资格：从业资格是指政府规定从事某一专业的学识、技术和能力的起点标准；执业资格是指政府对某些责任较大，社会通用性强，关系公共利益的专业技术工作实行的准入控制，是专业技术人员依法独立开业或独立从事某种专业技术工作学识、技术和能力的必备标准。

因此，推行职业资格证书制度在我国目前将有利于全面提高劳动者素质，增强劳动者的就业能力和工作能力，提高从业人员的业务素质，保证专业技术工作质量，加强专业技术人才队伍的建设，对提高生产力，保障社会生产和生活正常运行，促进经济发展具有重要作用。另一方面，通过推行职业资格证书制度，由社会完成对劳动力质量的认证，不仅具有权威性，而且比劳动力需求方和供给方自行检验认证所耗费的费用低得多，降低了劳动力市场的运行成本，有利于政府对劳动力市场进行监控管理，合理开发和使用人力资源，规范市场经济秩序，并将促进行业管理体制的改革。

三、职业资格证书制度的具体内容

职业资格证书制度包括考核标准以及相应的考核与发证制度。考核标准通常为"入门标准"和"特殊标准"。前者指从事某一职业所必须达到的起码标准；后者指在入门标准之上，从事本职业中某种特殊职业活动所需达到的标准。考核标准是根据职业资格标准的要求，将其具体化，成为可以检测的考核目标。其内容包括知识、技能、品德等。我国国家职业资格通常分为五个级别，即初级（五级）、中级（四级）、高级（三级）、技师（二级）、高级技师（一级）。通过了国家部门组织的职业技能鉴定，即能获得相应等级的职业资格证书。

职业资格证书的考核是通过职业技能鉴定的方式进行的，职业技能鉴定是国家职业资格证书制度的重要组成部分，是由国家统一颁布实施，以技术等级标准为参照，以劳动者职业知识技能水平为鉴定对象的标准参照考试。国家实施职业技能鉴定的主要内容包括：职业知识、操作技能和职业道德三个方面。这些内容是依据国家职业（技能）标准、职业技能鉴定规范（即考试大纲）和相应教材来确定的，并通过编制试卷来进行鉴定考核，分为知识要求考试和操作技能考核两部分。知识要求考试一般采用笔试，技能要求考核一般采用现场操作加工典型工件、生产作业项目、模拟操作等方式进行。经鉴定合格者，由劳动保障部门核发相应的职业资格证书。它由考试考核机构对劳动者从事某种职业所应掌握的技术理论知识和实际操作能力做出客观的测量和评价，是一项基于职业技能水平的考核活动。

目前在我国实行职业资格的职业有营销师、秘书、涉外秘书、公关员、人力资源管理师、物业管理师、注册会计师、注册税务师、注册资产评估师、律师等，今后我国还将继续按照统筹规划、急需先建、逐步推开的原则推广职业资格证书制度，学历证书和职业资格证书制度并重的时代已悄然来临。

四、秘书职业资格证书制度

1. 我国秘书职业资格证书制度的实施

1997年底，我国的劳动和社会保障部制定了秘书职业的《国家职业技能标准》和《国家职业技能鉴定规范》，后又制定了《秘书国家职业标准》，并从1998年开始推行秘书职业资格证书考试工作。1998年下半年，劳动和社会保障部职业技能鉴定中心在部分省市推行秘书职业资格证书考试试点工作，1999年在全国推行秘书职业资格证书考试，截至2003年，累计举行了十次考试，共有50余万人取得了“秘书职业资格证书”，为社会各行各业输送了大量的专业人才。

另外自20世纪90年代以后，我国社会各类机构与在职业化建设中取得极大成功的英国合作，引进了英国的多种秘书职业资格证书，如LCCI秘书资格证书、NVQ行政管理及秘书证书，剑桥秘书证书等。这些证书为我国秘书工作职业资格的规范化管理提供了很好的借鉴作用，并有利于培养国际通用人才。

这些制度的实施，为我国办公室及秘书工作的职业化和专门化发展起到了实质性的推动作用。

将职业资格证书作为办公室工作人员选拔和聘任的一个重要衡量指标，不失为一种有效的办公室人员管理方法。一方面，办公室工作人员由社会部门负责进行资格审定，有利于企业节约人员资格鉴定成本；另一方面，推行办公室人员职业资格，就设置了从事该项职业的入门条件，提出了相应的就业能力和条件，有利于提高办公室工作水平和效率，也有利于工作人员的自我发展和管理。

2. 秘书职业资格证书制度有待于进一步完善

由于办公室工作是从全方位对管理工作和领导者的工作提供重要支持，所以要求从业者具有多方面的能力，特别是在发挥决策咨询、参谋辅佐决策等高层次支持作用的工作中，对于从业者的个人素养更是提出了较高要求，因此办公室工作成为了一种强调个人全面能力与素质修养的职业。很多人认为，要找到一位比较令人满意的秘书是一件不太容易的事情。

从20世纪80年代人们开始研究秘书及办公室工作以来，即提出从事这一职业需要具备相应的素质，从知识结构、技能、能力、性格、修养、职业道德等方面进行了大量研究。

但是就目前来看，社会对秘书职业资格证书的执行情况并不十分得力，在各类秘书的招聘活动中，只有少数外企和一些规范经营的大企业遵守了这一规定，而绝大多数用人单位则很少提出职业资格证书要求。秘书职业资格证书并没有真正在社会上得到普及和认可，特别是用人单位基本上没有将它作为衡量从业人员任职资格的一个重要标准。因此还必须采取有效措施完善这一制度，并督促各类组织将它作为选聘人才的一个参考标准。

从我国目前用人单位对办公室各类人员的职业条件要求来看，他们对于此类人员看重的只是学历、工作经验、年龄、外表、性别等条件，而对于与工作直接相关的专业技能则少有强调，并且只有限地集中在电脑操作、写作、打字、沟通协调、团队精神等方面，而其他业务技能则少有提及，提出秘书职业资格证书要求的更少。似乎用人单位更多的是将对秘书的办事能力、工作效果的期望寄托在了工作态度、性格等方面，在这些方面往往多有具体要求。

造成这种情况的主要原因是，办公室工作人员要为管理工作发挥重要的综合辅助作用，所以很多岗位需要广博的知识和综合性能力，既要熟练掌握办公程序、业务技能，也要具有相当的经济、法律、管理等多学科的知识，同时还要擅长沟通，有较强的办公能力等，是一门综合能力要求较高的职业。各类组织为了求得高素质人才，往往对秘书、助理等重要的办公室工作岗位提出了大专以上的学历要求，而目前我国秘书教育以高中、大专层次居多，本科以上的则相对很少，所以用人单位只能或者更愿意在其他多个学科的人才中加以选择。

这样做的结果是在各类组织中从事各层次办公室工作的人员来源极为复杂，很多人虽然有中文、历史、档案、英语、管理等"相关专业"方面较高的学历，但这些专业并不能保证他们具备办公室工作的知识和技能、也不能保证他们能胜任办公室的各项工作，办公室工作水平在很大程度上还只能被动地取决于个人的天赋及经验。因此，在很多时候，不同单位的办公室工作水平差异很大，即使在同一个单位的同一个办公室工作职位，也会因为从事该项工作的人员变换造成明显的水平差异。

另一方面，人们普遍对办公室工作人员必备的工作技能缺乏认识和了解也是造成这一情况的重要原因。在很多人看来，接打电话、接待来访、处理信函、保管文件、事务处理等等都不需要专门的学习，根本不属于专门知识和技能，各类组织对秘书的专业资格几乎都没有严格要求。往往只是从年龄、学历、性别等一些外在的指标以及性格、能力等一些难以度量的、抽象的指标对从业人员做出要求。

但是实际上，接打电话、接待来访、文档的整理和保存、信件文件收发、文书信件写作、安排会议和商务旅行，以及打字、速记、各类办公设备操作和维护，是各类办公室工作中通用的工作技能，也是管理工作者最基本的专业知识和技能，都需要经过系统的教育和培训才能掌握。它们在英、美、日等国被称为办公程序，在我国被称为秘书实务，是对秘书们进行的专业教育和培训中必不可少的内容，也是职业资格鉴定考试中的一个重要模块。这种专业技能能够保证管理工作者以专业的方法和技巧高效完成工作，切实提高管理工作的效率。

一个行业的职业化和专业化最重要的是从业人员具备专业素养，以专业技能为任职的基本条件。而目前社会上普遍忽视办公室工作的专业技能，无法保证从业人员以专业化的行为从事工作，这种状况必须尽快得到改善。

案例分析

1. 下面是一家企业关于就业助理职业的工作描述，请你看过后回答下列问题：

（1）请仔细研究下面的工作描述，分析它的实际构成及写作方法。

（2）假如你是一个企业的办公室主任，你认为这份工作描述对你进行办公室人员管理有哪些帮助？

一名就业助理的工作描述

工作名称：就业助理

区域：南方地区

部门：人力资源管理

工作分析人员：弗吉尼亚・赛萨其

分析日期：1996 年 12 月 3 日

工资：略

上报：人力资源经理

工作代码：11—7

核实日期：1996 年 12 月 17 日

工作说明

从事专业人力资源工作，包括人员招聘、挑选、测试、情况介绍、调动和保管员工人力资源档案。可能要处理平等就业机会/就业歧视补救行动、员工不满情绪、培训或者分类和报酬等特别任务和项目。从事初级工作。任职者在执行分配的任务中行使主动和独立的判断力。

基本职能

1. 准备招聘传单和工作广告。

2. 安排和主持面试，确定合适就业人选，包括评议邮寄来的申请信和履历。

3. 监督测试项目，负责发展和完善测试工具和程序。

4. 向新员工提供情况介绍项目，为情况介绍项目收集材料和完善程序。

5. 协调区域性工作张贴和调动项目，确立工作张贴程序、负责审议调动申请、安排调动面试和确定调动生效日期。

6. 就人力资源问题，包括招聘问题、保留和解聘试用员工以及处分或开除员工等，与区域经理保持正常的工作关系。

7. 通过布告栏、会议、备忘录或个人接触，向所有员工和经理发布新的或修改过的人力资源政策和程序。

8. 完成人事经理安排的相关工作。

工作说明书

1. 四年制大学学历，主修人力资源管理、工商管理或行业心理学；或者在人力资源管理方面具有相当于四年大学学历的实际教育。

2. 对挑选员工和人事安排原则有相当的认识。

3. 清晰的书面和口头表达能力。

4. 独立计划和组织个人活动的能力。

5. 人力资源知识在计算机上的运用。

2. 嘉陵集团公司党政办公室为了提高办公室人员素质，采取了一系列措施，请你仔细阅读下文，然后回答下列问题：

(1)该公司办公室是怎样设置工作岗位的？各类秘书主要需要哪些能力？

(2)该公司选聘秘书主要是从哪些方面考虑？为什么全部采用了内部招聘的方法？

(3)该公司是从哪些方面加强办公室人员管理的？有什么特色？

(4)结合人力资源管理理论，你认为加强办公室人员管理还要做哪些工作？

(5)你怎样看待办公室人员的学习和培训工作？怎样做最有效？

(6)你认为办公室各项规章制度和管理办法对人员管理有什么意义？应该从哪些方面去建立和完善管理制度体系？

企业党政办公室作为企业党组织、行政的综合办事部门，对外它是企业的一个窗口，通过办公室人员的工作作风，外界可以了解一个企业的管理水准和办事效率，了解企业员工队伍的精神风貌，在无形中宣传着企业的形象；对内它是领导的参谋和助手，直接为党政领导服务，为生产经营服务，基层单位和广大员工观察企业领导是否作风过硬，往往要通过党政办公室的行为进行评判。所以，加强办公室人员建设和管理，就成为一个非常重要的问题。

嘉陵集团公司党政办公室即党委办公室和公司办公室，现有各类秘书 25

人，其中具有大专以上学历的20人，党员20人，平均年龄29岁左右。考虑到办公室人员构成比较年轻、文化素质又较高，他们接受新事物、新观念快，动手、动脑能力强，但在经验、阅历及综合素质上又存在不足的情况，办公室管理人员主要采取了三项措施，通过提高秘书人员的素质以保证他们能够较好地适应工作需要：

一、优化结构，把住口子

首先是在组织结构上进行优化组合，以适应企业不断发展的形势需要。他们将公司办公室的秘书科由原来一分为三，进而三分为四，现在公司办公室分别组建了综合秘书科、专业秘书科、信息秘书科和接待秘书科；党委办公室由两名文字秘书、两名信访秘书、一名机要秘书组成。他们遵循人才学原理，根据不同岗位的特点，在年龄结构、性格差异、知识类型等方面有所侧重地进行配备。综合秘书和文字秘书侧重于知识全面、文字功底较强，有一定的综合分析及政策水平；专业秘书侧重于生产经营管理理论及相适应的组织协调能力；信息秘书侧重于对各类信息的敏感度和分析判断加工能力；接待秘书侧重于公关水准和服务水平；信访秘书侧重于政策理解能力和思想政治工作的方式方法。通过对秘书人员科学合理的组合，在外部环境上为秘书人员充分发挥其聪明才智创造了条件。

其次，在秘书的选聘上坚持高标准，严把入口。一般地说，同一个岗位，同样的努力和勤奋，同样的天赋，因为起点素质不同，工作水平就或多或少存在差距。选聘的秘书素质如何，对其工作能力的发挥有着极其重要的关系。

所以该公司在秘书的选拔上特别注意选拔那些思想政治素质、业务素质比较好的年轻同志，特别是那些大学毕业之后在基层锻炼了几年，表现比较好的同志。他们知识水平较高，思想解放，观念更新快，理解能力强，敢想敢干，有基层工作经验，对他们加强培养和引导，能较快地促使他们适应本职工作，进入角色。这几年，他们先后在基层选拔了12名秘书，全部是年轻同志，其中有9名大学毕业生，1名研究生。后来他们又改秘书调配为在公司公开招聘，应聘的人绝大多数是大学毕业生，他们从中择优聘用了6名秘书，这些人上岗后，都能较快进入角色。

二、净化过程，引好路子

进入秘书岗位后，因为环境的变化，思想上会有一个动态变化的过程，要想使他们真正成为政治上合格、思想上成熟、业务上拔尖的人才，就要净化秘书在成长过程中的思想，正确引导他们的成才之路。

第一，加强学习教育。正确的思想才能产生正确的行为，由于秘书的地位比较特殊，都在领导身边工作，为领导服务，要把握好这个特殊性，就需要有一个良好的精神状态。如果打着领导的旗号向基层单位要钱要物，或者利用工作之便为自己或亲朋好友办私事，必然损害领导甚至领导集体在员工中的形象和威信，也与秘书岗位的职业道德格格不入，所以必须加强学习。在秘书的学习问题上，他们主要是从“三学”和“三结合”入手。

“三学”即要求秘书一要善于向领导同志学习，学习先进的思维方法、工作方法，学习领导开拓进取、清正廉洁的工作作风；二要向生产经营一线的工作和工程技术管理人员学习，尤其要学习他们以厂为家、吃苦耐劳、甘于奉献的主人翁精神；三是要向周围同志学习，相互取长补短，共同进步。

“三结合”即一是与党的形势任务教育相结合，认真学习邓小平建设有中国特色社会主义理论和江泽民同志的三个代表，并以此来武装自己的头脑，提高自己的认识和理论水平，使自己在“管理事务”和“参与政务”中方向不致发生偏移。二是与公司生产经营相结合，主要是学习和了解公司当前的生产经营形势和任务，明确生产经营的重点、难点，掌握生产的进度、产品销售和员工思想状态，使自己的头脑中时时绷紧生产经营这根弦，只有这样，才能当好参谋和助手，才能更好地为领导服务和为生产经营服务。三是与业务技能的提高相结合，主要是组织学习岗位职责、办公室各项规章制度和管理办法，学习业务知识和文化理论，不断提高其业务技能。

第二，整肃思想工作作风。去年，“两办”针对个别秘书存在工作作风不深入的现象，从治理“三大三小”（胆子大、口气大、架子大、小聪明、小喇叭、小道消息）入手，召开专题会，深刻剖析其表现和危害，全体秘书积极开展批评与自我批评，经过自我反省，找出了自己在思想工作作风上存在的差距，并纷纷对照差距提出了自己的整改措施。

另外办公室还提出了创建文明办公的办法，要求在办公场所、电话交谈及接待来宾的过程中，使用文明用语，互相监督，互相考核，坚决杜绝门难进、脸难看、事难办的现象。

通过对秘书思想工作作风的整肃，严格了纪律，振奋了精神，塑造了秘书的新形象。

第三，送外短期学习培训。秘书要为领导当好参谋和助手，必须掌握新的理论和大量的信息，以开阔视野。除了自身加强学习外，还需要走出去亲身感受和体验。为此，公司一方面利用各种机会，每年都要派几名同志出去到改革开放的前沿阵地深圳、珠海、厦门、海南、上海等地学习经验，感受改革开放的气息，他们带回的经验和感受对推动工作起到了一定积极的作用。另一方面，还组织秘书人员到一些先进企业去参观，既学习了这些企业的先进管理经验，又掌握了一些秘书工作的新方法。

第四，积极支持和鼓励秘书人员自觉学习。“两办”积极提倡秘书坚持业余时间自学，并且为他们的学习创造一些力所能及的条件。目前，办公室人员中正在参加自考、电大、函授、在职进修、继续工程教育等不同形式的学习，使秘书成为既了解社会主义市场经济理论，又了解生产经营知识的“多面手”。

三、强化制度，堵住漏子

秘书综合素质的提高仅靠教育净化是不够的，还必须依靠纪律约束和制度管理，否则便有漏子可钻。这几年，该公司“两办”从办公室的实际出发，按照高标准、严要求，具有可操作性的原则，修改、补充和完善了办公室的各项管理制度及各类人员的岗位职责。如《秘书人员工作汇报制度》、《秘书例会学习制度》、《秘书岗位轮换制度》、《优劣质公文评比办法》等。对这些制度除组织全体秘书利用学习时间进行学习外，还将《公司办公室内部管理若干规定》及各自的岗位职责打印下发，做到人手一册。

对制度必须做到严格执行，考核、奖惩过硬。比如“两办”对劳动纪律实行定期和不定期检查，对违反文明办公的行为实行重罚，按期召开的各种会议，凡迟到、早退一次扣 10 元，无故缺席一次扣 20 元，并与争当文明职工挂起钩来，凡违反规定者都要受到相应的处理。

通过上述措施，绝大多数秘书已逐渐养成了按制度规定办事，尽自己最大努力当好参谋和助手的自觉性。秘书人员在为领导和生产经营服务的同时，自身的能力和价值得到了组织的认同和肯定，一些秘书先后走上了领导岗位，从 1995 至 1997 年，“两办”就有 11 名秘书被提拔、招聘到公司中层以上领导干部岗位任职，其中有两名同志担任了公司副部长级领导职务。

情景模拟

1. 请在各种媒体上收集一定数量的关于办公室各类人员的招聘启事，并就秘书、助理的任职条件做出研究分析。

2. 选择一、二项企业办公室程序性工作进行研究，分别制定出具有可操作性的行为规范。

思考题

1. 通常办公室中主要有哪些工作人员？
2. 秘书和助理的工作主要有什么区别？
3. 什么是工作分析？
4. 办公室人力资源管理主要包括哪些工作？
5. 如何确定办公室各类岗位的工作职责？
6. 什么是职业资格证书制度？它主要包括哪些内容？

第三章 办公室信息工作

今天，我们已经进入了一个不同以往的时代，即信息时代——一个知识成为生产力的时代，信息在现代社会生活中扮演着越来越重要的角色，人们将信息与物质和能源看作是自然界的三大基本要素，信息成为任何现代组织最有价值的资产之一。在现代商业领域，人们更是将信息及其支持技术视为创造价值、增加财富的最关键的资源，各类商家正在比以往更多地利用信息获得竞争优势。

由于实施各项管理职能的过程，实际上就是组织运用和传递信息的过程。没有信息，管理工作将无从谈起。因此，在各类组织的管理工作中，信息正在发挥着越来越重要的作用。办公室作为各单位协助领导处理各种办公事务的中枢机构，其信息工作的重要性也日益显现出来。

第一节 信息及信息工作概述

一、信息及相关概念

自 20 世纪中期以来，信息在人类社会中的作用被普遍关注，人们对信息的研究越来越深入，近些年来，在信息工作领域及更大的社会范围内，信息、知识、情报、数据等词汇变得非常普及。但是在某些情况下，信息与情报、知识、数据的概念运用会发生混淆。因此，在研究办公室信息管理工作之初，有必要对这些概念进行一些初步了解。

1. 信息

信息一词来源于拉丁文 Information，是指一种陈述或一种理解、解释。随着人们对信息这一概念的认识更加深入，以及人们对信息概念的认识角度的增加，信息概念的含义也在不断改变，到现在信息已成为一个含义深刻、内容丰富的概念，因此，尽管目前关于信息的定义至少有几十种，人们也很难给信息下一个为社会各领域普遍接受的定义。

有关信息的定义，最早可追溯至 1948 年美国科学家维纳的《控制论——动物和机器中的通讯与控制问题》一书，书中指出："信息就是信息，不是物质，也不是能量。"后来他又提出了新的看法："信息是人和世界互相作用的过程中互相交换的内容的名称。”

信息论奠基人、美国科学家香农在《通信的数学理论》一文中，把信息定义为“能够用来消除不定性的东西。”

信息管理专家F·W·霍顿的信息定义是“信息是按照最终用户决策的需要，经过处理和格式化的数据。处理可以是自动化的或手工的。由数据转化为信息是由信息处理者完成的。”

我国国家标准GB 4894—85《情报与文献工作词汇基本术语》中，关于信息的定义是“information，物质存在的一种方式，一般指数据、消息中所包含的意义，可以使消息中所描述的事件的不定性减少。”

《辞海》(1999年版)对信息的解释是：①音讯，消息。②通信系统传输和处理的对象，泛指消息和信号的具体内容和意义，通常需通过处理和分析来提取，信息的量值与其随机性有关，如在接收端无法预估消息或信号所蕴含的内容或意义，即预估的可能性越小，信息量就越大。

总之，人们从自然领域和社会领域，从哲学、通讯等学科角度去认识“信息”，对它有不同的解释。但人们普遍认为，信息就是音讯、消息。它是客观事物的反映，提供了有关现实世界事物的消息和知识，但是与此同时，人们还强调，这种客观事物的反映要通过人的各种感官，并被大脑提取时才会真正成为信息。如果没有人脑的感知，物质属性的特征就得不到表现，也就不能转化而成为信息。

2. 知识

随着人们对信息认识和应用的程度不断加深，在人类逐步进入信息社会之后，知识经济也渐渐向人们走近，“知识经济”、“知识组织”、“知识库”、“知识仓库”等词汇在信息研究活动中出现得越来越频繁，“知识”与“信息”之间的关系体现得更加紧密和明显。

《现代汉语词典》(1980年版)对知识的定义是“人们在改造世界的实践中所获得的认识和经验的总和”。

《中国大百科全书(哲学卷)》的解释是“知识，knowledge，人类认识的成果，它是在实践的基础上产生又经过实践检验的对客观实际的反映。人们在日常生活、社会活动和科学研究中的所获得的对事物的了解，其中可靠的成分就是知识。”

《辞海》(1989年版)中关于知识的定义是“知识是人们在社会实践中积累起来的经验。从本质上说，知识属于认识的范畴。”

《辞海》(1999年版)对知识的定义更加具体：“人类认识的成果或结晶。依反映对象的深刻性，可分为生活常识和科学知识；依反映层次的系统性，可分为经验知识和理论知识。……按具体的来源，知识虽可区分为直接知识和间接知识，但是从总体上说，人的一切知识（才能也属于知识范畴）都是后天在社会实践中形成的，是对现实的反映。社会实践是一切知识的基础和检验知识的标准。”

从上述定义不难看出知识也是一种信息，而且它比一般信息能更深刻更准确地反映客观世界。而且正是由于它与信息之间存在着紧密的关系，在实际研究中，有人从知识与信息的关系入手，对“知识”加以定义，提出“知识是信息的一部分”，“知识是对信息加工的产品”等，还有人进一步认为，知识与信息的产生不是同步的，而是人类社会发展到一定阶段，人们对大量积累起来的信息加以组合、有序化、系统化，发现并总结其一般规律形成的。从人类历史发展的角度讲，所有信息都将成为知识。

3. 情报

在汉语中，信息与情报是两个既有区别又有联系的概念。《现代汉语词典》（1980年版）对情报的解释是：关于某种情况的消息和报告，多带机密性质。《辞海》（1989年版）对情报的解释是“①以侦察手段或其他方法获得的有关敌人军事、政治、经济等各方面的情况，以及对这些情况进行分析研究的成果，是军事行动的重要依据之一。②泛指一切最新情况的报道。”

从这里我们不难看出，情报也是一种消息，即信息，只不过在人们最初的意识中，它与军事活动有紧密的联系，而且人们更强调它的机密性，往往把它看作是一种带有机密性的信息。

但是，近几十年来，随着我国对信息和情报科学研究的逐步深入，人们越来越感觉到很难将信息和情报截然分开，在很多时候两者的概念是重叠的。例如，《软科学大辞典》中对情报的定义是“情报是供人们解决某种问题的知识和方法。情报不仅是传递中的知识，而且必须是对人们解决某种问题产生实际效益的知识。”

这是因为，对信息（information）的研究是从国外开始的，而且这种研究一直是从自然科学和社会科学两个领域的多个学科的角度进行的，我国在对这些研究成果分别引进的过程中，社会科学领域普遍地将information译为“情报”，而自然科学领域却将之译为“信息”，因此，在我国研究领域，我们汉语所说的信息和情报，实际上对应的都是英文的information。

因此在20世纪80年代初，我国图书情报界对“信息”和“情报”已展开过广泛的讨论，讨论的结果是一部分人认为情报就是信息，一部分人认为情报是信息的一部分，也是一个专门的学科，以研究科技信息为主。但是，由于国外一直是从“大信息观”下研究信息科学的，既研究经济信息，也研究科技信息及其他信息，而且我国的社会科学界也逐渐开始用“信息”代替了“情报”，“信息”一词在我国变得越来越流行，越来越普及。

1992年，国家科委从行政角度将“情报”改为“信息”，从而引发了在图书、情报学界关于“情报”要不要改名，是全部改成“信息”还是部分改成“信息”或是改成其他什么的大讨论，并且这种讨论持续了多年。

但是，在图书和情报学界，随着学科的发展和深入研究，很多人还是认为，情报并不完全等同于信息。例如，有人认为，信息、知识成为情报的首要条件是有组织需求，并且这些信息、知识（特别是那些对组织有用的外部信息、知识）由专门的情报工作人员进行加工、处理后，提供给组织利用并产生一定服务效果，才是情报。组织在利用情报的过程中，可能产生新的需求，同时也可能产生新信息和新知识。

因此，《辞海》（1999年版）对情报的解释改为“获取的他方有关情况以及对其分析判断的成果，按内容和性质分为政治情报、经济情报、军事情报和科技情报等，其中军事情报按使用范围，分为战略情报、战役情报和战术情报。”

尽管人们关于信息和情报概念的研究和探讨还在继续，不可否认的是，情报与信息的概念一直有着紧密的联系。

4. 数据

在以现代信息技术为手段的信息管理活动中，人们在谈到“信息”时，每每还会谈到“数据”，因为在现代信息领域，人们将信息看作是一种数据，即那些在特定背景下具有特定含义的数据，信息可以被定义为“经过加工处理以后，并对客观事物产生影响的数据”。

一般人们认为，信息和数据之间既有区别又有联系：首先，数据是对情况的记录，它可以用数字、文字、声音、图像或图形等形式表示，还包括表格、方案等。数据本身并没有特定含义，只是记录事物的性质、形态、数量特征的抽象符号，是一个中性概念；而信息则是被赋予一定含义的、经过加工处理以后产生的数据，如报表、账册、图纸等都是经过对数据加工处理后产生的信息。因此，信息是经过加工的数据。其次，信息和数据有时是相对而言的。某些数据经过加工后提供给领导者，成为工作中有用的信息，但这些信息相对于其他部门和人员来说，并没有特殊的含义，对其工作不会产生较明显的影响，那么，它还只是一种数据。

二、信息的种类

依据不同的角度和标准，信息可以有多种分类方法，例如，信息不仅可以分为自然信息和社会信息，如果按领域划分，还可以有经济信息、军事信息、科技信息等；按信息的载体分，可以有口头信息、书面信息、视听信息、缩微信息、电子信息等；按信息有无反馈划分，可以有双向信息（互动互知的信息）和单向信息（主动获取的单方信息）；从信息的表现难易程度划分，可以有显性信息（比较容易被发现和获取的信息，如报表）和隐性信息（不容易被发现及利用的信息，如人的心理活动），等等。但对各类组织较为重要的、常用的信息分类方法主要有以下几种：

1. 按信息的运行方向划分

按照这种分类方法，信息可以分为上行信息、平行信息和下行信息。组织中的信息一般有三个流动方向：即向上、向下和水平方向。向上流动的信息即为上行信息，是在组织中按照组织管理关系，下级向上级传递的信息，它可以描述出组织的当前状态；向下流动的信息即为下行信息，是上级向下级传递的各种信息，主要包括最高层制定的战略、目标以及各管理阶层发出的指令；水平流动的信息为平行信息，是在职能业务部门和工作小组以及个人之间进行沟通联络时传递的信息。

2. 按信息的来源划分

按照这种分类方法，信息可以分为内部信息和外部信息。内部信息是组织内部各项活动所产生的各种信息，如决策管理信息、人力资源信息、财务信息、生产信息、销售信息、物资采购供应信息、技术开发信息等；外部信息是指来自组织以外、对组织活动产生影响的信息，如政策法令信息、国内外政治经济形势信息、社会文化环境信息、外部群众情绪意见信息、自然环境信息、科技信息、竞争对手信息、消费需求信息、市场销售信息、金融信息、生产资源分布与生产信息等。对组织而言，内部信息主要描述了组织中特定业务的内容和情况，外部信息描述了组织周围的环境，它们都是组织活动必不可少的。

3. 按管理的层次划分

与管理层次相对应，组织的信息可以分为战略级信息、战术级信息和作业级信息。战略级信息是供企业的高层管理人员制定长期战略和决策的信息，外部环境信息将在其中发挥重要作用；战术级信息是供企业中层管理人员监督和控制各项业务活动、有效分配资源的各类信息，与中层管理部门的职能活动有关；作业级信息又称为执行级信息，是反映组织中各项工作和具体业务活动执行情况的信息，如企业中的会计信息、库存信息、生产进度信息、质量和废品率信息、产量信息等，这类信息来自组织的内部，基层主管人员是这类信息的主要使用者。

4. 按信息的稳定性划分

按照这种分类方法，信息可以分为固定信息和流动信息。固定信息是指具有相对稳定性的信息，在一段时间内可以重复使用，不发生质的变化，如计划合同、档案、各类定额标准、规章制度等；流动信息又称为作业统计信息，是反映各项业务活动实际进程和实际状态的信息，因此，会随着业务活动的进展不断更新，这类信息时间性较强，一般只有一次性使用价值，但它是控制和评价组织活动的重要信息。一般来说，固定信息约占组织管理系统中周转的总信息量的75%，整个组织管理系统的工作质量很大程度上取决于固定信息的管理。

5. 按组织的活动划分

按照这种分类方法，信息可以分为财务信息、人力资源信息、管理信息、资产信息等，企业中还可以有原材料信息、产品结构信息、客户基本信息、供应商基本信息、营销信息、技术信息、设备基本信息、质量信息、管理考核信息及其他重要活动信息等。

6. 按信息的加工程度划分

按信息的加工程度划分，信息可以分为原始信息和综合信息。原始信息是指从信息源直接收集的信息，综合信息则是在原始信息的基础上，对之进行综合加工后产生的新信息。综合信息往往对管理决策更有用。

7. 按信息发布的渠道划分

按信息发布的渠道划分，信息可以分为正式渠道信息和非正式渠道信息。正式渠道信息是指由正式组织通过正式渠道如会议、文件、信件、正式谈话、新闻媒体等发布的信息，这类信息准确性和权威性都比较高；非正式信息是指从正式渠道以外获取的信息，如人们说的“小道消息”，这类消息在日常工作和生活中也比较多，但需要加以认真的分析、鉴别后才能使用。

三、信息工作

信息工作包括对信息的收集、加工、存储、传递等一系列环节的工作。

1. 各类组织中常见信息工作组织形式

各类社会组织对信息的管理模式或称信息工作的组织形式主要有以下三种：

(1)集中式

是指一个单位中的信息工作全部由某一个部门集中管理的管理模式。在这样的模式下，组织中各类信息资源由直接归本单位行政负责人领导的专门部门集中管理控制，组织内其他部门或机构则不再设立其他信息资源管理部门或专职人员。

这种形式有利于对信息工作的统一管理和控制，但对信息的管理手段和方式往往有较高的要求，采取这种管理模式的单位往往是以建立信息中心等类似机构的方法，并辅之以现代化的信息技术支持，以满足信息在组织内各方向的顺畅流动的要求。所以比较适合那些大规模的、综合实力较强的单位。

(2)半集中式

是指一个单位中的信息工作由两个或两个以上的部门分别管理的管理模式。在这样的模式下，组织中不同门类的信息资源分别有各自独立的系统，有各自归口的主管部门，彼此之间缺乏密切的协作联系。目前很多单位和组织是采取这种管理模式，如将档案管理与其他信息管理分置于两个系统管理之下，这种管理方式主要是从不同门类信息的特性及管理方法进行考虑，但不利于信息资源的整体利用。

(3)分散式

是指一个单位的信息被分散控制在组织内部各个部门甚至个人手中，没有实现科学管理的模式。在一些信息管理意识淡漠或组织规模较小的单位中，信息及信息工作处于一种放任自流的状态，在没有信息管理规章制度约束的情况下，每个人在公务活动中形成和收集的各类信息，都是个人保存使用处置，科学的信息管理无从谈起。

2. 信息管理手段

按照信息管理的自动化程度，各单位信息管理手段可以分为手工管理、半自动化管理及信息化管理三种方式。

(1)手工管理

是指由工作人员进行手工操作管理占主要成分的方式。在不具备办公自动化条件的单位，大量的信息收集和整理工作如信息的分类、编目、检索等一直是由手工完成，在一些信息的形成和使用量较小的单位仍然存在。

(2)半自动化管理

是指部分借助于计算机进行辅助管理的信息管理方式。很多单位目前都已借助于计算机部分实现了信息的自动化管理，但往往只限于单机或局部管理，充分高效的信息利用效果还未实现。

(3)信息化管理

是指一个单位的信息管理在现代信息技术的支持下，在网络范围内实现了全程自动化管理，信息的利用规模和效果空前提高。

通过信息化手段的使用，使得信息传递反馈在组织内部畅通无阻，组织内部员工之间、员工与领导之间、团队之间的纵向、横向、交叉沟通皆成为可能，所有人之间的沟通达到了前所未有的充分和高效，也为科学的决策工作提供了保证。

第二节　办公室信息工作

在组织分工中，办公室要为整个管理工作及领导者的工作提供辅助支持，其中一项重要工作是信息支持。管理工作离不开信息，而信息的收集、整理等工作是一项长期的、经常的、质量要求较高的工作，不太可能由管理者亲历亲为，通常都是由专门的辅助部门或人员承担。例如，在计划阶段的信息分析工作需要大量的信息提供，而信息分布于组织内外各个方面，让管理者们花费大量的时间去搜集和分析信息，将是一件很奢侈的事。这时信息的辅助支持工作就是做好各类信息的平时积累、收集、保管、分析加工、提供利用等工作，而较高层次的辅佐部门或人员还要在掌握大量信息的基础上，参与机会分析、确定目标、拟定可行性方案等环节工作，在决策工作中发挥出更高层次的辅助支持作用。

在工业化社会初期，以及今天规模不大或信息要求不高的组织，往往是由秘书兼做简单的信息工作，现在我国的大部分组织中，也往往是由办公室承担信息工作。但在今天信息的重要性不断得到强调、组织内信息工作的不断增长以及信息工作专业性的不断加强这样一个大的发展趋势下，很多组织开始在办公室中设专人或专门部门（信息管理科）负责信息工作，而在一些规模较大的企业中，更是设立了信息中心及 CIO（Chief Information Officer）全面负责企业的信息工作，在这样的企业中，信息工作则已经从办公室日常工作中独立出来，成为一个地位极其重要的独立部门。这应该被视为将来企业及其他组织信息工作的一个重要发展趋势。

办公室信息工作主要包括下列内容：

一、信息的收集

信息的收集是指根据一定目的，将有关本单位活动的各种形态的信息收集起来，以供使用的过程。信息的收集是信息工作的基础和前提，没有信息，就不可能有信息工作。

1. 办公室收集信息的范围和类型

（1）办公室收集信息的范围

作为协助领导处理日常工作的专门机构，办公室要为领导收集和处理各种有用信息；办公室同时还是组织进行内外沟通、上下联络的窗口和桥梁，更要承担起整个单位的内外信息传送和管理工作，因此办公室信息收集的范围应该是全方位的，即凡与本单位活动有关的信息，都应及时加以收集。从办公

室的工作及作用出发,办公室收集信息的范围主要应包括以下几个方面:

· 内部信息

内部信息反映了组织目前的基本状况,一方面它可以在进行决策时作为分析组织内部条件的依据,另一方面也是管理者诊断和监控组织运行状况的依据。

· 外部信息

外部信息反映了组织的外部社会环境状况,主要供组织在做出决策时,分析外部环境时使用,另外,外部信息也是组织与社会上其他各类组织及人群进行交往时所必需的。

· 办公室工作信息

办公室自身工作的开展也离不开信息,所以有关办公室人、财、物的信息、管理信息以及办公所必需的客户信息、交通、邮政、通讯等社会服务方面的信息也必须有计划地加以收集。

(2)办公室收集信息的类型

办公室要为组织收集全面信息,因此,既要注意正式信息的收集,同时也不能忽视各种非正式信息。办公室应该收集的信息类型有很多,不仅包括邮件、传真、便条、单据、对账单、报告书、文件、档案、图书、报刊、网络信息、电话、会议、谈话等书面和口头信息,还要注意收集反映组织内部员工情绪、态度、工作状态等情况的信息,以及组织外部的一些非正式信息。

另外为方便办公,还应该大量收集办公信息,如有关内部重要人员及客户的通讯信息(姓名、地址、电话、传真号码、电子信箱)、本地的交通、餐饮、住宿等旅游信息、工商企业名录、字典及有关工具书、政策法规、各类参考书等。

2. 办公室收集信息的渠道和方法

(1)文献研究

文献是指含有大量信息的文字资料。按文献存在的形式,文献可以分为文字文献(如报刊、书籍、论文、文件、档案等)、数据文献(如统计报表等)、图像文献、声音文献、电子文献等;按文献的来源,文献可以分为官方文献(如公文等)、企业或组织文献(各种记录、备忘录、账目、信件、档案、文件、产品样本等)、私人文献(日记、信件等)、公开出版物(报刊、书籍、影视、广播节目等)等;按文献获得的途径,文献还可以分为第一手文献(没有经过任何中介而获得或撰写的文献)和第二手文献等。

(2)口头交谈

口头交谈是人们获得第一手信息的重要信息源,与文献研究相比,口头交谈可以通过询问、观察等方法消除某些不确定性,因此获得的信息可能更准确。其主要的代表方式有电话交谈、当面交谈、会议交谈等。

(3)现场观察了解

现场观察了解更主要的是利用人的感官在观察现场对事物散发出来的情态信息进行接收，而且这种情态信息往往可能比某些书面或口头信息更准确。例如，曾有专家建议管理人员注意观察员工的一些表现，这些表现可能暗示了这样一个信息：他打算离开现有岗位，正在寻找新的工作机会：

·某个本来积极工作的人突然变得愿意独处，并经常消失在人们的视线之外——他可能在联系新工作；

·某个人一改常态，将自己的办公桌收拾得很整洁——他已经在动手清点自己的物品了；

·某个平常穿着随便的人突然穿着很正式的套装来上班——他可能要去面试；

·当别人特别是管理者在他附近出现时，他马上将电脑调成黑屏——他可能正在用电脑查询新的工作信息。

所以注意对各种现场的情态信息进行观察和接收，也是一种比较有效的获得信息的方法。特别是在了解士气、把握员工情绪状态等时候可以发挥重要作用。

工作现场、各类办公会、交易会、订货会、展销会等会议现场等都是比较适合进行现场观察的场所。

(4)网络研究

随着信息技术的迅猛发展以及信息化工作的开展，计算机网络成为企业进行内外信息收集和传递的重要渠道。目前，许多国内外大型企业都开始运用内联网(intranet)作为企业内部信息传递和共享以及协同作业的实现手段，然后在此基础上建立外联网与合作伙伴，并利用因特网建立起自己的外部网站，在更大范围内收集和发布信息。据世界权威评测机构 Network World 和 IDC 对全美 500 家领先的企业调查表明：已有 73%的企业建立了自己的商业网站，28%的企业已经应用因特网开展了电子贸易；而各国已经纷纷开展的电子政务更加便利人们获得来自政府的宏观管理信息等。因此，网络成为获取和研究外部信息的重要渠道，网络信息获取和研究也已成为办公室工作人员的一个基本技能。

(5)社会调查研究

调查研究是在一定的理论和方法论指导下，运用某些手段或技术直接地搜集有关社会现象的经验材料，并且在对经验材料进行系统考察和分析的基础上来认识事物真相、事物之间的相互关系及事物发展变化的趋势，并进一步提出解决问题的具体方案和建议的社会实践活动。

调查研究是了解社会和研究社会的一种科学方法，也是人们科学地收集信息时经常运用的手段，其中最经常使用的调研方法主要有：抽样调查法、问卷调查法、观察法、量表法等。

办公室往往采用社会调查研究的方法去获得某些专门信息，为领导决策提供可靠依据。

(6)建立信息网络获取更多有用信息

面对每时每刻都在出现的大量信息，仅凭办公室少数人力去搜集、获取信息并不能完全满足领导和组织的工作需要，为了及时获取各种有用信息，我国的政府部门及大中型国有企业，都采取建信息网络的方法，在整个系统、地区、单位范围内设置专兼职信息工作人员，及时向本单位及上级单位领导报送本单位、部门、地区的重要工作信息和社会信息。

以政府部门为例，从中央到地方都建立了以办公厅(室)为中心的纵向和横向的信息网及各种信息库，纵向的信息系统是从中央到省、地、县委办公室的信息系统，各级办公室都配有一定的信息工作人员，且有健全的工作制度，定期召开信息工作会，收集信息和反馈信息；横向的信息系统是省、地、县委办公室厅(室)与其他省、地、市委直属部门办公室的横向联系网络，他们经常是通过简报、总结、电话、传真等及时交换情况。这种信息网络有利于获得来自上、下级和相关部门的全面信息。

3. 信息收集的要求

在当今国际、国内市场竞争日益激烈的环境下，决策及其他各项活动越来越依赖于获得的信息数量、质量及对信息的有效利用；而信息技术的迅猛发展，市场规模及组织规模的日益扩大，使得信息的生产能力大幅度提高，传递速度也大大加快，因此对信息收集工作也提出了更高的要求。

以决策工作为例，尽管人们承认，很少有决策是在完美的信息基础上做出的，但没有信息而做出的决策则是纯粹的妄自猜测，在科学的决策活动中，最基础的是通过把握足够数量和质量的信息，获得对环境的准确认识，如果由于信息收集质量不高造成对环境感知错误，将导致决策的低效和失败。国外专家研究认为，由不当的信息收集导致的感知错误主要包括：

(1)没有收集到足够的信息；

(2)自以为收集到了足够的信息；

(3)没有收集到正确的信息；

(4)收集到了错误信息；

(5)自以为已经收集到了正确的信息。

而与此同时，收集信息所花费的时间也是极为重要的。很显然，收集信息的数量与质量和收集信息所花费的时间存在着一个矛盾关系：时间越长，人们就越有机会去收集足够的信息，并有效地评估它们，但这样做很可能会使决策过程延长，错过最佳的决策时机。

因此，人们通常认为，全面、准确、及时是信息收集工作的最基本要求。而要达到这个标准，首先要十分清楚组织各项工作需要什么信息、从什么地方能获得这些信息、什么方式是最有效的获取信息方式，然后以此为指导去收集信息。

二、信息的加工

信息的加工是指将收集到的信息按照不同的目的和要求，进行鉴别和筛选，剔除那些虚假、过时和无用的信息，使信息条理化、规范化和准确化的过程，信息的加工工作将有利于接下来的存储、传递和利用工作。

在今天这样一个信息社会，每天都有大量信息产生，但是如何从这些信息中获取到真正有用的信息正在成为一个越来越严肃的问题，一方面，人们正在被越来越多的信息包围、淹没，而另一方面，从中得到真正有用的信息也变得越来越困难。不少管理人员都在抱怨提供给他们的数据太多，而有用的信息却太少；类型不对的信息太多，合乎要求的信息太少。也就是说，很多企业的信息加工、提炼工作远远不能满足管理人员的需要。

办公室收集的信息范围广、种类多、形式多样、数量大，必须经过加工整理后才能有效使用，如果是单纯的直接照收照转，肯定会使领导和其他人将大量的时间用在信息的加工分析上，影响阅读和利用，因此，要对收集到的信息加以必要的吸收和消化，提炼出精华性的信息以供利用。

信息的加工工作主要有：

1. 筛选

对收集到的大量信息进行去粗取精的工作，从中挑选出典型的、有价值的信息以供利用。

2. 鉴别

用科学的方法对信息进行去伪存真的工作，并对信息的性质、真伪、价值、作用等做出鉴定和判断。

3. 提炼

对信息进行编辑、统计、分类、综合、提要等工作，让领导及其他信息利用者用较少的时间阅读和掌握必要的信息，获得最大的信息量，减少不必要的或低价值的信息对他们的干扰。办公室部门编写的简报、摘报、快报等都是对各种信息进行浓缩和提炼的成果。

4. 研究

对获得的原始信息和其他信息进行分析、推论、归纳、综合，以形成明确的观点、概念和结论，创造出新的更有价值的信息，成为更高层次的信息和知识。有时在这个活动中还会发现一些现有信息的不足，以进一步采集、补充。另外，对一些焦点信息还要进行专门的调查研究，以获取更深层次的信息。

5. 撰写

将那些经过加工的信息转换为新的书面信息。

一般说来，信息的加工工作是一项艰巨的工作，而且决策的层次越高，需要的信息加工程度越深，从事这项工作必须要有深厚的对事物的分析、判断和研究能力。随着信息生成量的不断加快，决策对信息质量要求的不断提高，信息加工工作的难度还在增加。

三、信息的存储

有些信息收集、加工处理完毕后并不是马上就要利用，这样就需要这些信息先保存起来。另外，一些有价值的信息使用过后还有第二次，甚至第三次使用的价值，因此需要将这些信息留存。所以，研究信息如何存储是非常有意义的。

信息的存储是指对加工后的信息进行科学、有序的存放，以便使用的过程。它包括两层含义：一是将加工后的信息按一定的规则记录在相应的载体上，二是将这些信息载体按一定的特征、内容性质进行组合，组成系统有序、方便检索利用的体系。

1. 做出信息存储规划

要想使信息的存储更有条理，首先要预先根据组织各项活动中那些可能需要存储的信息情况进行详细了解，然后做出整体存储规划，决定那些需要存储的信息存在哪儿、怎么存等等。办公室对信息进行存储规划首先需要回答下列问题：

(1)主要会有什么样的信息材料需要保存下来？

(2)信息将会分散保存还是集中保存？

(3)各类信息每年的产生量大致是多少？

(4)各类信息使用的频率有多大？

(5)哪些信息需要保存较长的时间？要保存多久？

(6)各种信息载体需要什么样的保存条件？

(7)放在哪儿比较合适(方便、安全、经济)？

(8)单位可提供的存储空间有多大？

(9)重要的、保密的信息放在哪儿？

(10)需要购买什么样的储存柜或其他装具？

2. 信息的分类

即从内容、性质、特征、用途、载体等角度，将有内在联系的信息分门别类地组合在一起，对信息进行分类，一方面可以将原来零散的、孤立存在的信息有效地组合在一起，增加信息的价值，另一方面也便于有序地保存信息。

信息的分类有多种方法，一般还会结合几种分类方法使用，如通常人们会首先将信息按载体分类，然后再按其所反映的问题等特征分类，再按时间顺序排列。

3. 信息的编码和编目

即按一定的体系给每一份信息材料一个独特的编码，进行登记，并编制目录索引等检索工具以方便今后的检索。在电子类信息中，这项工作在信息输入阶段即可以建立一些特征，然后利用计算机的强大功能，进行多种方便快捷的检索，大大降低了这方面的工作强度。

4. 存储

对信息进行存储有多种方法。随着信息量的增加，需要存储的信息越来越多，对信息存储的要求也越来越高。因此，传统的手工存储已满足不了需要，必须借助于现代化的手段，如电子计算机、缩微技术等。目前常用的存储方法主要有：

(1)手工存储

存储信息的传统方法是在纸上记录，并人工保存在办公室的档案室或其他处所。这在今天仍然是最常用的方法。所有企业都有纸面记录，需要排序和存储在逻辑的、可访问的系统中。

手工存储信息容易理解和使用，一旦找到就能阅读，不需要特别昂贵的设备。但大量的纸质材料会占据很多空间，而且需要长期保存的材料还有较高环境要求。

(2)缩微存储

缩微技术是另一种信息存储技术。所谓缩微技术就是将资料或图书通过专用设备利用照相原理缩小到底片上，使用时再用专用设备阅读或复印。在图书、情报管理中运用缩微技术有很多益处。首先，缩微品体积很小，占用的空间小，同样一种资料，以缩微品的形式收藏比印刷品节约98%的上架空间；其次，缩微品比印刷品的保存寿命长，也利于保管(如防虫、防火等)；再次，缩微品价格低廉，同样一份文献，缩微品比印刷品要节约费用1/2至2/3。目前，缩微技术在我国也得到了很大的发展。

(3)光盘存储

光盘存储是指将文字、影像等信息以数字的形式存储在光盘上。使用光盘进行存储有很多优点，如：光盘信息存储的密度非常高，可以进行海量存储，与纸质文件相比，可以节约大量空间、存储成本总体核算较低；信息的检索存取操作简单快捷；可以与计算机联机使用，易于远距离传输和随机检索等。

但不论采取哪种信息存储方式，都要注意以下一些问题：

存储的资料要安全可靠。对各种自然的、技术的及社会的因素可能造成的资料毁坏或丢失，都必须有相应的处理和防范措施。

对于大量资料的存储要节约存储空间。计算机存储要采用科学的编码体系，缩短相同信息所需的代码，从而节约空间。

信息存储必须满足存取方便、迅速的需要，否则就会给信息的利用带来不便。计算机存储应对数据进行科学地、合理地组织，要按照信息本身和它们间的逻辑关系进行存储。

四、信息的传输

1. 办公室信息的传输范围

办公室的枢纽地位决定了它是联系内外、沟通组织上下左右的信息中心，因此，办公室进行信息传输的范围非常广泛，就其传递信息方向划分，其信息传输工作范围包括：

(1)自上而下：将管理层的决策管理信息传递给下级部门；

(2)自下而上：将下级部门的工作动态、成果、问题、要求等及时汇报给管理层；

(3)平行往来：通过各种信息传递，使各部门协调工作，互相配合；

(4)自内而外：将组织内的信息传递给社会其他组织，如信息发布；

(5)自外而内：将各种对企业经营管理活动有用的信息及时传递给组织内的有关部门或人员。

2. 办公室信息传输的主要方式

办公室作为领导和管理工作的辅助部门，在进行信息传输时，往往主要负责各种正式信息的传递，其主要方式有：

(1)书面形式

- 正式文件；
- 内部文件(便条、备忘录等)；

·邮件；

·传真；

·电子邮件(计算机网络)。

(2)口头形式

·电话；

·会议；

·比较正式的谈话。

上述不同传递方式的传递速度、质量、保密效果等各有不同，各有所长。因此，在选择传输方式时，必须要根据信息的具体情况综合考虑，选择一种最为妥当的方式。

3. 决定信息传输方式的要素

对信息进行加工和存储，目的是为了提供利用。对信息的传输，则是实现信息利用的必然途径。目前，人们从很多角度对信息的传输进行研究，信息传输的理论最早是在通信中研究的，比较著名的是香农模型，见下图：

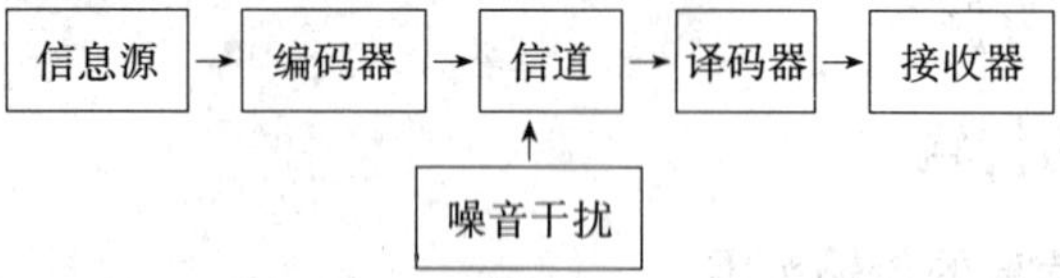

香农模型图

由上图我们可以看出，从信息源出发的信息要经过编码器变成信道容易传输的方式，通过信道发送到目的地，然后经过译码器进行解码转化成为信息，由接受器负责接受。由于信道中的噪声的干扰可以将正确的电信号变成错误信号，因此在信息传输过程中主要考虑信道的传输速率和抗干扰能力、编码和译码、变换(调制、解调)等几个主要问题。

这一研究成果同样适用于一般信息传输过程，因此办公室的信息传输工作要考虑经济有效的传输方式，保证信息在传递过程中不失真，而且及时、安全。

在考虑信息传输方式时，应该考虑下列问题：

(1)速度：信息要求什么样的传递速度？

(2)准确：怎样保证信息能够得到准确的接收？

(3)安全：信息如果被其他人获悉，是否会有严重的后果？采取什么措施能有效防止信息在传递过程中发生遗失或泄密？

(4)存储：传递的信息是否要得到妥善的记录和保留？

(5)成本：使用的信息传递方式要花费的成本是否经济？

(6)效果：所选择的信息传递方式能否达到预期的效果？

(7)信息量:哪种传递方式能满足该信息量的传输要求?

五、信息的安全维护

实施信息安全维护的主要目的,就是为了保护信息免受各种自然的和人为的威胁,确保各项活动的连续性,防止组织的利益受到危害。就企业而言,还会有商业机会和投资回报率的提高等。信息安全维护,主要应该从信息的三个重要特点出发进行考虑:

· 保密性:确保只有被授权人才可以接触到信息;

· 完整性:确保信息和信息处理方法的准确性和完整性;

· 可用性:确保在需要时,被授权的用户可以方便地使用到该信息。

信息的安全维护可以通过实行一套控制措施来实现,包括制定信息安全的方针、建立信息安全的责任制度、行为规范、程序、组织结构和软件功能、开展信息安全的教育和培训等。只有建立此类控制措施,才能确保企业信息安全管理具体目标的实现。信息安全主要应该从以下几个方面去维护:

1. 防止信息的丢失或损坏

信息丢失或损坏将造成组织活动信息中断,会带来无法弥补的损失,必须采取有效措施避免这种情况的发生。

(1)电子信息备份

在美国2001年的“9.11”恐怖事件中,远程同步备份发挥了极为重要的作用,设在世界贸易大厦内的一家跨国保险公司的重要数据在那场灾难中完全丢失,幸亏公司在几公里以外的数据备份中心做了非常妥善的同步数据备份,才得以让公司在短短的几天之内立刻恢复了运营,逃离了一场意外之灾所带来的毁灭性打击。由此可见,将企业重要的日常信息备份,是任何公司都应该重视的。进行电子信息备份要做好下列工作:

· 考虑好合适的应用备份软件;

· 使用软盘、可移动式硬盘、光盘或磁带备份;

· 放在保险箱或远程保险库(专门的保存公司)中;

· 异地保存备份;

· 设置访问权限。

(2)建立和健全纸质文件和其他信息的借阅手续

据统计,因工作人员粗心和忽视所造成的损失大约占信息丢失或破坏所造成的财产损失的2/3。因此,办公室必须对各类信息的使用手续做出周密的规定,包括阅读权限、借用期限、借用手续、使用方式等。

2. 采取措施防止信息受到破坏和滥用

(1)电子信息

利用计算机等电子方式存储信息，要注意计算机病毒的侵袭和黑客的袭击，也要防止不熟悉的人误操作对资料造成的损害。对此，要使用有效的防病毒软件，建立防火墙，还要制定机房规章制度，非操作员不允许接触存有重要信息的计算机。

(2)所有载体的信息

不论是哪种载体类型的信息，都要注意保存条件，不仅要选择安全、方便的保管场所，还要进行温湿度控制，同时还要注意防火、防磁、防虫、防盗等。

(3)采取保密措施

采取保密措施是对信息进行安全维护的一个必要措施，对那些关乎企业经营活动的重要的、需要保密的信息，必须采取相应的保密措施，防止失密泄密给企业带来的损失。

第三节　政务信息工作

政务信息工作是我国国家行政管理系统办公室的一项重要工作内容，目的是为各级领导决策提供可靠有效的信息服务。经过多年的建设和发展，目前这一工作正在逐步实现制度化、规范化管理，形成了国家行政机关办公室特有的信息服务模式，产生了良好的工作效果。按照有关部门的要求，这种工作方式还会涉及到一些重点企事业单位，并对企业和其他组织的信息服务工作有很好的借鉴作用。

一、政务信息工作的含义

1. 政务信息

政务信息是领导实施管理所需要的各类信息，就政府部门而言，指我国各级政府部门在履行行政管理职能的活动中所需要的各类信息。

政府部门实施管理所需要的政务信息主要包括两个方面：

一是各级政府部门在职能活动中形成的信息，如国家宏观决策信息、指导管理信息、重大活动信息、上下级单位和部门的活动信息等。它是国家行政情况的综合反映，既有上级决策意图信息，也有下级执行部门执行领导决策、开展活动情况的信息。

二是本单位或部门为履行职能活动所需要的各类社会信息，如社会各有关领域发展的动态信息、民情信息等，它是领导及时了解社会发展动态，掌握社会热点、重点情况所必需的。

随着各项改革的不断深入和社会主义市场经济体制的逐步确立，社会重点、热点、难点问题日益增多，新情况、新问题层出不穷，政府部门对信息的需求十分巨大和迫切，政务信息的内容和范围都在不断扩大。作为领导了解情况、把握全局及科学决策必不可少的依据，政务信息材料现在已成为各级领导们“每日必看”，甚至“每日首看”的材料。

2. 政务信息工作

政务信息工作是指对政务信息进行的采集、筛选、加工、传递、反馈及存储等工作。它是各级政府及其部门的办公厅(室)的一项重要工作，主要任务是：反映政府工作及社会、经济发展中的重要情况，为政府把握全局、科学决策和实施领导提供及时、准确、全面的信息服务。

政务信息工作是各级党政领导及时了解社会各层面情况的重要渠道，通过为各级党政机关部门提供全面准确的信息，反映社会和工作中的热点、难点、重点问题，为领导科学决策、及时处理问题等奠定了有力的基础。它既是本级行政领导决策的依据，也是政府行政工作的基础，是各级领导开展工作所必需的。

例如，河北省水利厅通过政务信息工作，及时地向省委、省政府、水利部报送水利建设中存在的问题，取得的成绩、工作进展情况等信息，其中很多情况受到领导的及时关注，一些重要问题得到了解决。如他们反映的人畜饮水困难、旱情、汛情、水事纠纷、移民问题、水利工程建设等政务信息，有不少被省委、省政府领导作了批示，有的经省委、省政府上报中办、国办后，中央领导也做出了指示，批示后，有的领导督办落实，有的还带队调研，实地解决问题。因此近年来河北省水利上存在的突出问题，特别是一些超出本省解决能力范围的问题，有的得到了彻底解决，有的有了明显的改善，有的正在逐步解决。

2003年安徽省经历了“非典防治”、“芦岭煤矿爆炸事故”、“亳州假药案”、“洪涝灾害及救灾重建”等重大事故和灾害的考验，省政府办公厅坚持实事求是的原则，及时向省政府领导及国务院办公厅上报情况和工作进展，对领导了解情况、科学决策和指导工作发挥了较好的作用。其中，上报国务院办公厅的信息《安徽省治淮的成效、存在的问题及有关建议》得到了回良玉副总理的高度重视并做了重要批示，对推动安徽省的抗洪救灾工作和治淮工作起到了重要作用。

同年，中国社会科学院在黄山地区进行考察，并完成了一份调查报告：《黄山正在畸形发展》，安徽省政府办公厅及时将这一信息向领导进行报送，引起了省政府领导的高度重视，并做重要批示，对黄山的经济稳定、健康发展起到了重要作用。

政务信息工作的这些实际效果，很好地证明了政务信息在领导行政方面发挥着不可低估的作用。

不仅如此，随着政府职能的转变，政务信息工作还会发挥出越来越重要的作用。江泽民同志在党的"十四大"报告中提出："政府的职能，主要是统筹规划，掌握政策，信息引导，组织协调，提供服务和检查监督。"这是党中央第一次将"信息引导"明确纳入到政府职能范畴。政务信息工作因此从原来的主要为领导决策服务的功能，进一步提高到为政府实施宏观管理社会和调控经济提供服务的高度，其工作的重要意义是显而易见的。

3. 政务信息工作的服务对象

1995年国务院办公厅下发了《政务信息工作暂行办法》，其中明确指出：政务信息工作要以为本级政府服务为重点，同时还要努力为上级和下级政府服务。

所以各级政府的政务信息工作服务对象为本级政府、上级政府和下级政府。在做好为本级政府和下级政府服务的同时，还要努力做好为上级政府的服务。其中，向上级政府部门报送信息，按时完成上级布置的信息收集和调研任务，是党政办公室日常工作的一部分，也是必须要完成的工作。它是上级政府部门统揽全局、指导工作、进行正确决策的必要条件。

二、政务信息工作的组织形式

我国国家管理系统采取的是直线-职能制组织结构方式，从中央到地方，有多层党政机关部门，在这种组织结构下，信息自上而下进行传递，因为中间环节多，信息传递极易造成缓慢和失真的情况。改革开放以来，为确保各种政务信息快速准确地上传下达，更好地为国家宏观决策服务，方便各级领导及时掌握情况，党中央、国务院不断对政务信息工作提出新的要求，加强对政务信息工作管理，并对之进行了多次改革和改进。

1995年中共中央办公厅下发了《关于进一步加强信息工作的意见》、国务院办公厅下发了《政务信息工作暂行办法》，首次对政务信息工作进行了规范，对政务信息工作的组织方法、工作管理、报送的方式方法等进行了纲领性规定。《政务信息工作暂行办法》第九条规定：政务信息网络是政务信息工作的基础，信息联系点是政务信息网络的组成部分，各级政府及其部门应当根据本地区或者本部门的实际情况和需要，逐步建立和完善政务信息网络。

按照这一规定，我国党政机关各系统依靠政府行政网络和行政资源，在全国很快地开展了政务信息工作网络的建设，在各级单位部门设立信息联络点，设专门部门和人员负责政务信息工作，形成了一个自中央到地方基层组织，涵盖全国各个地方的上下贯通、左右相连、反应灵敏、传递快速的政务信息网络体系。

目前我国政务信息工作的组织形式是以本系统最高级行政部门办公厅（室）为中心，以各级办公室为报送信息主渠道，以全系统内各单位为政务信息联系点，层层负责的网络体系形式，其工作的开展由各单位领导直接负责。

1. 由专门领导负责本单位政务信息工作

按照要求，各级党政机关都要明确一名领导同志主管政务信息工作，作为本单位政务信息工作的第一责任人，切实加强对政务信息工作的领导。

政务信息工作直接领导的责任是：全面负责本单位政务信息的开展工作；努力创造条件，提供方便，积极支持和指导办公室开展政务信息工作。

首先，各级领导要高度重视信息工作，加强对信息工作的领导。例如有的系统规定，每年机关领导的常务会、办公会要有若干次是专门听取信息工作汇报，研究加强和改进政务信息工作；有的系统则是规定每年要定期或不定期召开整个单位（系统）的信息工作会议，总结工作、研究问题、布置工作。

其次，领导要支持信息工作，积极为信息工作创造条件。例如，领导要经常向办公室通报对信息工作的需求，使办公室了解政府的决策意图、工作思路和工作部署；给办公室信息工作提要求、交任务、出题目；规定信息工作人员有优先知情权，可以列席参加机关高层的常务会、办公会、专题会等重要政务活动，业务部门召开重要会议和有上级领导参加的会议要及时与信息工作人员联系，提供信息线索，并在阅读文件、了解领导工作意图以及开展信息工作等方面为信息工作人员提供各种便利条件等。

2. 各级党委、政府及其部门的办公厅（室）为本级政府和本系统政务信息工作的业务主管部门

各级办公室是直接为领导机关、领导同志服务的综合性办事机构，是承上启下的枢纽。当好领导的参谋助手，及时为领导制定和实施决策提供各类政务信息，一直是办公室工作的一项重要内容和基础性工作。所以从目前情况看，各系统的政务信息工作基本上都是由办公室归口管理。

作为负责政务信息工作的主管机构，各办公厅（室）承担着稳定并完善政务信息工作的机构，加强对本地区或本系统所属单位政务信息工作指导的责任，负责本地区或系统政务信息工作的组织、协调、联络、业务指导及培训等工作，并适时向下级政府或部门的办公室通报信息报送参考要点和采用情况。

3. 各级办公室为报送政务信息的主渠道

1995 年国务院办公厅下发的《政务信息工作暂行办法》规定，各级政府及其部门的办公厅(室)是为政府领导提供政务信息的主要渠道,政务信息工作是各级政府及其部门的办公厅(室)的一项重要工作。由此,以文件的形式明确地将政务信息工作确定为办公室的重要工作职责。

多年来,办公室不断适应改革开放和政府职能转变的需要,为各级政府科学决策提供了大量有价值的政务信息,为各级政府及其部门领导科学决策,正确把握全局和指导工作,促进经济和社会发展,产生了积极的影响,较好地发挥了信息工作的参谋助手作用。

办公室主要采取电话、传真、电子邮件等形式及时报送信息。另外,办公厅(室)信息服务的一个重要方式是依据收集来的信息,定期编报信息类刊物,如《每日汇报》、《昨日要情》、《工作情况交流》、《专报信息》、《信息参考》、《工作简报》等。

4. 在本地区、本系统内设立信息联络点和直报点

按照有关规定,各地区、系统都要求所属单位设置专门机构,由专兼职人员负责本单位的政务信息工作,另外还在本地区、本系统内越级设点,选择一些重点单位和地区作为信息直报点,以直接快速获取基层信息。各信息联络点和直报点担负着本单位、部门重要政务信息的采集、报送工作。

为了做好信息报送工作,不少单位还以本单位办公室为中心,在全单位内部各职能部门中设置信息员,负责向办公室报送本部门的重要工作信息。

通过这种信息联络网点的建设,政务信息工作可以全方位收集信息,多渠道反馈信息,其工作的触角一直延伸到社会最基层单位,各种信息被源源不断地输送到各级领导手中。

5. 专门的政务信息队伍

政务信息队伍由专、兼职和特聘的政务信息工作人员组成。国务院办公厅《政务信息工作暂行办法》规定,县级以上各级人民政府办公厅(室)应当配备专职政务信息工作人员,专职政务信息工作人员的人数由本级政府或者本部门的办公厅(室)根据工作需要在编制范围内确定。

另外,大部分机关单位内部各处室也配备了兼职信息工作人员负责本处室、单位政务信息的采集工作。

总之,通过这种信息工作组织形式,建立起了纵向从国务院办公厅延伸到各省、市、县甚至基层乡镇,横向上各系统部门、各单位之间都建立协作联系的庞大的政务信息网络,政务信息逐级报送,快速送达各级政府。

三、政务信息工作的原则

政务信息工作的原则是:准确、及时、全面。

1. 准确

准确是信息的生命，政务信息工作必须要实事求是，为领导提供真实、可靠的政务信息。

具体来说，政务信息工作要加强对重要政务信息的分析、核实工作，力求信息内容的准确，所反映的情况要真实可靠，有根有据，对情况不明或无法确定其准确性的信息不能草率报送。同时还要做到观点准确、事例准确、概念准确、引文准确、时间地点和数字准确等。

2. 及时

信息有极强的时效性，只有及时传送到需要者手中才能发挥作用。所以要及时发现、搜集并报送本单位在工作中的新情况、新经验、新问题以及群众的思想动态、呼声和反映，切忌因工作拖拉，失掉搜集、报送有价值信息的时机。特别是那些急事、要事和突发性事件应当迅速报送，必要时，还要连续报送。

为此，国家工商行政管理局对本系统报送政务信息提出的基本要求是：(一)凡上级领导机关的重大决策出台后，要迅速报送下级的安排、部署和具体措施，每隔一段时间要报送决策实施的综合情况。(二)各省、自治区、直辖市工商行政管理局的年度工作思路、安排和重大举措，制定的地方工商行政管理规章及规范性文件，省、自治区、直辖市党政领导对工商行政管理工作的指示、讲话和意见，都要及时上报。(三)有关市场监督管理和行政热点工作的重要情况，应每月至少每季度综合报送一次。(四)遇有紧急、重要事项和重大突发事件发生，应在 6 小时内报送有关情况，并续报事件处理进展情况。要坚持急事急办的原则，周休日和节假日也要照常办理，不得延误。

3. 全面

指报送的政务信息内容要能够全面反映本地区、本单位的工作实际，既要报送本单位的工作成绩、新举措、新气象，也要如实反映本地区、本单位的困难和工作中存在的问题，切忌内容的片面性和报喜不报忧。

四、报送政务信息的主要内容

政务信息的内容是决定政务信息有无决策价值的根本条件。1996 年韩新民在全工商行政管理系统政务信息工作会议上的讲话中指出："'三点''三性''三有'是对政务信息的基本要求。……'三点'，是指党中央、国务院和国家工商局关注的重点问题，群众反映的和本系统工作中的热点问题，国家经济生活、社会发展和工商行政管理工作中的难点问题。'三性'，是指政务信息要有全局性、政治性(专业性)、内部性(区别于已公开的新闻)。'三有'，是对工作中的问题进行研究和探讨类的信息要有情况、有分析、有建议。”只有这样才能提高政务信息的含金量和决策价值。

各部门各单位所在的地区、级别、行业等情况不同，报送政务信息的内容也会有很大的不同，但一般而言，政务信息报送的内容主要可以包括以下几个方面：

1. 贯彻本级和上级政府重要决策的情况

(1)本部门贯彻落实重要决策的工作部署、安排、措施；

(2)决策做出后干部群众的反映，包括正反两个方面的意见、要求和建议；

(3)重要决策执行中出现的新情况、新问题，包括阶段性成效、影响决策落实的突出问题和进一步修正、完善有关决策的意见和建议等；

(4)上级领导视察、调研、现场办公的重要讲话以及贯彻落实情况。

2. 本部门工作的重要情况

(1)国民经济的重要行业和支柱产业发展情况，取得的成就和遇到的新问题，重点建设项目的进展情况，国民经济各项主要指标完成情况等；

(2)经济体制改革及农业农村工作中值得重视的新情况和新问题；

(3)精神文明建设、民主法制建设、廉政建设和社会治安综合治理的新举措，有待解决的新问题及意见和建议；

(4)主要工作部署及实施中的创新做法；

(5)重点工作取得的新成绩和认为值得推广的经验；

(6)本级党委、政府领导对有关工作具体讲话、批示等指示精神以及贯彻落实情况；

(7)领导班子和干部队伍建设的重要情况和问题；

(8)本部门及个人获得的较大的荣誉和称号；

(9)在实际工作中出现的、值得引起上级业务主管机关重视的新情况、新问题；

(10)干部群众中出现的带有苗头性、倾向性的新情况、新问题；

(11)工作中出现的失误、差错和已采取的措施，可预见造成的后果；

(12)本部门或下级部门在政策执行过程中遇到的、需要本级或上级政府部门重视或帮助解决的困难和问题；

(13)上级机关要求收集、报送的信息；

(14)领导关注的其他重要情况。

3. 重大社会动态

(1)可能造成重大影响、引起群访事件的苗头性问题；

(2)参与人数多，涉及面广，影响较大的上访、请愿、游行、罢工、罢市、械斗事件和非法集会、非法组织的活动；

(3)重大事故、重大自然灾害以及突发性事件；

(4)重要的社情民意；

(5)周边省市出现的可能影响本辖区的重要情况。

五、政务信息工作制度

政务信息工作是一项责任重大的长期性工作，为了切实加强对政务信息工作的管理，使政务信息工作有章可循，必须要建立健全科学的信息工作制度和规范，使信息的采集、筛选、传递、存储等各个环节有序运行，促进信息工作的规范化、制度化发展。为此，各级政府和部门依据国务院办公厅下发的《政务信息工作暂行办法》，制定了本系统、部门的政务信息工作规定或规则，建立了一套行之有效的制度，比较普遍和典型的有以下几种：

1. 信息报送制度

即下级政府应当及时向上级政府报送信息，政府各部门应当及时向本级政府和上级部门报送信息；下级政府或者部门对上级政府或者部门专门要求报送的信息，必须严格按照要求报送。

信息报送制度是保证上级政府及时了解情况的必须手段，下级政府和部门要把它当作一项制度来执行。国家工商行政管理局为及时掌握工作中的重要情况还做出明确规定：县市级工商行政管理局一般每周要向上级机关报送1～2条政务信息；省、自治区、直辖市工商行政管理局每月至少要向国家工商行政管理局报送5条以上政务信息。

中央办公厅的一位领导同志也曾经强调："向中央报送信息，不是愿不愿意报，愿报多少报多少，而是必须报，必须如实地报，必须既保证数量又保证质量地报。"这可以被看作是对信息工作的一个基本要求。

2. 信息通报制度

即上级政府和部门的办公厅(室)，要适时向下级政府或者部门的办公厅(室)通报信息报送参考要点和采用情况，以便下级及时了解上级的信息需求，明确各个时期信息服务的重点。

3. 信息审批制度

为保证报送信息的准确性和真实性，下级政府或者部门负责政务信息工作的机构向上级政府或者部门负责政务信息工作的机构报送的信息，必须经本级政府或者本部门的办公厅(室)分管领导审核、签发，必要时报本级政府或者本部门分管领导审核、签发。如遇重大突发性事件及重要信息需及时报送，在单位主管领导不在的情况下，可在消息来源可靠、基本事实准确的基础上，说明情况及时上报，过后再按程序补签。

4. 考评和奖励制度

即由政务信息工作的主管业务部门对上报信息的数量、质量做出明确规定，量化考核指标，并对信息报送情况进行统计，定期对工作积极、报送信息既有数量又有质量的部门（单位）和个人进行奖励，以充分调动广大信息工作人员的积极性，提高政务信息工作的实效。

有些系统和单位还将政务信息工作列为各级政府和部门目标管理的考核项目。

5. 追究责任制度

即发生重大事件或突发事件后，必须在限定的时间内及时报送。如果发生迟报、漏报、瞒报、误报重大信息的情况，要追究相关单位及直接负责人的责任，如取消单位评先进的资格，在考评时做出扣分处理等，同时还要对直接责任人进行通报批评。

6. 信息联络员制度

即整个单位的政务信息工作由办公室总体负责，其他内部处室和直属单位都要指定专人作为信息联络员负责本处室、单位政务信息的采集工作，积极向办公室报送本处室、单位的重要信息，并完成办公室交办的专项信息采集工作。各处室、单位信息工作联络员如有变动，要及时调整增补，并报办公室备案。

案例分析(一)

包头明天科技股份有限公司是包头市地方企业中的首家上市公司，也是包头市化工、信息行业中的骨干企业，被列为内蒙古自治区“41户重点企业”之一，1999年被国家经贸委列为“520户国家重点企业”之一，2000年被内蒙古自治区科技厅认定为国家级高新技术产业开发区内“高新技术企业”，被内蒙古自治区工商局认定为“重合同守信用单位”，公司在2000年中国上市公司综合绩效排序中名列245名，在我国1000余家上市公司中居上游水平。

该公司目前已发展为集化工、计算机软件及网络开发、参股金融机构为一体，拥有2家生产企业，1家分公司，8家控股子公司，10家参股公司的大型上市公司。

随着企业的不断发展壮大，尤其是进入至关重要的“十五”期间，公司决策层越来越感觉到信息工作的重要性，从某种意义上说，信息就是财富，信息就是商场制胜的关键，信息就是企业发展的方向和动力。进入21世纪，随着我国加入世贸和全球经济一体化趋势的不断加剧，企业作为市场经济主体，要想在商海中占有一席之地，加强企业信息工作，加大支持决策力度是重要手段之一。他们认识到，企业信息工作是企业发展中一项不可或缺的工作，与其他部门工作不是孰重孰轻的关系，更不是可有可无的，加强企业信息工作，加大支持决策力度，对于提高经营决策能力，实施企业创新战略管理。把信息优势转化为经济优势，加强企业信息化建设，实施技术创新，积极调整产品结构，均具有非常重要的战略意义。

根据信息传递、报送工作的需要，明天科技公司总裁办自2001年6月开始承担起全公司的内外信息报送，为决策层提供"决策参考"的工作。

几年来，公司信息工作取得了很大的成绩，一是领导重视，步入正轨；二是专群结合，形成网络；三是锻炼了一支高素质的信息员队伍，起到了为企业发挥支持决策的"参谋"作用。在工作实践中，该公司认真总结了以下几点经验：

1. 转换思维方式，把握发展脉络，开发企业决策层关注的急需的信息

新世纪，新时代，作为服务企业决策的信息工作更要大胆突破传统模式，既不能满足于发布企业范围内发生的变化，也不要苛求"面面俱到"，而是要善于从企业发展战略的全局出发，分析、研究问题，要时刻注意发掘企业决策层关注的高层次信息，只有这样，信息工作才抓到点子上，抓住了根本。该公司从三个方面把握了这一要领：

第一，突出重点信息，即围绕企业发展中每一阶段的中心工作，有的放矢。如公司所属云杉化工厂PVC2万吨/年技改工程，公司工程部、技术中心、云杉厂从各侧重点，发布了该工程从启动到基建，从施工到试车一系列有关信息，"含金量"大，极具指导和参考价值，为公司领导指导技改工程逐步深入和总结技改经验提供了第一手资料。

第二，突出难点信息。2001年供应部因资金紧张曾一度造成原辅材料紧张局面，公司领导看到信息后，会同供应部门一道，做出决策，在保证原有资金的前提下，拨付10%的预付款项作为缓解紧张局面之需，这样既维护了公司信誉，又降低了经营风险，时值年终岁尾，供应部按照公司要求，召开部门会议，加大了第二年的承包力度，完善了机制，使指标、项目层层落实，原辅材料供应不再成为"难点"。

第三，突出职工群众所关心的焦点问题。2001年职工平房用电混乱一时成为"老大难"，总务部把整改措施摘其要义写进了企业信息，引起了公司领导的高度重视，经公司研究整改方案后，认为方案中"逐户落实电表，清理用电线路"的措施可行，该方案的执行，彻底解决了平房用电混乱的局面。通过这类信息的发布与反馈，有利于理顺关系，化解矛盾，取得经验，推进各项工作的顺利开展。

2. 突出本部门优势，报送个性鲜明的特色信息

任何部门都有各自的特点和优势，各部门、单位只有根据公司决策立足于本部门实际才能落实好公司决策、计划的各项内容；反过来说，公司的每一步棋都走活了，对于企业整体发展才有促进和帮助作用。因此，各部门服务决策、报送信息应具有特色性。例如，物资部针对一个时期以来出门证管理混乱的局面，在出台新的管理办法前，发布企业信息，使公司新的出门证管理出台后令行禁止，并完善了企业实行的新型物流管理。各级领导、部门均对明天科技的未来和发展十分关心，在每期的企业信息中，总裁办及时发布了自治区级、市级领导和兄弟单位来我公司视察、考察的重要信息，特别是关于企业发展大计，如信息化如何带动工业化、经济形势分析与预测等方面的内容，相互交流，上下沟通，使企业更加明确前进方向，理清工作思路，有利于企业高效、快速发展。

3. 进一步挖掘深度，向支持决策型、调研型信息方面拓展

如何将企业信息工作向深度、广度拓展，提高其时效性、数量性、价值度呢？明天科技公司做了深层次的思考。前一时期，在广大基层信息员的共同努力下，公司信息工作取得了很大的成绩，他们没有满足于现状。进一步提高决策的科学性、正确性，就必须挖掘有深度、具有超前意识的支持决策型、调研性信息，并要注意以下几点：①紧紧围绕企业发展战略、计划与决策，选准调研项目，把眼光注意力放在有关企业成长的“关键点”上，新的思路、新的看法，事前预测分析和事后的经验总结都是企业信息的好素材。②是从企业实际出发，在概括提炼的基础上，预测出超前性的观点和思路。在调研中，真正做一个“有心人”，既要注重总结企业发展的规律性东西，又要注意信息中实施意见的可操作性。③是在搜集有价值的信息中坚持实事求是的原则，力求分析问题要深刻，有破有立，调研后的成果才有深度、有见地。在过程中，要把问题吃准、吃透，实事求是地反映事物的本来面目。不能满足“有事报一报，无事睡大觉”，更不能“报喜不报忧”，加强自身的使命感、责任感。要以改革的精神，大胆否定，破除旧的、过时的和错误的东西，提出新的、具有可操作性的意见和建议。这样，才能充分发挥信息的参谋助手作用。截止到 2002 年 6 月，明天科技公司共发布信息快报十三期，信息 126 条，有效地展示了信息工作决策参考的重要作用。

问题：

1. 明天科技公司总裁办在企业信息工作中发挥了什么作用？
2. 明天科技公司主要是从哪些方面做好信息工作的？
3. 明天科技公司的信息工作与国家机关政务信息工作有哪些相似之处？

4. 结合上述案例，你认为办公室应该如何拓展信息的深度、广度和价值度？

案例分析(二)

温州打火机崛起于20世纪90年代初，当时，日本和韩国产的金属外壳打火机的市场售价为30美元至40美元。而出自温州人之手的金属打火机售价仅为1美元，这使得许多国家都到温州收购打火机。到1992年，温州冒出了3000多个家庭作坊，纷纷开始装配打火机，当年就有上亿只温州打火机“涌”出国门。温州的金属打火机以惊人的低价，迅速打入到国际市场。

但是，就在温州打火机准备在国际市场上大显身手之时，美国在1994年率先通过了CR法案，规定价格在1美元左右的打火机必须安装安全锁，这给了温州打火机企业当头一棒，使其对美国出口数量急剧下跌。受此影响，温州打火机企业一方面寻找新的出口市场，另一方面也开始千方百计地提高产品的技术含量，它们开始利用原始积累的资金，招兵买马，上规模，抓工艺，打品牌，最终以过硬的产品整体出击国际市场，并逐步占领了由日本广田株式会社、韩国和仁集团等控制的国际低端打火机市场。到2001年，温州拥有上规模的打火机生产企业(户)约500余家，年产打火机5亿多只，约占全世界打火机市场份额的70%，其中用于出口的打火机占总产量的60%。

2001年10月2日，温州打火机协会副会长、温州日丰打火机公司董事长黄发静，收到了贸易合作伙伴欧洲打火机进口商协会会长克劳斯·邱博的一份电函，告知欧盟正在拟定进口打火机的CR法规草案。这是欧盟对1994年美国CR法规的“克隆”。所谓欧盟CR法案，是由欧洲标准化委员会制定的关于打火机安全性能的规定，主要内容是对批发价在2欧元以下的打火机进行安全性能测试，不能达标的打火机必须安装开启保险装置，即所谓的安全锁。批发价的标准将每五年根据批发价格指数进行修改。

根据CR法规，温州打火机均需安装安全锁。尽管安全锁的工艺、结构并不复杂，但是与此有关的技术及专利已为欧洲的生产厂家所拥有。据调查，全世界现在公认的有防止儿童开启装置的打火机安全锁约有9种，常用的有5种，这些技术均已获得专利。因此，温州打火机业就面临着两难选择：一是花大价钱购买他人专利，如此一来产品成本势必大幅提高，进而失去竞争优势；二是温州企业自行研制安全技术，但研制出的成果可能无法绕过国外企业拥有的专利技术。受到欧盟即将通过CR法案的影响，2001年下半年，温州打火机企业接到的出口订单大为减少，如温州威力打火机有限公司2001年下半年基本上没有收到欧洲方面的订单。

面对如此严峻的形势，2002 年 3 月至 4 月间，温州打火机协会专门组成了赴欧盟的交涉团，会同外经贸部进出口公平贸易局人员，在欧洲进行了近半个月的艰苦游说工作，分别与制定 CR 法规的主要机构欧洲标准化委员会、欧盟健康和消费者保护委员会、欧洲儿童保护协会、意大利经济活动部、比利时标准化所、葡萄牙经济部、西班牙标准化协会、法国标准化协会、法国经济财政和工业部以及鼓动制定 CR 法规的德国 BIC 总公司等方面进行了十多次的多边会谈。从温州烟具企业赴欧交涉团透露的信息看，尽管欧盟方面也认同中方提出的“打火机安全性与价格不能简单挂钩”的意见，但 CR 法规最终被表决通过的可能性仍然很大。虽然欧盟随后也愿意启动修正立法的程序，修正 CR 法规，但这是一个漫长的过程，需要耐心地等待。一句话，我国企业得到欧盟提出 CR 立法方面的信息太迟了，以致难以应对。

温州打火机事件背后是打火机制造商在欧洲展开的激烈竞争，欧洲的 BIC 公司、东海公司等欧洲制造商由于人力成本过高，致使同类产品成本居高不下，为了保护自己在欧洲的市场，他们一直在谋求采取多种措施试图减少我国打火机产品在欧洲的市场份额。在温州打火机事件中，我国企业得到的最初信息来自于欧洲进口商的一个文件。如果没有这个文件，温州的打火机企业可能还要重蹈覆辙。1994 年，美国通过 CR 法案时，温州的打火机企业仍在生产拟向美国出口的打火机，结果造成产品大量积压，损失惨重，不少企业破产倒闭。而 2001 年底，温州企业得到欧盟拟对 CR 法案进行表决的信息时，已不足半年时间，虽然该法案要到 2000 年才全面实施，但在过渡期中，进口商的订单肯定会减少。试想，谁会再进口即将被禁止销售的产品呢？

在 CR 法案浮出水面之前的 2000 年，欧盟就拟判定我国打火机低价倾销。当时，我国打火机企业已经尝试主动应战，2000 年 12 月温州打火机协会着手对成员进行培训，使他们了解反倾销的相关内容以及应对措施。最后，通过联合欧洲的进出口商会，采取了既能使欧洲进口商得到实惠，又能让我国企业受益的措施，有效地化解了欧盟本应提出的反倾销措施。这一事实说明，只要及时地获取相应的信息，有效地分析和利用信息，就能够预防并克服各种不利影响。

据了解，早在此次打火机事件发生之前的 1998 年，欧盟就开始制定 CR 法规草案。换句话说，我国企业获悉此信息已整整晚了 4 年。更令人震惊的是，欧盟官员在会晤温州烟具企业赴欧交涉团时曾说，早在一年之前欧盟就已向我国个别部门通报了 CR 法案的有关内容。欧方甚至认为，我国其他部门会积极主动地了解其内容。但实际上，由于职能不清、官僚主义作祟、信息意识淡薄、部门之间的信息传递不及时，以致连外经贸部都不知道有此事，当然也就没有对这个草案的通过可能给我国产业造成的影响进行评估了。尽管我国代表团到欧洲进行了艰苦的交涉，但对方可能仅取消以价格作为标准的规定，而其他的规定很可能已无法更改。应该说，这与我方没有及时得到信息不无关系。进一步说，安全等贸易方面的技术壁垒具有透明度低、经常变化、难以预测和监督等特点，因而易于隐蔽贸易保护主义的效果。但我国企业和政府部门普遍存在着信息意识不强、信息手段落后、信息工作滞后、信息体制缺位、信息管理薄弱等问题，这些虽不是造成打火机事件产生的惟一原因，但也是其中的重要原因。要解决这些问题，必须要进一步加强信息工作。

温州打火机事件让我们真切地感受到网络信息化时代经济竞争所呈现出来的新特点：信息既是竞争的客体，又是竞争的基础。只有不断地加强对企业信息的管理，才能逐步缩小国内外企业间、行业间的信息差距，为我国企业赢得参与竞争所必需的信息优势。

在温州打火机事件中，企业是直接的受害者。但这一事件告诉我们，在经济日趋全球化和信息化的今天，我国企业面临的国际竞争形势已经发生了深刻的变化。随着我国制造业在全球制造业地位的不断提升，将来还有可能与其他国家和地区的企业和行业发生新的冲突，仅仅采用“防守”的做法并不能从根本上解决问题，这意味着我国企业和行业乃至政府都要积极主动地了解其他国家和地区的各种商业经济信息和科学技术信息，熟悉相关的政策法规、技术标准和商业惯例，只有这样才有可能化解各种贸易纠纷。

为此，必须要全方位地加强企业信息工作，当务之急是建立和完善企业信息管理体制。要有一套完整的组织体系、规章制度、政策法规、技术设施和专职人员。

问题：

1. 企业主要需要哪些外部信息？
2. 办公室应该从哪些渠道获取企业的外部信息？
3. 从这件事上看，你认为办公室应该如何做好信息工作？

情景模拟

你认为办公室应该负责搜集哪些信息？请你为一家企业拟定出一个办公室搜集内外信息的计划，包括搜集的种类和渠道等。

思考题

1. 请解释信息、知识、情报和数据几个概念之间的关系。
2. 通常信息可以按哪些标准进行划分？
3. 办公室信息工作主要包括哪些内容？

4. 应该采取哪些有效措施保证信息的安全?
5. 什么是政务信息工作?
6. 政务信息工作的组织形式具体是怎样的?
7. 政务信息工作的原则是什么?
8. 什么是信息报送制度?
9. 什么是信息审批制度?

第四章　办公室文书工作

文书是人们在各种社会实践活动中进行信息沟通的重要方式。在各类社会组织中，文书（公文）被用以传递各种正式信息：领导和管理阶层用它来传达管理意图、进行工作部署；下级执行部门用它来汇报工作、请示问题；其他部门和单位之间也可以用公文来沟通联络、协调工作。而且由于公文及其作者身份的权威性，使它所承载的信息成为组织内流动的各种信息中最具权威性和可靠性的信息。

组织的领导者实施管理离不开公文，公文是他们获得信息、发布管理信息必不可少的手段和工具，办公室要协助领导者作好收文和发文及相关工作，因此，文书工作成为办公室的一项极为重要的常规性工作。

第一节　公文概述

一、公文及相关概念

公文即公务文书，是各种社会组织在履行公务活动中形成的各种书面文件。

在机关、企业和其他各类组织的活动中，“文件”、“文书”、“公文”三个概念频繁出现，在很多时候，它们似乎可以相互替代使用，例如，“文件往来”又可以称为“公文往来”或“文书往来”，似乎所指均为同一对象，但在实际上这三个概念在逻辑上却存在着包含关系，存在着一定的差别。

1. 文件

文件是各类社会组织和个人在社会活动中形成的各种信息材料，是人们记录、传递和贮存信息的一种工具。文件可以有多种载体形式，所以包括书面文件、图示文件（包括图样、图件、图表等）、音像文件、电子文件等。

2. 文书

文书则是以文字方式记录信息形成的文件材料，即专指书面形式的文件。

由于社会中的各种组织和个人都可以形成文书，因此，文书又可以有公务文书（公文）和私人文书之分：公务文书的形成主体是各种社会组织；而私人文书的形成主体则是家庭和个人。

从这里我们可以看出，这三个概念不在同一个逻辑层次上，存在着包容关系，公文是公务活动中形成的文书，而文书又是一种书面形式的文件。文件、公文与文书间的关系如下：

- 文件
  - 书面文件（文书）
    - 公务文书
    - 私人文书
  - 录音文件
  - 磁盘文件
  - 摄影文件
    - 照片文件
    - 影片文件
    - 录像文件

二、公文的特点

同私人文书相比，公文有着非常鲜明的特点，主要表现在三个方面：

1. 公文是由法定的作者形成和发布的

同私人文书不同，不是随便什么人都可以制发公文，公务文书只能由法定作者制发。所谓“法定作者”是指那些依照合法程序成立的、并能以自己的名义行使权力、承担义务的各种社会组织。

例如，党的组织和各级机关是依据《中国共产党章程》的具体规定设立的；国家和地方的权力机关、行政机关是依据《宪法》和《中华人民共和国地方各级人民代表大会和地方各级人民政府组织法》中的有关规定成立的；企业、事业单位和各民主党派、人民团体也都是经过特定的领导管理机关正式批准，按照一定的章程、条例所规定的程序成立的。所以国家机关、企事业单位及其他社会团体是公文的法定作者。

另外，法定社会组织的领导人以公职的身份发布公文时，也是公文的法定作者。而且为了证明其法定作者的身份，公文上必须要有制发者的公章和（或）领导人的亲笔签署。

2. 公文具有法定的权威和效用

法定的权威是指，由公文的法定作者身份决定，公文一经发出，将对受文者的行为产生直接约束力，而且这种约束力往往是带有不同程度的强制性。例如，领导机关发布的决定、指示、批复等，有领导权威；权力机关发布的法律、条例等，有法律权威；政府机关发布的命令、通告、指示等，有指挥权威；经会议讨论通过后形成的决定、决议一经公布，有关单位和个人必须遵照执行。

法定的效用是指每份具体的公文都是为了传达制作者的一定意图或解决一定的工作问题，都有它特定的效用，例如一项指示要求所属部门认真贯彻，一项决定要求下级机关单位遵照执行，一项通知要求对方及时了解，一份请示要求领导机关做出答复等。

但是，公文的效用主要体现在现实效用方面，它总是为了现实的特定工作，或为了完成特定的现实任务而作，而且它只是在一定的时间和空间范围内对受文人产生约束力，不可能永久有效。例如，国家的政策法令是全国人民必须遵守的，而企业的公文则只对企业经营活动范围内的人或事有约束力。另外，很多法规性公文明确规定有生效期（自×年×月×日起生效），一般行政性文件如总结、计划、预算、人事任免等也只是有一定时间范围内的效用。

3. 公文有规范性的体式和处理程序

体式即文体格式，公文的体式，是表述方式、格式、用纸、装订以及各种标记等内容的统称。

由于公文具有法定的效用，代表它的制发机关的法定权威，所以制定和发布文件是一件十分严肃的工作，很多公文不仅是在单位内部使用，还要在更广泛的领域甚至全国范围内通行使用，如果同一种公文却有不同的名称和使用方法，书写方法各行其是，势必会引起混乱，并影响公文的权威性。所以公文必须要有规范的体式，以便于辨识和统一使用，国务院办公厅及中共中央办公厅即几次对党政机关公文的体式做出明确规定，要求公文的制发者或制发单位共同遵循规范的格式。

公文制发、收受处理的全过程即公文处理过程，它是由一系列先后有序、不可缺少的环节组成的，称为公文的处理程序。对公文的处理，实际上就是各单位或部门履行职能处理公务的过程，为了保证行政过程的及时有效，维护公文的严肃性及其合法效用，我国党政机关及其他各类社会组织都规定了一系列的制度，使公文从准备撰写到制成公文全过程有着严格的程序，各单位和工作人员必须严格遵照规定的程序办理，若不履行法定的程序就不能制成有效公文。

三、公文的主要分类方法

1. 按照公文的使用范围划分

（1）通用公文

指在各类社会组织中普遍使用的、规范化的公文。现在专指国务院办公厅《国家行政机关公文处理办法》中所规定的文种。其特点是：具有统一的名称、格式和使用办法。

（2）专用公文

是在一定的专业部门和系统内，根据特定工作和要求制作的公文，如：军事文书、外交文书、司法文书、会计文书、科技文书等。每种专用公文都形成自身的系列并有自己特定的格式和处理要求，如：会计文书有会计凭证、会计报表和会计账簿。

(3)其他常用公文

是指除了通用公文和专用公文之外，机关、企业在公务活动中经常使用的一些文书形式。如：工作计划、规划、总结、规章制度、记录、报表等。这种公文的特点是：应用范围广、格式灵活多样，国家未做统一规范。

2. 按照公文的来源划分

(1)发文

指本单位制发的公文，可以发往其他单位，也可以只发至本单位的内部机构。

(2)收文

指本单位收到的其他单位或内部机构制发的公文。

3. 按照公文的运行方向划分

(1)上行文

指下级单位向所属上级领导单位报送的公文。

(2)下行文

指上级领导、指导机关向所属下级机关发送的公文。

(3)平行文

指同级机关或不相隶属的机关之间往来的公文。

4. 按照公文的涉密程度划分

(1)绝密级公文(绝密件)

(2)机密级公文(机密件)

(3)秘密级公文(秘密件)

(4)内部公文(指限于单位内部或专业系统范围内使用的文书，内容虽不涉密，但不宜或不必对社会公开)

(5)限国内公开的公文(指内容虽不涉密，但不宜向国外公布，而仅在国内公布的文书)

(6)对外公开的公文(指内容不涉及任何秘密，可直接对国内外发布的文书)

四、常用文种及其使用

文种，又称文别，是按照文件的性质和作用为每种文件所规定的名称。各种文件都有自己的名称，如请示、报告、通知等。对那些各类社会组织中常用的文种，应该统一规定公文文种名称并解释其用法。

常用文种是指在党政等各类机关与团体、企事业单位等组织中普遍使用的文种，其中既包括国家党政系统正式规定的通用文种，也包括其他一些常用文种，如章程、条例、规定、办法、制度等。

1. 行政机关正式规定的通用公文文种

(1)命令(令)

适用于依照有关法律公布行政法规和规章；宣布施行重大强制性行政措施；嘉奖有关单位及人员。依据我国《宪法》规定，只有国家主席、国务院及所属各部委、县级以上人民政府，在法定权限内才可以发布“命令(令)”。不属于这一范围的机关、团体、企事业单位无权使用。

(2)决定

适用于对重要事项或重大行动做出安排，奖惩有关单位及人员，变更或撤销下级机关不适当的决定事项。

决定用于对重大问题、重大行动做出部署安排的决定，属于严肃、庄重的文种。通常是由比较高层次的权力机关、决策机关做出，下级机关必须执行。决定的使用范围比较广泛，不仅用于党政机关，群众团体、基层企事业单位也可以使用，但决定的内容一般只涉及到某一事项或某一方面的问题，比较单一、具体，便于贯彻执行。

在用于奖惩时，只有那些是在有关法律、规章、条例中有明确规定的奖惩事项，才用“决定”行文，而一般性的表扬、批评错误用“通报”。

(3)公告

适用于向国内外宣布重要事项或者法定事项。

公告的发布者一般是高层的领导机关，作为基层单位，一般不太可能具有向国内外宣布重要事项或法定事项的职能权限。

(4)通告

适用于公布社会各有关方面应当遵守或者周知的事项。

通告是一种适用于在一定范围内公布应当遵守或者周知事项的公文。既具有知照性，又有法规性，在某种情况下具有法律效力与行政约束力。

(5)通知

适用于批转下级机关的公文，转发上级机关和不相隶属机关的公文，传达要求下级机关办理和需要有关单位周知或者执行的事项，任免人员。

通知是公文中应用最广泛、使用频率最高的公文之一，它不受发文机关级别高低的限制，可以广泛使用。就通知的内容来讲，涉及国家经济和社会发展的各个方面，无论是传达中央的重要方针政策，还是基层单位的日常工作布置，都可以使用这一文种。但必须要依据规定了的行文制度使用，不能滥用。

(6)通报

适用于表彰先进，批评错误，传达重要精神情况。

通报是机关的领导核心或领导机关对具有代表性的典型事件、新鲜事物以及重要情况予以表扬、批评、倡导与宣传，使人们受到教育与启发或引起警觉注意，以推动工作时使用的重要下行文种。在表彰先进方面，通报与命令(令)及决定有相似之处，但也有一些区别：

· 命令(令)：嘉奖有关单位与人员，可能还授予荣誉称号。

· 决定：所奖励的事项或事迹应是比较突出的，在一定范围内有较大的影响，并且是在有关法律、规章、条例中有明确规定的奖惩事项。

· 通报：所表扬的先进属于一般性的典型。

(7)议案

适用于各级人民政府按照法律程序向同级人民代表大会或人民代表大会常务委员会提请审议事项。

由此可以看出，议案的制作及受理是由法律严格规定的，并不是任何部门都可以制作和受理。议案一旦通过、颁布施行，就具有特定的权威性和法定效力。

(8)报告

适用于向上级机关汇报工作，反映情况，答复上级机关的询问。

这里所说的报告，不同于一般的调查报告、审核报告、考察报告和会议报告等。

(9)请示

适用于向上级机关请求指示、批准。

(10)批复

适用于答复下级机关的请示事项。

凡是批复，都必须针对下级机关的请示而发，以下级的请示为前提。业务主管机关回答平行或不相隶属机关询问的问题应该用复函。

由于批复是发自上级机关，是领导意愿和领导权威的具体体现。请示一经批复，对请示事项的下级单位有直接的约束力。特别是那些关于重大问题的批复，常常具有明显的法规作用。

(11)意见

适用于对重要问题提出见解和处理的办法。

意见可以用于上行文，也可以用于平行文、下行文，还可以作为转发性公文的具体内容。上级机关制发的“意见”，对下级机关的工作具有指导作用，但这种指导更偏重于原则指导，不是指示、通知或决定的硬性规定。文中对贯彻执行有明确要求的，下级机关应遵照执行，无明确要求的，下级机关可参照执行。而下级、平级单位和部门认为处理某些超越了自己职权范围的问题，常常要用“意见”行文。上级机关应视同请示性公文办理，并做出处理或答复。而这个“意见”，对上级批准和认可只起建议和参考的作用。

(12)函

适用于不相隶属机关之间商洽工作、询问和答复问题。

函可以广泛地应用于各平行或不相隶属机关之间，任何机关均可制发，不受内容繁简、字数多少的限制。用函来商洽公务，询问与答复问题或向有关主管部门请求批准，均代表使用单位的意志与权威，传达机关的决策与意图，具有法定效用。

在过去一段时间，函曾经有“公函”和“便函”之分。1951 年 9 月政务院颁布的《公文处理暂行办法》规定：“平行机关及不相隶属的机关行文时用‘公函’，介绍、商洽、询问、催办等事得用‘便函’，只需个人署名，或盖用机关长戳、圆章即可。”但 1981 年国务院办公厅发布的《国家行政机关公文处理暂行办法》中用“函”取代了公函及便函。

(13)会议纪要

适用于记载、传达会议情况和议定事项。

会议纪要是根据会议记录和会议文件以及其他有关材料加工整理而成的，是反映会议基本情况和精神的纪实性公文，是传达会议议定事项和重要精神，并要求有关单位执行的一种文体。纪要一经下发，将对有关单位和人员产生约束力，起着类似决定、决议等指挥性公文的作用。同时会议纪要还可以作为与会同志向单位领导汇报、向群众传达的重要文字依据。

2. 其他常用文种

(1)章程

规定某个组织的性质、任务、组织成员、组织结构和活动规则的公文。必须经本组织代表会议或全体会议表决通过，方能生效。

(2)条例

用于国家对某一方面的工作做比较全面、系统的规定。

(3)规定

用于对某一方面的工作做比较具体的规定。

(4)办法

用于对某项工作做具体的规定。

(5)细则

细则是对法律、条例涉及的事项所做的详细规范。

(6)制度

用于机关对某项工作或活动所制定的要求。

另外，工作计划、规划、工作要点、安排、总结、会议记录、电话记录、合同、协议等也都是企业及其他各类社会组织常用的一些文种。

五、文书工作的内容

文书工作又称文书处理工作，是指公文从撰制形成到传递、办理、处置的整个过程。具体主要包括公文的办理、管理、整理(立卷)、归档等几个部分。

1. 公文办理

公文办理通常分为发文办理和收文办理两个环节。

· 发文办理是指以本单位名义制发公文的过程，包括草拟、审核、签发、复核、缮印、用印、登记、分发等程序；

· 收文办理是指对收到公文的办理过程，包括签收、登记、审核、拟办、批办、承办、催办等程序。

2. 公文管理

公文管理是指文书管理部门就公文及公文运转全过程所进行的管理活动，其中还涉及有关公文活动的人、财、物、信息等诸种要素的管理，目的是保证文书工作的有效运行。

3. 公文整理

公文整理工作即立卷工作，是指对办理完毕的公文进行系统整理，将具有查考保存价值的文件按照它们在形成过程中的联系和一定规律组成案卷。案卷是文书档案的基本保管单位。

4. 公文归档

公文的归档是指办理完毕的、具有查考和保存价值的文件经过立卷以后，应该按照《中华人民共和国档案法》及其他有关规定，及时向专门的档案部门移交，不得由个人保管。

第二节　公文办理程序

公文办理程序是指按照制发、办理与管理公文的规律，对收发文工作所作的一系列基本环节安排，要保证收发文工作质量，必须要顺序履行这些工作环节。

公文办理程序通常可分为收文和发文两方面。

一、发文办理程序

1. 草拟

草拟公文时应该认真领会领导意图，了解清楚制文的背景、目的、中心思想、基本要求，以此确定行文的主旨，然后根据发文人和受文人的隶属关系及行文目的，选定合适的文种，用规范的公文体式书写。草拟公文要符合国家的法律、法规及其他有关规定，并做到情况确实、观点明确、表述准确、结构严谨、条理清楚、直述不曲、用字用词规范、标点正确、人名、地名、数字、引文准确、篇幅力求简短。

2. 审核

公文送负责人签发前，应当进行审核。审核人一般有三种：一般文稿由办公室负责审核；以单位名义的重要文稿由单位领导亲自审核；以单位内设组织机构名义的发文稿，由该机构负责人或其秘书审核。

这是保证公文质量的重要环节，还可以为领导人签发奠定良好的基础。审核工作的重点是：

(1)把好行文关

确定是否确需行文，向谁行文，以什么形式行文。

(2)把好内容关

审查公文的内容是否做到了观点明确，符合实际，有的放矢，切实可行，不能把内容空洞、不切实际的文件发出去。

(3)把好政策关

发文不能违反有关的法律法规和方针政策。

(4)把好文字关

尽量使公文表达准确、结构得当、条理清楚、文字简明通顺，人名、地名、数字、引文规范准确。

(5)把好格式关

做到文件格式统一、规范。

3. 签发

公文需经本单位领导人审批签发。一般来说，以本单位名义制发的上行文，由主要负责人或者主持工作的负责人签发；以本单位名义制发的下行文或平行文，由主要负责人或者由主要负责人授权的其他负责人签发。另外还需注意：

(1)签发人必须对公文的内容和文字作严格的审阅修改，并对其所签发的公文的正确性负完全责任。

（2）凡特别重大的问题或涉及面特别广的问题须经会议通过或经单位领导人集体讨论或依次审阅后，由单位主要领导人签发。

（3）凡一般业务、事务性工作，可由单位分管该项工作的领导人签发或授权办公室负责人签发。

以单位内某个部门名义的发文，可由部门负责人签发（在这种情况下，核稿与签发往往合并为一道程序）。

（4）文件经签发人审批并同意发出时，签发人应在发文稿纸的签发栏内写上“发”、“印发”、“急发”等字样，并签署全名，注明日期。

（5）联合发文，须经所有联署机关的领导人会签。

4. 复核

公文在经领导人签发或经有关会议讨论审议后，在正式印制前，文秘部门应当进行复核，重点是：

（1）审批及签发人是否合法、是否存在越权情况；

（2）签发是否规范；

（3）附件材料是否齐全；

（4）格式是否统一、规范；

（5）领导修改之处的文字、语法、标点等细节的复核；

（6）公文管理信息是否准确，如公文的发授范围、阅读范围的级别限制是否清楚，紧急程度、密级是否合理，印制份数、发文字号是否有误等。

5. 缮印

缮印是指对已经签发的文件定稿进行印刷。须注意以下几个问题：

（1）缮印要忠于原稿，不允许随意改动（原稿的文字、标点、符号、格式及调换层次、段落）。发现原稿有不当之处，须经过秘书或办公室部门同意才能更改。

（2）缮印文件要注意保密，不能让外人随便翻阅文稿和印制的文件。

（3）文件的缮印要建立登记制度。登记的内容包括名称、送文单位、送文时间、印文数量、印完时间、取件人姓名、缮印人姓名等。

6. 用印

用印是在印好的公文上加盖单位印章。印章是单位行使职权的凭证，是公文有效性的重要标志。也是公文格式的组成部分。公文用印要注意以下几个问题：

（1）用印时，必须以机关领导人或部门负责人签发的文件原稿为依据，经核对无误后才能用印；

(2)用印要端正、清晰,不得模糊歪倒;

(3)用印要与文件制发机关、部门或单位相一致;

(4)用印要核实份数,超过份数的不能盖印。较重要的公文用印后要填写《用印登记簿》,以备日后查考。

7. 登记

一切发出的公文,均应进行登记,以便于对文件进行管理。多数单位采用簿册式登记的形式,所使用的发文登记簿主要有以下三种:

(1)内收发的发文登记簿;

(2)内收发对外收发的送文登记簿;

(3)外收发的发文登记簿。

发文登记簿的主要内容有:发文编号、发文日期、发文字号、发文机关、公文标题、密级、份数、发往单位、清退情况及签收人等。

8. 分发

即选择适当的传递方式将已经登记封装完毕的公文传递给受文者。主要方式有:

(1)普通邮寄;

(2)机要通信(邮政部门为国家机关的秘密、机密专辟的邮递系统);

(3)机要交通(主要为党政高级领导机关服务);

(4)公文交换(在市中心设公文交换处,定时定人集中相互收发公文);

(5)电信传递。

二、收文办理程序

1. 签收

在规模较大的单位收文要分两次进行签收:

(1)外收发(收发室)接收各种传递方式的公文,清点审核后在发文簿或回执上签字。清点审核主要侧重于拆封前的情况。

(2)外收发与内收发(办公室部门或职能部门的文书人员)之间清点签收,所侧重的是拆封后的情况。

2. 登记

其作用是加强对来文信息的管理,便于公文的平时核对、统计、催办及日后的查找利用。收文登记簿的主要内容有序号、文书处理号、收文日期、来文单位、来文标题、发文字号、附件情况、份数、承办单位、承办人、清退情况等。

3. 审核

收到下级机关上报的需要办理的公文,文秘部门应当进行审核。审核的

重点是：

（1）是否应由本机关办理（对上级、平级或不相隶属机关的来文审核只检查此项）；

（2）是否符合行文规则；

（3）内容是否符合国家法律、法规及其他有关规定；

（4）涉及其他部门或地区职权的事项是否已协商、会签；

（5）文种使用、公文格式是否规范。

经审核不符合有关规定和规范的公文，经收文单位办公室负责人同意后，可退回原呈报单位，并向其说明原因和理由。

4. 拟办

经审核，对符合规定的公文，文秘部门应当及时地提出建议性处理意见送负责人批示或者交有关部门办理，需要两个以上部门办理的应当明确主办部门。紧急公文应当明确办理时限。

拟办意见的一般写法：

上级来文：请××同志批示、拟请×局研究办理、请××、××同志阅……

下级、平级单位来文，应明确指定办文部门或人员：拟请××处××同志负责办理、拟请××处在×月×日办复、拟请××局牵头，××局会同办理……

5. 批办

批办工作是各级领导行使职权、履行职责的重要手段。一般由受文单位领导委托的办公室或职能部门的负责人承担，即除少数极重要的公文直接送单位主要领导人批办外，多数以单位名义的一般收文，通常先由办公室负责人批办。办公室负责人对其中有一部分需经机关领导批示的可提出拟办意见，需转送业务部门承办的可提出请办意见，需要办公室办理的可指定具体承办人。

6. 承办

承办是收文处理的中心环节，它使公文实际效用真正产生，还可以检验拟办方案、批办意见是否正确可行。承办部门收到交办的公文后应当及时办理，不得延误，推诿，并在公文处理单上注明公文的办理经过与结果。

（1）发文承办的，注明复文号、复文日期；

（2）会议承办的，注明会议名称、时间、议定事项；

（3）电话承办的，注明时间、地点、人员、主要内容；

（4）当面解决的，注明时间、地点、解决方式方法、措施与结果。

7. 催办

公文催办工作是经领导授权，由办公室专人负责对公文承办过程(包括对收文的拟办、批办、承办等各个环节)所实施的督促与检查活动。目的是防止办文的迟缓与延误，以提高公文办理效率。

送负责人批示或者交有关部门办理的公文，催办人员要根据公文的紧急和重要程度负责催办，做到紧急公文跟踪催办，重要公文重点催办，一般公文定期催办。催办的主要方式有：用催办单催办、登门催办、会议催办、电话催办等。下图为某单位公文催办单：

来文机关		来文字号		公文处理号	
承办单位		交办日期		承办时限	
公文标题： 催办记录： 办理情况：					

第三节　文书整理归档工作

一、归档

1. 归档的定义

归档，即将办理完毕、需要保存起来的公务文书及其他文件进行整理，移交给档案部门保存的过程。就公文而言它主要包含以下几种含义：

(1)要进行归档的必须是那些已经办理完毕的公文

所谓“办理完毕”是指公文已经履行了收文或发文工作的一系列处理程序，因此它是仅就公文处理程序而言，而不是公文内容所涉及的各项工作全部办理完毕。办理完毕的公文一部分随即失去现行效用，但还有一部分依然存在现行效用，有的甚至可能会在较长一段时期内存在，如那些政策法规类公文就有长期执行效用。

(2)只有那些具有保存价值的公文才需要归档

公文是机关、团体、企事业单位在履行职能活动的过程中形成的，真实地记录和反映了本单位的各项重要工作活动和历史发展过程。但是并不是每份都有保存价值,只有那些可能会对今后的工作有参考和凭证性作用的公文才有保存归档的价值。所以公文归档之前,必须经过认真鉴别挑选。

(3)需要归档的公文必须要经过序化整理

对有保存价值的公文进行归档,就是为了今后的参考利用,所以必须按照有关规定,对其进行加工整理,使之排列有序,方便保存和查找。

那些经过系统整理移交给档案部门保存的公文,就转化为档案。由此可见,档案与公文有着密不可分的联系,机关、企业一大部分档案的前身即是公文,在单位活动中办理完毕、完成了传达和记录等现行使命而备留查考的公文,经过系统整理集中保存起来即成为档案。

《中华人民共和国档案法》规定,一切国家机关、武装力量、政党、社会团体、企业事业单位和公民都有保护档案的义务;对国家规定应当立卷归档的材料,必须按照规定,定期向本单位档案机构或者档案工作人员移交,集中管理,任何个人不得据为己有;集体所有的和个人所有的对国家和社会具有保存价值的或者应当保密的档案,档案所有者应当妥善保管;机关、团体、企事业单位和其他组织必须按照国家规定,定期向档案馆移交档案。所以归档工作是各类机关、团体、企事业单位文书工作的一项重要内容。

2. 归档范围

归档范围是由有关部门规定的需要移交给档案部门作为档案保存起来的各类文件的范围,其中包括公文,也包括其他载体形式的各种文件。规定归档范围,实际上就是给出挑选有保存价值文件的原则性依据。一个单位档案的质量,往往在很大程度上取决于挑选有用文件、剔除销毁无用或多余文件的水平。

确定归档范围要从本单位及国家的长远利益出发,以文件形成单位的职能作用及文件材料的具体内容作为分析和判断文件保存价值的基本要素,将那些反映了本单位的基本面貌和重要职能活动的文件列入归档范围。我国各级行政机关是根据《中华人民共和国档案法》和有关规定,结合本地区、本系统及本单位的实际情况做出公文归档范围的具体规定。它们会对今后的工作有查考和凭证作用。

企业文件的归档范围也是以此为原则制定的,一般来说需要归档的文件主要有以下六类:

(1)有关企业历史的重要文件

·有关企业成立的各种文件,如公司章程、批准企业成立的各种法律文件、工商税务注册文件、成立企业的各种预备性文件等等;

· 涉及企业各种重要活动的文件，如重要人物来访活动所产生的相关文件，股东会和董事会文件、宣传报道文件等；

· 组织机构设置及变动文件、重要职务的任免文件。

(2)企业日常工作行政文件

· 上级及各社会管理部门下达的指导性文件；

· 本企业活动中向上级单位、下级单位及其他社会部门发出的文件；

· 本企业管理活动中形成的内部文件，如会议记录、内部有关规定、工作细则、各种学习材料、与行政管理有关的统计表、花名册、备忘录及工作中的各种重要记录、大事记等；

· 下级和派出机构、分支机构报送的文件；

· 职工来信、外单位来人来访的介绍信等。

(3)企业经营活动及其他职能活动中所产生的文件

· 销售和采购数据；

· 客户资料，如往来的信函、文件；

· 签订的合同、协议、意向书、和约等；

· 有关企业产品的资料。

(4)企业财务文件

主要包括资产负债表、会计报告、收支管理、贷款协议、固定资产材料等。

(5)企业科技活动所产生的文件

· 技术文件，主要包括技术任务书、设计图样、原料配方、各种明细表、计算书、说明书、报告与总结、随机文件、技术文件等；

· 工艺文件，主要包括工艺设计方案、生产工艺流程图、各种工艺定额、工艺规程、工艺技术报告等；

· 基建文件

❖ 前期文件：包括可行性研究报告、计划任务书、工程选址、征地、拆迁报告、审批文件与各种协议合同；

❖ 工程设计文件：包括设计部门的初步设计、技术设计的图样、设计说明书、计算书、废气、废水、废料三废处理方案、工程预算；

❖ 施工竣工文件：包括施工承包合同、协议、施工记录、竣工图、竣工验收记录和报告、工程决算；

❖ 工程管理、使用、维护、改造文件：包括维护改造方案、修改补充文件、各种监测记录等。

· 设备文件

❖ 设备仪器的随箱文件，如装箱单、总体布置图、说明书、线路图、易损件图、合格证、全套的设计图纸、计算书、工艺文件等；

❖ 安装调试文件、样机等，如基础结构图、各种试验记录、管理、维修、使用、改造文件(操作规程、改造方案、检修记录、监测和测试记录)；

❖ 引进设备的可行性研究报告、谈判记录、合同协议、订货单、来往文件、验收记录。

· 科研文件

❖ 开题文件：任务来源、命令、指令、协议、可行性研究报告及研究方案；

❖ 中间性文件：原始记录材料、试验和测试的记录及分析报告；

❖ 结论性文件：成果报告、鉴定总结、专利申请报告、审批文件、成果推广转让过程中形成的合同及法规意见。

(6)其他

主要是指其他由国家及企业领导规定和决定需要保存的文件。

3. 归档时间

文书部门应该定期向档案部门集中归档，一般是在第二年的上半年将上一年工作中形成的文书按照归档要求整理完毕后移交档案部门管理。这个时间的确定一是考虑到大部分文书已经办理完毕，二是保证文书人员有足够的对文书进行整理的时间。

4. 归档要求

归档要求就是对归档文件的质量要求，即整理方法和标准。那些归档保存起来的档案不仅有查考凭证作用，而且它们当中的一部分还将成为国家历史文化财富的一部分，具有极高的历史材料价值，所以必须要有较高的质量。2000年12月6日国家档案局发布的中华人民共和国档案行业标准——《归档文件整理规则》，是对归档文件进行整理的法规性标准。

只有经过档案部门验收达到归档要求的档案才能向档案部门移交。

二、归档文书整理方式

归档文书是立档单位在其职能活动中形成的、办理完毕的、应作为文书档案保存的各种纸质文件材料。

目前我国归档文书整理工作主要采取两种形式，一是传统的立卷方法，二是不立卷或立小卷的方法，二者的区别是前者以“卷”为基本保管单位，后者则是以“件”为基本保管单位。

1. 立卷的方法

文书立卷，即将那些已经完成了文书处理程序，在今后工作中具有查考价值，需要保存的公务文书按其在形成过程中的有机联系组成案卷，以便于保管、检索和利用。一个案卷内的文书，即为有关某一问题或某项工作活动的系统文件组合，能够反映出工作中某个（类）问题的处理情况。其基本工作环节是：

分类

采取适当的分类方法（年度、组织机构或问题分类法）对所有要归档的公文进行分类

↓

组卷

将每一类下具有相同特征的一组公文组成案卷，形成最基本的档案保管单位

↓

卷内文件排列和编目

将同一案卷内的公文按照一定的顺序排列、固定每份公文的顺序，并编写《卷内文件目录》

↓

拟写案卷标题

给出每个案卷的准确题名

↓

案卷排列和编目

按照一定的顺序排列案卷，固定每个案卷的顺序，并编制案卷目录

立卷工作的目的就是用一种今后容易找到的方式手工存放那些有保存价值的公文，具体是通过分类、组合与编目等工作，将零散的单份公文形成若干具有内在联系和排列规律的保管单位——案卷，有效地保持公文在形成和处理过程中形成的联系，以便真实反映当时的活动过程，并方便今后的保管和利用。

它是我国沿用了几十年的归档文书整理方法，适用于手工管理条件下的归档文书整理。但它的技术要求比较高，工作人员需经过专门培训后才能掌握，而且工作量也比较大，耗时较多。

2. 立小卷或不立卷的方法

立小卷的方法是以“事”为单位立卷，即将某一具体工作或活动中产生的公文组合在一起立卷，这种方法简化了立卷工作中分类和组卷中的划分层次，也使卷内文件数量大大减少。

不立卷的方法即不需要再将公文组合成案卷，而是直接将归档文书以“件”为单位进行整理的方法。所谓“件”是归档文书的整理单位，一般以每份公文为一件，公文正本与定稿为一件，正文与附件为一件，原件与复制件为一件，转发文与被转发文为一件，报表、名册、图册等一册（本）为一件，来文与复文为一件。

由国家档案局发布并于2001年1月1日起施行的《归档文件整理规则》中，将“归档文件整理”定义为“将归档文件以件为单位进行装订、分类、排列、

编号、编目、装盒，使之有序化的过程”。从而以法规的形式宣布了对传统立卷方法的改革。

但是需要说明的是，不立卷或立小卷的方法简便易行，但必须是在档案工作已经实现了计算机管理的前提下才能采取这种整理方法。因为在这种整理方法下，公文实体甚至不需再进行分类，往往是以日期顺序排列装盒的，档案的编目和检索都是通过计算机完成，利用档案时需要先通过计算机检索到该文件的保管位置。所以条件不具备的单位进行归档文件整理时，还需要使用立卷的方法。

三、文书分类组卷的常用方法

1. 常用的分类方法

(1)按年度分类

即以文书形成和处理的年度作为分类依据。我国现行机关和企业的文书归档采取的是一年一归档的方法，所以年度分类法与归档周期相符，是一种自然分类方法。

(2)按组织机构分类

即以本单位内部组织机构设置情况为依据，将公文分为“办公室”、“组织部”、“人事处”、“财务处”等类别。但对于企业来说，这可能并不是一种很合适的分类方法，因为现代企业的组织结构总是处于不断的变化之中，而即使是最细微的组织变化也会导致公文分类发生变化。因此，这种分类方法很难持久和固定。

(3)按问题分类

即按公文内容所涉及的问题分类，如分为“综合类”、“宣传类”、“人事类”、“销售类”等。这种方法符合事物的特性，易于将有内在联系的公文结合在一起，但对于类目名称的拟制有较高的要求，它们必须保持在同一个逻辑层次上，并且要保证能够使所有公文都能有清楚、合适的归属。

(4)按保存期限分类

即将全部需要保存的公文按其保管期限分类，一般可分为永久保存、长期保存和短期保存三类。

按照保管期限对档案进行管理是档案部门普遍采用的一种方法，所以，在对归档文件进行整理时，无论是采取年度、组织机构分类法，还是采取问题分类法，都要将文件按保管期限分类。

(5)复合分类

即结合采用两种或两种以上的分类方法对文书进行分类。通常在实际工作中都是采取复合分类的方法对本单位形成的文书进行分类，如保管期限—年度—组织机构分类法，年度—保管期限—组织机构分类法，保管期限—年度—问题分类法等。

例如，某公司的组织机构设置主要有产品中心、宣传中心、资源中心、销售中心、行政中心、财务部、法务部等内部机构，其归档文件若采用保管期限—年度—组织机构的分类法则可分为：

永久　2001 年　产品中心　宣传中心　资源中心　销售中心　行政中心……
　　　2002 年　产品中心　宣传中心　资源中心　销售中心　行政中心……
　　　2003 年　……
长期　2001 年　产品中心　宣传中心　资源中心　销售中心　行政中心……
　　　2002 年　产品中心　宣传中心　资源中心　销售中心　行政中心……
　　　2003 年　……
短期　2001 年　产品中心　宣传中心　资源中心　销售中心　行政中心……
　　　2002 年　产品中心　宣传中心　资源中心　销售中心　行政中心……
　　　2003 年　……

如果采用年度—保管期限—问题分类法，其分类方案则为：

2001 年　永久　产品开发工作　宣传工作　销售工作　行政工作……
　　　　长期　产品开发工作　宣传工作　销售工作　行政工作……
　　　　短期　产品开发工作　宣传工作　销售工作　行政工作……
2002 年　……

如果组织规模较大，一级内设机构下面还有二级机构，生成的公文数量也比较多时，则其分类方法还可以采用保管期限—年度—组织机构—组织机构分类法、保管期限—年度—组织机构—问题分类法等。如前面提到的某公司行政中心还下设人力资源部、行政部、系统资源部、采购部四个部门，则可以在分别确定永久、长期、短期保管期限后，采用“2004 年××公司行政中心人力资源部、2004 年××公司行政中心行政部……”这样的分类方法，也可以采用“××公司行政中心人力资源工作、××公司行政中心行政工作……”的分类方法。

2. 我国常用的组卷方法

在对本单位的全部公文进行分类后，如果数量比较多，还要将每一类下的公文按照内在的联系组成若干“卷”，然后再依次排列每一卷。我国主要是从以下几个方面判定公文内在联系进行组卷的：

(1)按公文的制作者组卷

即将同一作者(机关、企事业单位等)制发的公文组合在一起。

(2)按公文的主题或所涉及的问题组卷

即将公文按照所涉及内容的主题或标题进行组合，将反映同一案件、任务、问题、业务和同一工作性质的文件组合在一起。如“某某公司关于销售情况的总结及统计表”

(3)按公文的文种名称组卷

即将文种名称相同或性质相同、相近的公文组合在一起。如“某某公司2000年度财务报表”。

(4)按公文的时间组卷

即按公文的形成时间或内容所针对的时间组卷。如“某某公司2004年财务预算、决算”。这种组卷方法适用于日期显得很重要的公文，如会员资格文件、保险合同等。

(5)按地理区域组卷

即将内容涉及同一地区的文件组合在一起。这种分类方法特别适用于企业中的销售信息和市场信息。如“关于某地区矿产资源保护的规划和调查报告”。

(6)按通讯者关系组卷

通讯者是指因处理工作问题而产生往复文件的双方单位。一个单位往往会有很多较长期的业务或其他活动往来单位，如上级单位、下级单位以及客户等，按公文的通讯者关系组卷，实际上就是按相互往来关系组卷，即将本单位与某一单位之间就一定问题往复的公文组合在一起。

在实际组卷时，人们往往是结合使用几种方法，如某一案卷的标题为“××公司关于××地区××问题的调查报告”，就是结合使用了作者、地区、问题、文种名称四种方法。这样有助于密切公文之间的联系，突出案卷特点，便于查找。

3. 西方国家企业中常见的其他一些档案分类方法

除了我国通行的六种组卷方法外，西方国家还采用其他一些方法来对文书、档案进行分类和排序，我国部分外资企业也采用这些方法。

(1)字母分类法

这是国外对文书普遍采用的一种分类方法，在这种分类方法中，文书是按英文字母表的顺序分类排放。如：

A

Archers

Atlas，B

Awdry，A

…

B

Bill,G

…

这种分类方法适用于前面提到的多种分类方法，如客户姓名、单位名称、主题、问题、地理区域等。

(2)按活动类型分类

即按单位的活动对文书进行分类，如产品更新、生产、销售、广告等，它十分类似我国的问题分类法。使用这种顺序需要先对本单位活动进行深入的分析，还要了解本单位的发展趋势。

(3)万用十进制分类法

所谓"万用"，是指这种体系可用于所有知识领域，"十进制"是指分类是按从 0～9 的十进制体系进行的，所有文书分成从 0～9 共十个基本组，基本组再可分为十个亚组，依旧标上从 0～9 的数字，而这些亚组还可以再往下分等。划分越细，数位越多，如：

0. 综合

1. 管理

2. 采购

3. 生产

4. 运输

5. 销售

5.1. 国内销售

5.1.1. 10 000 元以下订单

5.1.2. 10 000～100 000 元订单

5.1.3. 100 000 元以上订单

5.1.4. 销售代表

5.1.5. 广告活动

5.2. 出口

(4)数字分类法

即给每份文件一个号码，并按数字顺序分类。这种方法需要相应的索引系统。其中终端数字分类法是一种比较复杂的数字分类方法，其中的数字编码标明文档分类状态，给出了相应的信息，例如某份保险文档编号为 960608135：

96 为 1996 年取得的保险单；

06 为第六个月；

08 主题类别为 8，即主题分类所对应的类别；

135 文件位于该部分的第 135 号位置。

四、归档材料的保管期限

经过整理保存起来的档案并不都意味着要永远保存下去。事实上，不同的档案对于今后工作的查考利用有不同的价值，需要保存的时间也各不相同，真正需要永远保存的只是全部档案中的一小部分。因此在公文归档时，应就各种公文的保存期限做出规定，以便于档案部门对不同保管期限档案做出适当处理。

档案的保管期限通常有永久、长期、短期三个级别。

(1)需要永久保存的文件材料

凡是反映本单位主要职能活动、中心工作和基本历史面貌的，对本单位工作、国家建设和历史研究有长远利用价值的文件材料，以及在维护国家、集体和个人权益等方面具有永久性凭证价值和文化价值的各种文字、图表、声像等不同形式的文件材料，定为永久保管。

主要包括：本单位制定的属于法规政策性的文件；处理重要问题形成的文件材料；召开重要会议的主要文件材料；重要的请示、报告、总结、综合统计报表、机构演变、单位领导人任免等文件材料；直属上级单位发布的属于本单位业务范围并需要贯彻执行的重要文件材料；非直属上级单位针对本单位工作并要贯彻执行的重要文件材料；房屋买卖、征用土地、资产登记、重要合同协议等法律凭证性文件材料等。

(2)需要长期保存的文件材料

凡是反映本单位一般工作活动，但会在较长时期内对本单位工作有查考利用价值的，以及在较长时期内在维护国家、集体和个人权益等方面具有凭证价值的各种文字、图表、声像等不同形式的文件材料，定为长期保管。

主要包括：本单位处理一般工作问题的文件材料；一般会议的主要文件材料；人事管理工作形成的一般文件材料；本单位一般事务性的文件材料；直属上级单位颁发的属于本单位主管业务并要贯彻执行的一般性文件材料；非直属上级单位针对本单位主管业务并要贯彻执行的一般文件材料，上级单位和同级单位颁发的非本单位主管业务，但要贯彻执行的文件材料；下级机关报送的总结、报告和统计报表等文件材料。需要长期保管的档案的保管期限一般是在 15～50 年之间。

(3)需要短期保存的文件材料

凡是在较短时间内对本单位工作有参考利用价值的文件材料，以及在一定时期内在维护国家、集体和个人权益等方面具有凭证价值的各种文字、图表、声像等不同形式的文件材料，定为短期保管。

主要包括：本单位一般事务性的文件材料，上级单位发布的非本单位工作但要贯彻执行的文件材料，各部门的季度性总结、计划等。短期保存的期限一般是在5～15年之间。

第四节　文书工作管理

对文书工作进行管理的目的主要有两个方面，一是规范文书工作的各项活动，提高文书工作效率；二是为有保存价值的公文转化为档案奠定基础。其管理工作贯穿文书工作始终，其中以下几个方面是关键所在：

一、确定本单位的文书工作组织形式

文书工作的组织形式是一个单位在组织结构上对文书工作管理、分工诸方面做出的安排。在不同的单位，文书工作的组织形式也不相同，有的是由办公室文书部门全面负责本单位文书工作；有的则是由办公室文书部门统筹负责本单位文书工作，同时还在各个内部机构均设立文书工作岗位，在办公室文书部门指导管理下，开展本部门的文书工作。但无论做出怎样的组织形式安排，都应该考虑它是否最大限度地有利于文书工作管理、是否有利于提高本单位文书工作效率。文书工作的组织形式，是实施文书工作管理的基础。

就普遍情况来看，我国各机关、团体、企事业单位的文书工作组织形式主要有以下三种：

1. 集中式

指在单位内成立专门的文书工作机构，负责本单位的全部文书工作，其他内部职能部门只负责与其职能活动相关的文件撰拟与承办工作，不再设立文书工作的分支机构和专职的文书人员。一般这种全面负责的文书工作机构都设于办公厅（室）内，称为“文秘科”、“秘书科”等，它需要配备专职或兼职的文书人员，具体承担文书的缮印、收发、登记、立卷以及由单位办公厅（室）名义发布的文书的撰制和承办工作等。

这种形式，有利于单位内部文书工作的统一管理，有利于对文书处理程序的控制，但缺乏灵活性。一般适用于业务职能比较单一、内部机构简单、组织

机构层次少且办公地点集中、收发文数量较少的中、小型单位。

2. 分散式

指单位采取在办公厅(室)及各个职能部门中均设立文书工作机构和工作人员的形式,由其办公厅(室)与各职能部门及其专兼职文书人员共同承担起本单位的文书工作。这样,每个职能机构中的文书工作机构就是一个相对独立的文书工作实体。

这种组织形式灵活性强,有利于缩短文书处理周期,但缺乏集中控制力,容易造成各部门文书工作各行其是,工作方式不统一。所以,采取这种组织形式,必须要赋予办公室文书工作机构以中心控制的地位,由其负责制定统一的制度,加强对各职能部门文书工作的指导和监督工作。

分散式的组织方式一般适用于规模较大、内部机构较多、各职能部门办公地点分散,且收发文数量较多的单位。

3. 复合式

指一个单位同时采取集中式和分散式两种组织形式,主要有两种情况:一种是按照文书内容和涉及范围,区分中心机构和分支机构的文书工作职责,由中心机构(办公厅、室内设的文书处理机构)负责方针政策性的、全面性的、重大问题的及以本单位名义发出的各种文书的处理工作,分支机构(各职能部门中的文书工作机构)负责属于业务性文书的处理工作;另一种是按照文书处理程序,将一部分环节如收发、审核等全部放在中心机构办理,另一部分环节交由分支机构办理。

复合式兼具分散式和集中式之长,是很多大中型且办公地点分散的单位采取的文书工作组织方式。

总之,各单位要根据本单位的具体情况,合理进行文书工作的组织设计。特别是采取分散式和复合式组织方式的单位,还要注意文书工作中心机构和分支机构间的关系设计。因为文书工作的质量,不仅取决于文书工作机构本身,而且取决于这些机构之间的关系。

二、规范公文办理流程

公文办理中的收发文程序是根据各单位文书工作基本工作规律总结而成的,各有一系列环节安排,各环节彼此之间既有密切联系,又相互制约。不同单位对于其中某个环节的具体做法可以有所不同,但这种基本环节安排不可以随意删减或削弱,也不能违反规律颠倒安排。一旦打乱这种正常的秩序安排,不仅会因为行文路线不合理造成时间上的浪费和拖延,还可能会因为办文手续不齐全、不合理而降低公文质量。

但同时也必须承认，文书工作是为其所存在的具体环境服务的，各单位的文书工作由于具体环境差异而显现出不同。例如，在规模较大的单位往往设专人负责公文的核稿工作，而在小规模单位则可能将发文的拟稿和核稿工作统由一人负责；而不同文种、不同内容的公文办理要求也不会完全相同，例如来文中有一部分属于阅知性的公文，只需传阅，而不必有拟办、批办等办理环节。因此，在公文办理中应该注意避免两种偏差：既不能不考虑本单位具体情况，一概按照书本理论设置办理环节和岗位，制造无谓而繁琐的手续，也不能完全忽视公文办理的基本规律，随意删减必要的办理环节，导致大量低质公文的出现。

因此，参照有关部门制定的公文处理办法，结合本单位具体文书工作特点，设计出具体公文办理流程以指导本单位文书办理工作就显得十分必要了。

公文办理流程是各种来文和发文依照规定的环节，在单位内顺序流转的过程，它是办公室及其他有关部门具体从事公文办理活动的依据和准则。

公文办理流程要清晰地体现公文流转所必须经过的步骤和手续，便于有关人员理解和掌握，很多单位是采取画制流程图的做法，通过图示形象、直观地体现公文流转的过程和环节。例如，下面的流程图是某企业根据组织机构设置情况及领导分工而设计出的公文印发流程：

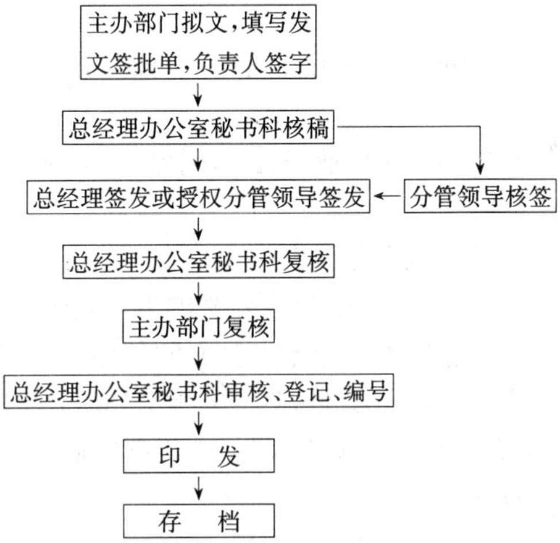

另外，规范公文办理流程不仅仅意味着工作流程的设计工作，还要配合采取有效的办法对整个流程进行控制监督，以确保收、发文得到及时有效的办理。例如，明确每个环节的责任及责任人；制定各环节工作标准；对公文在每个环节停留的最长时间做出规定；设专人负责文书流转过程的监控等。

三、控制发文数量

一个单位发文数量太多或是发文不足，都是文书工作管理不到位的表现，发文数量不足不能有效地传达组织所需要的正式信息，发文数量过多又会造成工作效率的浪费。所以控制发文，是对文书工作进行管理的又一个重要方面。加强公文的审核工作，是控制发文数量的关键环节，另外，还可以从以下几个方面进行控制：

1. 确有必要时再发文

组织发布信息的方式有很多，可以通过公文，也可以通过会议、电话等方式，只有在确定了必须用公文形式发送信息才是最优选择时才发文。很多单位均采取了一些措施，如做出“六不发”、“八不发”、“十不发”等规定。

另外公文抄送的范围也应加以控制，不要滥抄滥送，可送可不送的则不要送。

2. 明确规定发文权限，分道行文

除了单位本身以外，单位下属的业务部门也有一定的职权范围，能够独立行使职权，所以也可以对外发文。“分道行文”就是指为确保组织系统中领导机关与所属部门各司其职，责权相符，在行文时应明确各自的发文权限。例如：

属于全面性的、重要的方针政策性问题，应该加强集中领导，以单位的名义行文。

属于主管职权范围内的日常业务工作问题，可用业务部门的名义直接行文。

属于具体行政事务问题，由办公室行文。

分道行文的实质是尽量减少以单位名义的发文，因为不同内容的公文一律以单位的名义行文，一会加重领导签发公文的负担，二会延长公文的传递办理过程，三会降低单位发文的权威性，四还会影响部门的工作积极性与主动性。所以单位内部应当明确规定发文权限，属于部门职权范围内的事务，应当由部门自行行文或联合行文。

四、控制发文质量

1. 提高公文写作质量

公文的写作质量直接影响发文质量，公文撰拟人员必须要具备相应的文书写作知识，这样才能保证公文达到文种选择恰当、内容准确无误、表述方式简练庄重、文书体式符合规范等方面的基本要求。所以要在平时做好公文撰拟人员的选拔和培训工作。

2. 规定本单位公文文种、格式及使用方法

不同于国家机关，各企业使用的公文文种不尽相同，各类公文也大多没有国家官方规定必须遵守的体式，因而相对有较大的随意性。但是企业发文一样也是代表了企业的意志，反映企业的形象，因此对发文的体式也应该做出整齐划一的规定。

为了使企业制作的各种文书能够统一风格，有持续的稳定性，国内外很多企业都对本企业常用文种名称及使用方法、范围等做出了明确规定，并精心设计出各种公文的格式，列入企业办公手册，在企业各部门统一使用。不少企业还将之固定化在计算机中形成模板，拟写时随时可以调用，这样就可以保证企业发出的公文规范统一，使受文者从中感受到企业的有序和稳定。

3. 改革公文撰写方式

公文写作技能要通过专门学习和长时间的工作经验积累才能掌握，而且在企业中，不同办文人员的文字修养、表达能力、公文写作能力因人而异，甚至可能会有很明显的高下之分。因此，即便是同一个单位的同一种文书，由于拟写人员不同，公文的风格和质量也会有很大的不同。

改变这种情况的一个重要途径是提高写作能力，但它要求对相关人员进行培训，或在招聘时认真考察写作能力。在一些外资企业中还采取了其他做法，如改变公文的撰写和表达方式，事先将公文设计成表格或填空式。拟写公文时，只需像填空一样顺序按项填写。这样的公文不仅看起来一目了然，而且其内容往往不必长篇大论，因而它对拟写人员的文字组织能力要求大大降低；另外，由于表格是事先经过精心设计的，可以帮助拟写人员按项逐步完成，避免缺项或漏项，因此很值得借鉴。

ABC CORPORATION

Report of Board Meeting：__________ Date：________ Time：________

Purpose of Meeting：____________________

In Attendance：____________________

Absent：____________________

Minutes Approval：____________________

续表

Subjects Presented: ____________
Discussion: ____________
Conclusions & Recommendations: ____________
Action Required: ____________
Other Remarks: ____________

4. 按照行文规则的规定行文

行文规则是由有关领导单位或部门制定的，要求发文单位制发公文时必须遵守的一些规则，目的是切实保证发文质量，进而提高收文单位的办文质量和效率。

(1)根据单位之间的工作关系确立行文方向

单位之间的工作关系是决定行文方向的基本要素，它取决于机关各自的组织系统归属和职权范围。各单位可以依据日常工作情况，明确划分出本单位上行、下行、平行三个行文方向的关系单位的主要范围。

(2)除非确有必要，一般不可越级行文

我国大部分机关、企业在管理体制上都是实行集中统一、分级管理的形式，上下级之间是从属的管辖关系。上对下逐层管理指挥，下对上逐级负责。这样，便于政令与指挥的统一，防止政出多门，避免多头领导与多头指挥。

与之相应，单位之间的公文往来，一般应采取逐级行文的方式，以免打乱正常的领导关系。有些单位和人员认为只有把问题越级上报才能引起重视，更快地解决问题。但这样做的结果，却反而会使问题变得更加复杂化：上级单位在收文后，没有看到被越级单位的意见而不能及时研究，往往还会延误问题的解决；被越级单位因为不了解情况，工作会陷入被动；公文的往返传递过程无谓增加，还会拖延时间。所以下级单位一般不应抛开直接上级单位而向上越级行文。

如果必须越级请示时，也可以酌情同时抄送直接上级单位，以免工作脱节。

(3)坚持党政公文分开的原则

党政机关应在各自系统内制发公文,行政单位和部门不得直接向党的组织制发领导性、指导性和报请类公文;党的组织也不应向行政单位和部门请示、报告工作或直接下达命令、指示。

(4)"请示"应当一文一事,一般只写一个主送单位

请示是下级单位请求上级领导单位或业务指导单位批准事项、就工作中出现的问题给出指示意见时使用的文种。目的是要求上级领导和业务指导单位及时给予答复,以便于处理工作问题。因此,请示的撰写要求一文一事,这样有利于收文机关落实承办部门,明确办理责任。而一文数事的请示,一方面须经批办,才能确定承办部门;另一方面,在公文承办时必然会涉及多个职能部门,需要会商合办,使公文辗转传递,拖延处理时间;同时,一文数事也不利于公文标题的撰写以及后期的文书分类、立卷、归档和查阅利用。

另外,请示应主送一个领导单位,不要多头主送,否则会造成几个收文单位责任不明,互相等待、推诿或批示的意见不一致。受双重领导的机关,可视公文内容确定一个主送单位,同时抄送另一个领导单位,需要同时送其他单位的,应当用抄送形式,但不得抄送其下级单位。

(5)除上级单位负责人直接交办的事项外,不得以单位名义向上级单位负责人报送"请示"、"意见"和"报告"

首先,按照正常的收文办理程序,收文要经过收文办理部门的一系列环节处理,所以,直接将公文报送给上级单位负责人不符合正规的办文程序;其次,不经过收文办理环节,径由领导者个人做出的批示,不符合集体领导的原则,不能作为处理重大问题的依据。

(6)部门内设机构除办公厅(室)外不得对外正式行文

在一些规模较大的单位,组织结构层次较多,在这样的单位中,除设置各职能部门外,有些任务繁重的职能部门还会依工作需要在内部设置有关工作机构,分别承担一部分专门工作。但是一段时期以来,在国家机关中,部门内设机构越权行文现象较为普遍,2000 年 10 月 8 日《国务院关于进一步精简会议和文件的通知》中指出,"部门内设机构越权发文现象十分突出,成为文件过多的主要原因。"所以在国家机关行文规则中,对此作了明确规定。这里有两层含义:

第一,部门内设机构不得对其他机关(包括本系统机关)制发政策性和规范性文件;

第二,不得代替部门审批下达应当由部门审批下达的事项。

在实际工作中，部门内设机构即使因其职能活动而需要对外行文，也只能向部门领导反映情况，或请示部门领导指定该内设机构承办拟稿工作而以部门名义制文外发。

五、控制公文流转过程

在完成了前面一系列工作设计和安排后，还要采取其他措施对文书工作实际运行情况进行控制、监督检查有关部门和人员的实际执行情况，以期真正达到管理目标。

1. 通过登记工作对公文流转进行控制

公文在各个环节的流转应该在严密的控制之下，不能放任其由各环节经办人员依次下传，这样会造成公文的丢失、积压和办理失控。这时，应该充分发挥文书登记工作的作用。

在一些单位，特别是某些文书工作不规范的中小企业，只对收到或发出的公文进行登记，甚至于连这些登记也不健全。但事实上，要真正达到对公文的流转全程进行控制，办理文书经过的每个环节、每个部门、每个承办人，就几乎都不能离开登记与签收手续。以来文办理工作为例，要有内外收文登记、分发登记、传阅登记、承办登记、催办登记等。

为此某企业规定，办公室来文办理工作中，要设专门的登记人员，来文经登记人员登记后发出，以后每个环节办理完毕都要返回给登记人，登记人员登记后再发给下一个环节的办理人，从而使办文全过程处于很好的控制之中。其具体流程为：

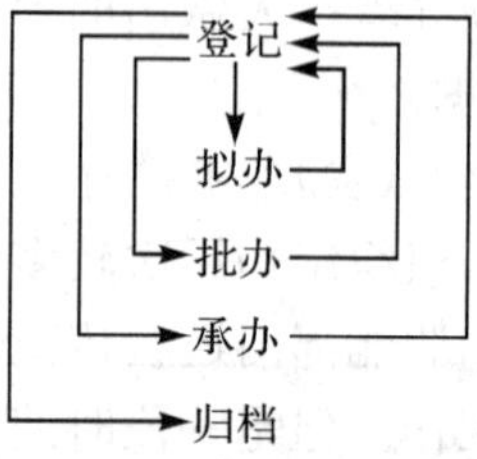

这种流转过程看似繁琐，但对整个过程的控制却是十分有效的。

2. 配合收、发文流转程序，设计各种随文表单

为了便于记录公文办理情况，规范公文办理手续，可以配合收发文流转程序，设计出各种随文表单，如发文单、批办单、传阅单等，这些表单随公文一起在各环节流转，使公文运转程序变得非常直观，并有助于公文依序流转，有很强的动态控制作用。如：

××股份有限公司处室呈报件

部　　号　　　年　月　日

处室呈报意见：	领导批示：
	会签：
部门领导意见：	

××公司公文批办单

标　题							
来文单位		来文日期		来文号		页数	
领导批示							
部门会签意见							
拟办意见							
办理情况							

××公司文件签发单

文号：　　缓急：　　密级：

签发：	会签：
标题：	主办单位： 拟稿：　核稿：
	办公室核稿：
附件：	
主送：	
抄报(报送、抄发)：	
主题词：	
打印：　核对：　共印：　份	
发文号：　第　号　年　月　日封发	

3. 建立公文催办制度

催办是文书流转过程中具有监督、反馈功能的环节，各单位都应该建立和坚持行之有效的催办制度。除少数一般性文书之外，大多数公文都有不同的承办时限的规定，具体运行情况应在文书部门的掌握之中。负责催办的人员要对需要催办的公文逐件登记，根据承办时限和内容要求对重要公文的承办情况进行督促检查，防止出现积压不办或办而无果的情况。同时还要定期进行文书办理情况的统计分析，及时向领导反馈催办结果，将催办情况上报有关领导。

六、建立和健全本单位的文书工作制度

对文书工作的管理必须依章而行，建立和健全本单位文书工作的规章制度，是实施文书工作科学化管理的基础。在完成了前面文书工作管理各项设计后，还有必要将这些管理思想和设计形成制度固定下来，要求有关部门和人员必须遵照执行。同时，在文书工作量比较大的机关和企业，文书工作制度应该是由若干细则、规定、办法等构建起来的一个覆盖整个文书工作的制度体系。

1. 总纲性的规定

首先要对本单位的文书工作做出总体性的规定，包括本单位使用的公文种类、公文格式、行文规则、收文和发文办理程序、公文归档要求等。这种制度应该符合国家有关规定，参照有关标准或规定进行编制。

例如，国务院发布的《国家行政机关公文处理办法》从宏观上对国家机关文书工作管理做出了纲领性的规定，以此为依据，各地区、各系统制定适合本地区、本系统文书工作情况的公文处理实施办法，如《水利部公文处理实施办法》、《湖南省行政机关公文处理办法》、《北京市实施〈国家行政机关公文处理办法〉细则》等。各所属单位又以此为依据，制定出本单位适用的公文处理办法或规定。

企业的公文管理也可以部分参照国家机关公文处理办法，从组织形式、公文种类、公文格式、收发文办理程序、公文管理、公文归档整理等几个方面制定符合本企业需要的公文管理制度。

2. 各项具体工作的办法、规定、细则

文书工作中各项活动的开展还将涉及很多具体工作，需要进一步制定相应的制度对工作方法、工作标准等加以规范。例如，可以参照国家档案局印发的《归档文件整理规则》、《文书档案保管期限表》、《机关文件材料归档和不归档的范围》及其他有关规定等对归档工作质量及操作方法做出明确的要求，也可以具体制定出本单位的《重要公文保管处理规定》、《公文收发作业规范》、

《收文管理制度》、《发文管理制度》、《文件借阅和清退规定》、《公文分类标准》、《关系企业来往文书处理程式》、《公文格式规定》、《公文催办工作规定》、《文件材料归档范围和档案保管期限表》等。

另外，国家工商行政管理局及其他有关管理部门发布的《个体工商户档案管理暂行办法》、《国有企业档案管理暂行规定》、《外商投资企业档案管理暂行规定》等也可以作为各类企业制定本单位文书工作制度的依据。

3. 各文书工作岗位工作职责规定

这方面的规定是对文书工作机构及人员实施管理的依据。要根据本单位具体工作情况合理设置文书工作机构，做出人员、岗位安排，并以书面的形式对文书工作机构及每个岗位的工作做出说明（工作说明书或岗位描述），明确工作人员的工作职责及工作标准。它既是工作人员履行工作职责的依据，也是管理部门对工作人员工作情况进行考核的重要依据。

案例分析

为适应业务迅速发展需要，实现公文处理工作制度化、规范化，某股份有限公司北京分公司结合总公司颁布的《公文流转管理实施办法》制定了《北京分公司公文流转实施细则》，请你仔细阅读下面的《公文流转实施细则》，并回答下列问题：

1. 该股份公司北京分公司采取的是什么样的文书工作组织形式？让你做出相应判断的依据有哪些？

2. 该细则第十二条规定，为尽量避免正式行文，对确需发文的事由应与办公室沟通确认后，起草行文；第十四条强调，办公室是北京分公司外部公文收发的惟一接口。这些体现了什么样的管理思想？

3. 在这份细则中，有少数条款制定在表述及专业性等方面存在一些问题，请你试着找出最少两处，并加以修正。

4. 这份细则重点体现了哪些行文规则？

5. 请你对这份《公文流转实施细则》做出一个整体性评价。

××股份有限公司北京分公司公文流转实施细则

第一章　总则

第一条　为使现行公文流转更加规范化，使之进一步完善，根据总公司的《公文流转管理实施办法》，特制定本办法。

第二条　本办法中的公文包括请示、报告、批复、通知、函、决议、决定、信息简报、情况反映、工作通报、会议纪要、通告等。

第二章 基本原则

第三条 公文流转坚持职责分明、层层负责、逐级上报、一事一报的原则，实行主送制、请示与报告分开办理、及时回复、重点跟踪、特事特办、加强监督。

第四条 职责分明

公文流转管理部门（人员）应明确职责；

总经理室公文流转由文秘科总经理室秘书负责；与总公司间、外单位（含同业、上级单位）间的公文往来由文秘科负责；部门间的公文流转由各部室文秘人员负责。

第五条 主送制

主要是公文报送的领导或单位（抬头）。根据层层负责制原则，各呈报单位报送的公文，一定要报送本单位的直接主管领导或上一级单位。如果所报内容需要其他部门或其他领导会签，可由其主管领导提出。

第六条 请示与报告分开办理

各部室在呈报的公文中要严格区分请示和报告，采用不同的文体和文件处理单（附后）。请示采用签报件的形式，签报件是指公司各部室、分支机构需要向上一级领导请示工作，包括业务和工作中需要指示决定的事项，请示的实效性很强；报告（包括各类工作执行情况的汇报等形式）是指需要向上一级领导报告、汇报，只需要领导阅知了解，一般不需要领导决定的文件，包括各部室执行和完成各类工作的汇报，以及上级单位印发的部分文件。

第七条 及时回复

各部门所报的公文，一般签报件，原则上要在一周之内回复。对于正在进行而不能在一周内回复的签报件，办公室要给呈报部门一个明确的回复，说明签报件办理的具体进展情况。

第八条 重点跟踪

对于重要的呈报件和领导批复的重要文件的执行，要重点跟踪，及时反馈，在适当的时候，总经理室秘书和文秘科可以进行必要的提醒、督促、催办。各呈报部门要积极配合。

第九条 特事特办

对于紧急或重大事件，可以打破常规，采取最有效的办法，尽快处理。对于特急件，总经理室秘书或公文处理人员要在24小时内，设法与主管总经理或其授权人取得联系，对需要批阅的文件做出决定，并尽快反馈给呈报部门。

第十条 加强监督

各呈报单位在报送公文之后，对于在正常时间内没有答复的公文，有权对公文审阅的进展情况向承办单位或人员催促，也可以向办公室文秘科或办公室负责人反映，办公室将与承办单位或人员进行协调、督促，在必要的情况下可以向其上级主管领导反映，得到领导的支持。对于拖延公文而又没有正当理由予以说明的事件，要视具体情况给予批评或其他处理。

第三章　公文流转

第十一条　办公室文秘科是公文流转管理的责任单位，文秘科负责人为第一责任人，负责接收、呈送、退还、跟踪、催办等公文管理。

第十二条　公文流转环节

(1)事由

为减少公文数量，提高工作效率，应尽量避免正式行文，对确需发文的事由应与办公室沟通确认后，起草行文。

(2)公文制作

严格按本公司《公文处理实施细则》执行。

(3)会签

各部室呈报事情需要其他几个部门会签的公文，应在正式报送前，由呈报部门与相关单位会签后，再报送总经理室。

(4)批复

对于请示类公文，应及时给予批复意见和处理办法(参见第七条)。

(5)执行、跟踪、催办、反馈

签批好的一般性文件，由办公室文秘科通知呈报部门取回，具体执行。领导明确批示或重要的签报件，要单独处理，进行重点跟踪与反馈(参见第八条)。办公室负责人、文秘科负责人是公文跟踪、催办、反馈的责任人。责任人要及时督促执行部门认真贯彻执行批示内容，并及时把进展情况和遇到的问题，报告总经理室主管领导。

(6)归档备案

各部室负责文件管理的人员要保存好签批过的原件。同时，办公室复印一份存档便于备查及跟踪催办。

第十三条　内部公文流转

内部公文是指本分公司范围内使用的各种类型公文。

(1)内部公文流转简示

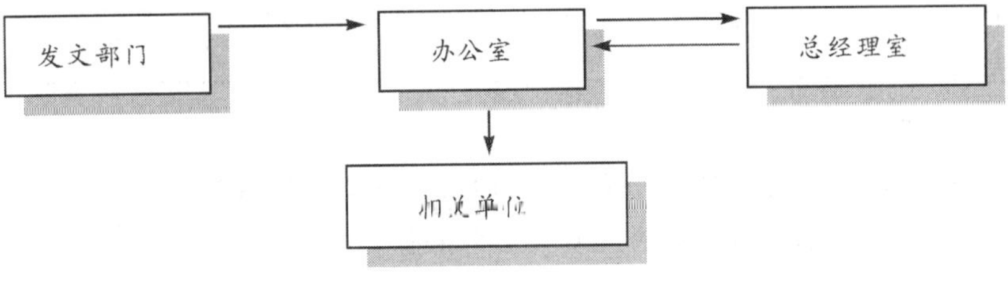

(2)内部公文流转控制表

公文种类	是否使用标准格式	发文单位	是否需办公室中转	收文单位	是否签收	是否回复	是否归档
请示	是	本部室	是	相关部室	是	是	是
报告	是	本部室	是	相关部室	是	否	是
批复	是	本部室	是	下级单位	是	否	是
通知	是	本部室	注一	相关部室	是	否	注二
函	否	—	—	—	—	—	—
决议	是	办公室	是	相关部室	是	否	是
决定	是	办公室	是	相关部室	是	否	是
情况反映	是	办公室	是	上级单位	是	是	是
工作通报	是	办公室	是	相关部室	是	否	是
会议纪要	是	主办单位	是	相关部室	是	否	是
通告	是	办公室	是	相关部室	是	否	是

注一：涉及两个以上部门的通知由办公室发文，两个部门间一般性的通知由发文部门自行发布，同时报办公室备案。

注二：办公室发布的通知由办公室统一存档，部门发布的通知自行保管。

第十四条　外部公文流转

外部公文是指北京分公司与总公司、其他机构和单位之间所使用的各种类型的公文。办公室是外部公文收发的惟一接口。

(1)办公室接收外部公文流程简示

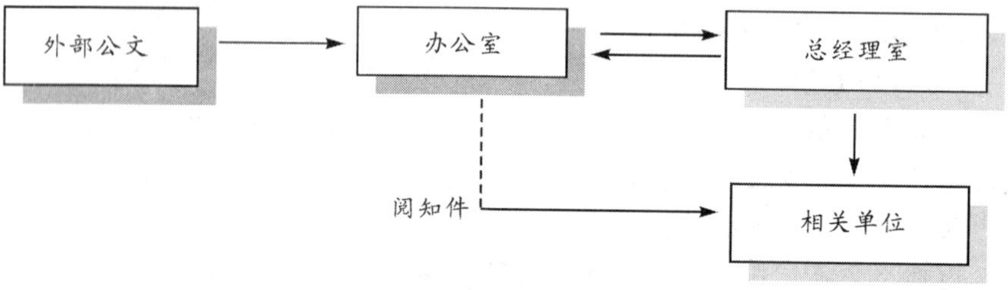

(2)办公室对外行文流程简示

第四章　附则

第十五条　本办法适用于本分公司对内、对外使用的各类公文。

第十六条　本办法由办公室负责解释和修订。

第十七条　本办法自九月一日起实施。

附件一：《签报件》(略)
附件二：《文件处理单》(略)
附件三：《发文单》(略)

思考题

1. 请对文件、文书和公文三个概念做出解释。
2. 公文有哪些特点？
3. 文书工作主要包括哪些内容？
4. 什么是公文的催办工作，它有什么作用？
5. 请说明公文的收、发文处理程序。
6. 什么是公文的立卷、归档工作？
7. 通常文书分类采取哪些方法？
8. 在企业活动中，哪些公文在办理完毕后需要作为档案保存起来？
9. 文书工作主要有哪几种组织形式？
10. 你认为主要应该从哪几方面做好文书管理工作？
11. 如何控制发文质量？

第五章　办公室会务工作

通过会议获取和发布信息、研究和解决问题、讨论并做出决策是领导开展工作的一个重要手段，办公室往往要协助领导对本单位全局性的和重要的会议进行组织安排，并为会议提供相应的服务工作。

第一节　会 议 综 述

会议是一种群体沟通方式。通常是指3个或3个以上的人为了解决特定问题而举行的方式各异、时间长短不一的聚会。

通过会议解决问题通常被看作是一项比较复杂的工作，无论是在会议召开前、进行中，还是在结束后，都需要进行大量的工作，其中不少是事务性的，需要办公室部门提供相应的行政支持。

一、会议的作用

会议的历史源远流长。自从人类进入氏族社会以后，即以会议为解决重大事务的一种方式，在现代社会，尽管现代科学技术的发展使得人们有更多更有效的沟通和交流方式，但传统的会议形式依然是各类现代组织最常用的一种工作方法，在组织活动中发挥着重要作用。

1. 会议是显示某种组织存在的一种有效方式

任何一种会议都是在一定范围内，由一些有特定关联的人组成召开的，因此，会议可以使人们清晰地界定一个组织、团队或群体，并加强其成员的归属感。

2. 会议可以使成员有机会进行必要的情感交流

在科学技术高度发达的现代社会，各种先进的通信电子设备完全可以使人们达到足不出户就能实现沟通和联络的目的，但是每天的会议并没有因此而有明显的减少，重要原因之一是因为人是一种社会动物，人与人的情感交流是人类群居本性的需要。人们面对面的会议既是信息的沟通，也是在团体内进行情感交流的一种最简单的方式。所以有人说，有了远程通讯设备，就可以完全取代人们围坐在一起开会的情况，这种想法只不过是一种幻想。

3. 会议是一种有效的群体沟通方式

从沟通的角度来看，会议是一种群体沟通方式，在这种沟通过程中，人们从事的是一种在同一时间内多个主体交叉进行的、面对面的交流，它不仅能够及时获得每一个体的反馈，而且还能取得良好的互动效果，从而比个体沟通有更高的效率。

4. 会议能够使人们得到有关问题的全面信息

任何会议的组织工作都是围绕着会议目标进行的，信息型的会议通过细致考虑会议内容和一系列的具体安排，力求发布最全面的信息；决策型的会议则通过精心挑选参会人员得到各方面的必要信息。这些信息有助于正确决策，也有助于团体内的人理解目标，相互配合，协调自己和其他同事及其他部门的工作。

5. 会议是一个集思广益的渠道

特别是在决策型会议中，与会者来自不同部门、有不同的专业背景、不同的思考问题的方式，他们能从各自立场和专业角度出发，针对特定问题提出观点。这些对会议最终得出更加合理的结论是非常必要的。

二、会议的类型

现实生活中，每天都要有很多会议召开，会议名称繁杂多样，不仅有传统的研讨会、座谈会、办公会、业务洽谈会、(产品)新闻发布会等，而且还不断有新的会议形式和名称出现，如峰会、晨会、吹风会等，很难一一列数穷尽。各单位实际运用中，相同名称的会议还可以有不同的会议形式和方法，因此容易混淆人们的认识。

从会议管理角度来看，会议的名称属于操作层面，因此可以有多种变化，难于把握。但是会议名称与会议类型有直接的关系，我们可以通过对会议的类型了解，去把握不同会议的作用、特点和组织方式，方便会议管理。下面是几种比较常用的分类方法：

1. 按照参加会议的人数分类

按照参加会议的人数规模分类，会议可以分为大型会议、中型会议和小型会议。

在企业中，通常大型会议是指在100人以上的集会；中型会议是指人数在几十人左右的会议；小型会议则是指人数在3～12人之间的会议。但是，会议的规模与会议的重要程度并没有直接关系，只不过规模越大，会议的筹办和服务工作内容往往就会越多，需要更多的人力和物力，必须及早做好准备。

2. 按照会议举行的频率分类，会议可以分为定期会议和不定期会议

(1)定期会议

顾名思义，定期会议是指定期召开的会议，通常又称为例会，交流信息、激励士气、明确行动目标往往是其重要目的。在企业中，高层管理人员往往每周一次或每月一次定期召开“经理办公会”等类似会议，共同商讨下一阶段的工作；企业中的其他团队、部门、小组等也可以召开这样的定期会议。定期会议可以是每天举行的会议，也可以是每周、每月、每季、每年举行的会议。但不管怎样，这类会议的时间、地点和参加人员基本是固定的，有变化的往往只是会议的议程和议题，因此对这类会议的管理有规律可循，并可以提前做好准备。

一般来说，不同会议频率的例会往往能反映会议成员之间工作关系的紧密程度，其关系程度随会议周期的加长而减弱。例如企业中每天一次的晨会的会议成员一般都是同属于某一部门或小组，其工作关系非常紧密；而一年一度的企业年会的会议成员往往来自于企业各个部门，相互之间没有紧密的工作关系，并且有级别限制，只是因为会议的主题而集中在一起。

(2)不定期会议

不定期会议往往是企业在日常管理工作中，根据中心工作需要及出现的特殊情况临时决定召开的会议。这类会议的各项环节如会议目标、会议议程、开会时间、人员、人数、地点、设施等等往往会有很大的差异，都需要事先确定。因此格外需要会议组织和管理人员进行认真准备，从而避免因事先准备不足导致会议的低效或失败。

3. 按照会议的目的分类，会议可以分为信息型会议、决策型会议以及特殊聚会或活动

(1)信息型会议

企业中信息型会议一般都是为了信息沟通而举行的，其具体目的可以是发布交流信息、明确领导意图、激励士气，也可以是推广经验或产品、提出建议等。因此参加会议的人员往往比较多。

(2)决策型会议

决策型会议往往是企业针对经营活动中出现的具体情况召开的会议，目的是制定方案、拿出解决问题的办法。因此参加会议的人往往是小范围的、与问题有关的核心成员。

两种类型会议之间的主要区别可以通过下图来表示：

信息型会议与决策型会议的区别

要素	信息型会议	决策型会议
与会者人数	任何数目	小规模，最好 12 人以下
与会人员	需要了解信息的人	有这个责任或可对会议做出贡献的人
沟通过程	由主持者到与会者的单向交流，有提问的机会	所有与会者之间的相互讨论
会议室的安排	与会者面向房间的前方——教室形式	与会者面向彼此——会议形式
主持的最佳风格	权威式	参与式
强调的重点	内容	相互作用和问题的解决
成功的关键	计划并准备即将发布的消息	支持开放，自由表达的会议氛围

(3)特殊聚会或活动

在企业中，还会有一些特殊的聚会或活动，比较常见的主要有年会、节假日聚会以及特别活动。

所谓年会，是在一定范围内组织的，为一特定目的组织的大规模聚会，可以是公司股东大会、企业年会、首脑高峰会议，也可以是行业协会每年一次的会员大会等。

节假日聚会一般是由公司的决策层和公司大的客户以及为公司提供服务的其他公司参加的聚会，目的是增进相互之间的合作。

企业在某些情况下还会组织一些特别活动，如纪念性会议、团拜会、联谊会、联欢会、比赛竞技会、茶话会等，为了达到既定的目的和效果，这类活动往往需要精心设计会议形式和内容，会议举办方式生动多样。

三、会议成本

近几十年来，世界上很多企业都致力于研究如何压缩运营成本，消减预算、减少不必要的开支，其中减少会议开支是一项重要内容。会议成本研究向人们提示，会议也是有成本的，主要包括三个部分：

1. 时间成本

开会是要用去一定时间的，这些时间不仅仅是会议所持续的时间，实际上还包括为这次会议所花费的其他时间，如准备的时间、交通的时间等。而且这些时间要计入企业成本。如果用公式表示，会议的时间成本应做下列计算：

开会的时间成本＝参加会议的人数×（与会者的准备时间＋与会者的旅行时间＋会议时间＋会议秘书工作时间＋会议服务人员工作时间）

如果时间成本不太直观的话，可以将它转换成金钱成本来看。

2. 金钱成本

金钱成本可以看作是会议成本中最直观的反映形式，它帮助人们清晰地衡量这次会议所花费的成本与所得到的结果之间的关系。会议的金钱成本主要由两部分组成：有关人员的工资成本和直接的会议费用。

工资成本＝开会的时间×与会人员平均每小时的工资。

直接的会议费用＝会议设施租用费＋会议场地费＋会议联络费＋交通旅行费＋食宿费＋文件准备费＋宣传费等。

3. 机会成本

在企业活动中人们对物资、资金、劳务或生产能力的利用有多种选择方案，选择一种方案意味着要放弃另一种可行方案，机会成本即放弃另一种选择方案的代价。会议要用去人们的一部分工作时间，参加会议的人员必须要因此中断自己的日常工作，从而引发了人们从事其他日常工作与参加会议的机会成本比较。如主管可能因为出席会议不能及时解决自己管辖范围内的突发事件，从而造成停产停工；客户经理有可能因为没有能及时处理顾客的投诉而惹怒用户；而经理有可能因不能及时接听重要电话而损失一大笔生意。

四、影响会议效率的要素

会议的效率直接取决于会议管理水平，因此它既是会议召集人的责任所在，也是办公室管理工作的一个重要研究内容。

1. 构成有效会议的要素

通过大量实际案例研究，人们总结出来一个有效会议应该具备的若干要素，其中主要包括：

- 清晰的目标；
- 适当的时间；
- 合适的地点；
- 恰当的形式；
- 精心挑选的参会人员；
- 合理的内容安排；
- 顺畅紧凑的议程；
- 准确的信息传递；
- 周密的前期准备；
- 参加人员得当的表现；
- 领导人员良好的控制能力。

2. 影响会议效率的主要因素

影响会议效率的因素很多，主要可以归结为四个方面：

(1)会议的必要性

完全可以不召开的会议是最大的效率浪费。控制会议成本的直接做法是减少会议数量,缩短会议时间。

(2)会议前期准备工作质量

会议的最终成功,在很大程度上取决于会前的周密准备。任何一个环节的疏漏,都会对会议效率产生极大的影响。

(3)会议责任分工

一个有效的会议必然是一个有明确责任分工的会议,会议主持人和参加人都对会议成功负有责任,他们要充分发挥出自己的作用,扮演好自己的角色,并且相互配合,会议才可能圆满成功。所以办公室部门不仅要协助会议召集人做出各项会议安排,还要采取一系列行动,确保其他参会人员有效参会。任何一次会议,会议的召集方和会议出席方都应有下列责任分工:

会议召集方与会议出席方的责任分工

	会议召集方	会议出席方
会前	明确会议目标、制定会议计划、进行各项会议准备。 如安排会议内容、选择会议时间和场所、挑选会议人选、与有关人员进行联络、准备会议文件、发出会议通知、准备会场等。	掌握相关信息,做出必要的会议准备。 如将会议时间列入自己的日程安排,确保出席会议、清楚地了解会议的目标及会议安排、知道自己在会议中应该发挥的作用并做出充分准备等。
会中	按时开会、保证会议取得预期结果。 具体包括对会议进程及气氛进行控制引导、提供必要的设备和信息、提供会议服务、对每一阶段的讨论进行总结,做会议记录,保证每个出席人清楚地知道讨论结果等。	按时出席,积极参与,遵守会议纪律。 具体包括按时出席会议、不开小会、不跑题、遵守会议纪律、认真倾听并对有关内容进行记录、积极参与、适时提出自己的意见或问题等。
会后	完成会议善后工作,对会议所达成的决议或布置的工作进行落实追踪。 如清理会场、整理会议文件、编写会议纪要、对会议进行总结等,另外还要按照会议讨论并决定的事项开展工作等。	按照会议决议及分配的任务开展工作。 如向有关人员转达本次会议信息,分配布置工作,按照会议讨论并决定的事项开展工作等。

(4)会议过程的控制艺术

会议讨论偏离既定主题、与会者缺乏参与热情、没有确切结果的会议、节奏拖沓不能如期结束会议等低效情况往往都与会议主持者不能很好地控制会议有直接关系。

第二节　会前准备工作

国外一些调查显示，会议的成功与否，75%取决于会议前的准备工作，很多低效率会议都是因为缺乏周到的会前准备。会议准备工作必须要做到周密、完备，考虑到每一个细节，因此是一种专业性较强的工作，需要相当的经验和能力，不少企业为了获得最佳会议效果，甚至开始将一些规模大、具有较重要意义的会议准备工作委托给旅行社或专门的会议服务公司。但那些日常工作会议还是由办公室协助领导来筹备的。

通常会前准备的做法是制定会议计划，列写任务清单并逐项落实。在制定会议计划时，首先应该考虑下列问题：

- why　为什么要开会？
- what　会议要解决什么问题，有哪些内容？
- when　什么时候开会？
- where　在哪儿开会？
- who　哪些人要出席会议？谁主持会议？哪些人参加会议准备工作？
- how　怎样开会？选择什么样的会议形式？
- how much　这次会议要花多少钱、多少时间？

然后根据上述考虑进行下列具体准备工作：

一、安排会议议题和议程

1. 确定开会的必要性

开会是解决问题的一种重要方式，企业管理中的很多问题都需要在会议中解决，但我们也必须知道，并不是所有的问题都需要开会解决。考虑到开会的成本，开会必须有充足的理由。做会议议题准备时，要认真审视有关议题是否是必须通过开会才能解决，一般在下列情况下才需要开会：

(1)需要由多个部门、多个人员的参与制定决策

- 为了得出正确的结论，需要让大家一起交换信息；
- 需要就某个问题向与会者收集信息，或向与会者提供某些信息；
- 需要激发有创造性或批评性的意见，从而寻找、分析解决问题的途径或做出决策，很多高水准的创意就是在开会期间与会者观念相互碰撞的产物；

(2)需要整合各种不同意见

·需要让大家接受一个决定、计划或构想时；

·为了重新整合混乱的观念，确保所有有关的人都有同样的、一致的理解；

·需要使某个问题尽快获得各方反应；

·需要全面推动、加快已被延迟了的工作。

(3)涉及多个部门、多个人员的工作安排

·为了让大家明确目前所面临的问题；

·处理涉及到不同组织的人事问题；

·处理无人知道它是什么，或不知道什么人对此应负责的问题；

·安排涉及多个部门或多个人的工作；

·为了使下属给予反馈，刺激双向沟通，建立良好的工作团队。

而在下面所列写出来的则是一些可以不召开会议的情形：

(1)未充分准备好的会议

(2)事先预计可能不会有结果的会议

·主要的会议人员不能到会；

·缺乏相关的主题材料；

·在讨论问题时可能会出现争执不下的情况；

·会议期间可能会有持续不断的干扰。

(3)可以有更好的解决问题的途径，而没有开会的必要

·单向沟通，不需与会者的回应，只需发个通知就可以解决；

·处理一些涉及个人的问题，如解聘、雇佣等；

·简单问题，不需集体讨论决策。

2. 明确开会目标

所谓会议目标就是本次会议将要达到的目的，一般应该能够用一句简练的话表述出来，如“本次办公例会的目的是对六月份工作进行总结，通报七月份工作计划，并就各部门急需解决的问题进行研究”。任何会议都应该有明确的会议目标，它既能让有关人员提前做好充分的准备，也是实施会议准备各环节工作的决定因素，以及对会议效果进行评估的依据。

3. 确定会议议题

会议的议题应该是会议目标的具体化。一般来说不定期会议的决定召开都是因为已经出现了需要开会的议题，而定期会议则未必。但无论如何，任何会议在召开之前都应该准备好议题。

会议议题的准备工作应该是领导(会议召集人)的责任，但办公室有关人

员往往会根据领导意图，广泛收集相关信息，做出议题准备，供领导选择决定。在这项工作中，办公室人员特别要注意同领导的交流，以正确把握领导意图。

在安排会议议题时，需要注意以下问题：

(1)一次会议不宜安排太多的议题，日常工作会议的议题一般不要超过 4 项，否则会影响会议效率，如会议时间过长、参加会议人员过多，议题没有充分的时间进行讨论。

(2)会议的议题之间尽量有内在的逻辑联系，即将若干相关议题集中到同一会议上，以便突出中心内容。

4. 确定会议形式

会议形式即开会的方式，不仅是指会议种类，还包括整个会议过程设计、会议风格等，它将视会议议题内容情况决定就某个问题如何开展讨论更有效，是分组讨论还是大会讨论？是头脑风暴法还是其他方法？

会议形式的决定取决于一些重要因素的考虑，如：

·会议的目标是什么，是信息沟通，还是做出决定？

·出席会议的人员主要应该发挥什么作用，是做一个倾听者，还是贡献意见？

·哪一种会议形式能最好的达到上述目的？

·以前类似的会议有哪些借鉴？

总之，根据需求灵活运用不同的会议形式，才能有效达成不同的开会目标。

5. 确定会议需要持续的时间长度

不少单位安排日常会议时，并不就会议持续时间做出估算，因此，在会议通知上只有开始的时间而没有结束的时间，或者有结束的时间但根本不起约束作用。这样做似乎是希望对问题有足够的讨论，但实际上导致了会议时间的延长和低效，而且由于与会者无法对自己的时间进行安排，招致了普遍的不满。

其实每个会议所用的时间、每项议题所用的时间都是完全可以预知的，并且应该在会前规划好，这种规划的最终实现，则有赖于会议主持人在会议过程中的控制能力。日常性工作会议应该在两个小时内结束。

6. 制定会议议程

会议议程即根据会议议题内容预先制定的会议议事程序，其中也包括相关的活动安排，一般按时间顺序排列。

会议议程是会议进行的指引性工具，其主要作用是对会议活动事先做出安排，保证会议的条理性。同时它还是会议主持人对会议进行控制的根本依据，也是其他会议参加人预先了解会议、做好会议准备的依据。所以，任何会议都应该有会议议程，重要的会议还应该有书面的会议议程。议程的主要内容是：会议的各项议题和活动、其中相对重要的议题和活动、议题或活动的安排顺序、时间安排等。

有多项议题或活动时，会议议程应做如下考虑：

(1)将相对重要的、紧急的议题安排在前面；

(2)将相互关联的议题或活动集中安排在一起；

(3)有些人出席会议只是与其中的部分内容有关，此时应合理安排会议议程，使其阶段性地出席会议，而不必全程参加；

(4)合理地进行时间安排，使会议参加人保持良好的精神状态，适时地安排休息或活动。

会议议程安排大多以表格的形式制作，如果会期要有一天以上的时间，则所做的议程安排通常被称为会议日程安排。主要内容包括会议日期和具体时间，会议的议题或活动名称、发言人或活动主持人姓名、活动地点等。

会议议程表

日期	时间	内容	姓名	地点
月　日				
月　日				
月　日				

决策型会议一般按下列程序进行：

· 会议主持人发言——介绍会议的原因、目的；

· 提出要讨论的问题；

· 提供解决方案；

· 讨论并选择方案；

· 制定行动计划；

· 分配任务；

· 总结、散会。

会议议程应该提前准备好并在会议前提供给与会者，这样才能使与会者提前做好准备。

二、确定会议出席人

1. 决定会议规模

决定会议规模实际是指科学限制会议人数，尽量做到少而精。无数实践证明，将会议规模考虑列入会前准备工作是非常必要的，国外一些调查发现，人们对会议不满的一个重要方面是经常要出席许多其实根本不必出席的会议。控制会议规模具有两方面的作用：

(1)降低会议成本

如前所述，任何会议都有成本，规模越大的会议成本也就会越高。人数多的会议，对开会场地、时间、设施、直接费用等方面会有更高的需求，因为它是时间成本、金钱成本和机会成本的普遍增加，会议准备工作的难度也会相应加大。

(2)保证会议效果

国外一些专家经过研究后提出，出席会议人数越多，会议的效果就越差。

首先，会议规模直接影响到会议人员的参与度。在人数太多时，很难保证每个人都有发言机会，容易使出席者感觉自己的出席与否其实并不重要，从而产生不满；还经常有一些人在人数过多的会议上发言欲望相对降低，也不能使会议达到集思广益的目的。因此专家认为，对于决策型会议来说，4～7 人比较合适，10 人勉强可以，超过 12 人就太多了。

其次，人数较多的会议要求会议主持人对会议有较高的控制能力。否则类似开小会、讨论偏离会议主题、冲突等情况很容易出现，而会议主持人也不容易及时观察到每个人的反应。据一些保守估计，许多会议在精简 2/3 的与会者后，仍然能达成同样的效果。

因此从上述角度考虑，会议的规模应该以会议议题为限严格加以控制。

2. 决定与会者名单

在决定了会议规模后，还要根据会议议题考虑具体会议人选。选择恰当的会议参加人是保证会议质量的一个重要环节。出席会议的人都应该是与会议议题直接相关的人，同时还应该是：

(1)可以从不同角度对会议议题发表看法和意见，并提供必要信息的人

出席会议的人应该是与会议内容有直接关系的人，出席会议人员的范围从根本上决定了对一个问题的讨论或观察是否全面，因此会议的人选首先应该围绕会议议题进行综合、全面的考虑。

(2)有一定代表性的人

在全体大会以外的其他会议上，出席人应该是能够代表他所在的团体提供信息、表明态度的人。一些被上司临时派去代替自己出席会议的人往往做不到这一点。

(3)有时间出席会议和参加相关活动的人

总的来说，参加会议的人可以分为两类：一类是必须出席会议的人，没有他们的出席，会议将无法召开。如会议主持人（负责人）及必须在会议上发言或表态的人等。另一类是应该出席会议，但如果缺席，不致影响会议做出决定或中断会议进程的人。

与会者人选确定以后，还需要和其中的一些关键性人物进行联络，告知会议召集人所期望的会议目标、请他开会的理由、应该做出的准备并听取他们的建议。这样做可以使与会者十分清楚自己在会议中将要发挥的作用，并使会议准备更加完备和充分。

三、确定会议的时间和地点

1. 确定开会时间

开会时间的确定主要取决于下列问题：

(1)问题需要在什么时间前解决或讨论？

(2)进行各项会议准备需要多长时间？

(3)是否有合适的会议场地、设施？

(4)与会者特别是那些必须出席会议的人能否出席？

(5)哪一天适合开会？

在允许的情况下，还要挑选一些适合开会的时间。有关研究提示，并不是所有的时间都适宜开会。一般情况下最适宜开会的时间是星期二～星期四的上午8:00～11:00或下午2:00～4:00。如果可能的话，尽量不要在星期一上午、放假后上班第一天的上午、星期五或放假前的下午及午饭后的时间安排会议，另外也尽量不要安排在重要会议出席人出差刚回来的时候开会，因为可能会有行程改变或飞机晚点的情况。

(6)一天中什么时候适合开会？

根据行为学家研究，同样目的的会议在不同时段召开，会有不同的效果，例如：

8:00～9:00，由于是刚刚开始上班，很多人还没有完全进入工作状态所以不适合召开分析性会议，但是单向信息性会议还是比较适合的。

9:00～10:00，人们进入工作状态以后，在这一时间段里做的较多的工作是打电话、与同事交流等工作，所以比较适宜举行业务性会议。

10:00～12:00 或下午 1:30～3:00，是员工工作状态最好的时间，适合召开需要集思广益、各抒己见的会议。

下午 3:00 到 5:00，由于已接近下班，很多人不喜欢在这一时间段内开会。

2. 确定开会的地点

会议地点是指召开会议的具体场所，很多单位都有自己的会议室，大多数会议都不再做其他选择，也有一些会议因为有特殊条件要求，需要在更合适的地方召开。选择会议地点时，应该根据会议的目的、规模、预算及所需的设备、环境等做出决定。具体来说可以从以下一些问题来考虑：

(1)会议对会场的档次有无要求？

(2)会议场所空间是否与会议规模相匹配？

(3)是否能够有需要的各项会议设施？

(4)交通是否方便？

(5)选定的会议场所在预定会议时间内有无其他使用安排？

(6)会议场所的费用(租金)是否合适？

(7)会议服务如何解决？

(8)会场的周围环境会不会对会议产生不良影响的问题？

四、发出会议通知

发放会议通知是会前准备工作的又一项重要内容。它的作用是使每个与会者得到准确、全面的会议信息，提前做出出席准备。因此，会议通知的形式最好是书面形式，口头通知有时会发生理解错误或容易遗忘，而且不如书面形式来得更正式。特别需要注意的是，会议通知只适用于本系统内部，如果是向本系统以外的人发出会议邀请，则应该用邀请函或请柬。

1. 会议通知的主要内容

会议通知一般包括下列内容：

会议名称、时间、地点、召集单位、出席人员范围、会议内容、会议说明或会议须知、回执，用于会议联络的电话号码、传真机号码、E-mail 邮箱地址及联络人姓名等。有一些会议通知还应该附上会场位置图或交通路线图、停车场指示等。

有些会议通知可能还需要有一些附加说明，如“本次会议材料为光盘形式，请出席会议者携带便携式电脑”。

为了使得会议通知更加规范，可以预先编制出会议通知的统一格式(见下表)，这样做还可以防止项目遗漏。

会 议 通 知

________先生/女士：

兹订于____年____月____日上(下)午____至____(具体时间)于____(地址)召开____会议(会议名称)。本次会议由____(部门或单位)召集,会议的主要内容(目的)是__________。参加会议人员为________、________、________、________等(人名或职务名称)。

请您做好下列出席准备,并在____月____日前确认您能否出席。

1. ____

____

2. ____

____

落款(签名盖章)

年　　月　　日

联络人:________　　联络电话:________

传真机号码:________　　电子邮箱:________

如果有本单位以外的人来参加会议,还应该就会议地址及自驾车停车位置做出说明,附带一张清楚准确的位置图对参会人员最有帮助。

2. 就会议通知的发放情况进行登记

发出会议通知时,应该保证能够使每一位应该出席的人都能得到会议通知。因此最好是将会议通知送给出席人本人或是他的秘书,并且就发放情况进行登记。

3. 对会议出席人是否能够出席进行确认

在会前准备工作中,掌握出席会议的确切人数十分重要,它关系到会场准备、物资准备等一系列工作,因此,在发出会议通知后,还应该同预定的参会人再次联络(如用电话的方式),确认对方是否出席。

4. 明确与会者的责任

与会者对会议的成功同样负有责任,有时就会议的内容仅仅通知与会者会议的主题和议程是不够的,要想使与会者能够有令人满意的表现,必须明确与会者的责任,例如,他为什么被邀请出席?他在会上要不要发言?就什么问题进行发言?他要为会议提供哪些方面的信息等等。与会者如果不清楚会议主办者对自己有什么要求,就不能做好充分的准备,可能会出现信息搜集不完全、发言准备不充分、事先没有就议题进行周密的考虑等情况,这些都会导致会议的低效。

五、会场布置

会场布置需要做两方面考虑，一是营造适当的会场气氛，二是提供必要的会议设施。

1. 会场气氛

心理学家和行为学专家共同指出，环境影响人的心理，进而影响人的行为。同样，会场气氛将会对参会者的态度和行为产生一定的影响。因此准备会议的一项重要工作是精心营造与会议主题相和谐的会议气氛，帮助与会者迅速进入会议状态。

会场气氛的烘托可以从以下几个方面入手：

(1)根据会议主题决定会场的布置风格

例如，信息型的会议应该将与会者的注意力集中在信息发布者身上，所以要将演讲台作为一个布置重点，使之庄严、肃穆、简洁、醒目而又有权威感。会场的其他地方应该视野开阔，座位整齐有序。而决策型的会议则要精心营造一种和谐的气氛。

(2)座位摆放形式

信息型会议的座位摆放形式以教室式为代表，发言人的演讲台设在会场的最前面，面向大家。其他所有人均面向演讲台整齐就座。另外也可以作其他一些变化，如将座位摆成V字型或U字型。这些座位形式都能保证让所有的人清楚地看到演讲台及发言人。

而决策型会议的座位以圆桌式为代表，也可以使用长方形桌，大家围桌而坐，方便彼此交换意见。

2. 会议设施

会议设施包括会议所要用到的有关设备，主要包括：

(1)通风设备；

(2)空调设备；

(3)消防设施；

(4)讲话扩音设备；

(5)主席台或讲台；

(6)灯光设备；

(7)投影仪、幻灯设备；

(8)电源、电线；

(9)黑(白)板、指示棒、挂图；

(10)粗写笔及其他书写用笔;
(11)闭路电视系统;
(12)姓名牌;
(13)记录纸和铅笔;
(14)烟灰缸;
(15)大衣架;
(16)饮用水;
(17)录音录像设备;
(18)其他设备。

在准备上述设备的同时,还要指定好一些重要或复杂设备的专门操作人员,在会场提供服务。

在会议召开前,还要对会场布置总体情况仔细进行检查,将所有设备调试到最佳状态。

六、其他准备工作

1. 预算经费

在单位会议室召开的办公会往往是花费最少、最方便的会,基本上不用进行预算,但也有一些会议需要相应的支出,这时就需要进行经费预算。主要项目包括会场租用费、材料印制费、布置宣传费、食宿费、交通费、办公用品费、文娱活动费、纪念品购置费等,即前文所述的"直接的会议费用"。进行预算时,既要精打细算,又要保证会议的质量和档次。另外还要准备专门账册,对会议的各项开支进行详细记录。

2. 准备会议文件

在会议准备过程中,除了形成会议议程、会议通知等文书以外,还需要进行其他一些文件准备。其中主要包括:

(1)会议的参考材料

上一次会议的会议纪要、备忘录、需要传达的文件、调查报告,备选方案以及其他对会议有参考价值的材料。

(2)发言文稿

开幕词、闭幕词、重要的会议讲话或报告等。

(3)会议管理文书

会议通知、会议议程、会议制度、会议选举或表决程序、会议须知、会议人员名单、会议出席用证件、座位名签等。

上述会议文件主要服务于三个方面,一是为会议召集人(领导)准备文件材料，二是为每一位出席者提供文件材料，三是为实施会议管理准备文件材料。

准备会议文件时应对会议将要用到的文件尽量考虑周全，总是有一些会议要到开会以后，才发现有些需要提供给与会者的文件没有事先准备好，临时仓促赶办，不仅与会人员要花时间等待，会议工作人员也要为此而被动忙碌，费时费力，还可能因为赶时间要多花钱。

3. 对外联络

有一些会议因其规模、性质、参加人员等方面的要求，还需要进行一些对外联络工作。主要包括：

(1)同新闻媒体的联络

如果需要对会议情况进行宣传，得到新闻媒体的支持是十分必要的，所以在会议开始之前，就要合理选择新闻媒体，共同做好会议情况的报道工作。

(2)同服务商的联络

一些会议会涉及到食、宿、交通、通讯及其他一些专业服务，因此要与酒店、旅行社、交通部门、电讯部门、办会公司等进行联络以取得专门服务。

(3)同有关管理部门进行的联络

一些有重要人物出席的或规模较大的会议，需要事先得到有关部门的批准，并协助做出周密安排，如上级单位、公安部门、交通部门等。

(4)同准备邀请出席会议的重要领导及知名人士进行的联络

受会议重要程度决定，或出于扩大会议影响等方面的考虑，一些会议需要邀请上级领导或社会知名人士参会，这时，需要事先同上级领导或社会知名人士进行联络，以便他们有时间出席会议。

4. 安排会议工作人员

根据会议需要，安排相应的会议工作人员，保证各项工作都有人负责。主要包括：

(1)会议筹备人员

- 筹备会议的责任人，一些规模较大的会议还应该成立会议筹备小组；
- 会议文件、资料的起草、准备人员；
- 负责各项会议准备工作的人员安排。

(2)会议服务人员

- 接待；
- 签到；
- 引导；
- 安全保卫；

· 联络；
· 会场服务；
· 记录；
· 录音、录像等设备操作。

5. 会议用车、用餐、住宿安排

有一些会议会有远途而来的参加者，有时还会有多个地点的活动安排，这时，需要做好会议用车、用餐和住宿等方面的安排，一方面要提前向酒店、饭店、出租车公司等商家预订，另一方面也要详细了解与会人员的基本情况，如人数、性别、民族、习惯、健康状况及其他特殊要求等，以便安排得更加周到。

近来，不少企业在举办较大规模会议时，都采取了与旅行社或专业办会公司合办的方式，因为旅行社在订票、订房间、订餐等方面有别人无法比拟的专业优势，同时旅行社和办会公司有丰富的办会经验，他们会务工作的专业水平，能够使会议的各项工作做得更好。

总之，会前的准备工作的内容依会议的性质、规模等有很大不同，为了防止出现疏漏，还可以将所有的准备工作列写成一份清单，逐项落实，并在会议正式召开前一天进行一次全面细致的检查。

第三节　会中和会后工作

在做了大量会前准备工作以后，办公室在会议召开期间及会后仍然要有不少工作，这些工作同样十分重要。

一、会议期间的工作

在会议期间，会议主持人、会议参加人、会议服务人员都要做好自己分内的工作。

1. 会议主持人的工作

一个会议真正召开之后，会议的效果和质量将在很大程度上取决于会议主持人对会议过程的控制和引导能力，会议主持人要注重以下工作：

(1)准时开会

有时在到了规定的会议召开时间时，可能会有少数人因为各种原因没有如期而至，如果会议主持人出于姑息的心理，将会议召开时间延后，则可能最终会导致以后再开会时，会有更多的人不准时出席，长此以往，大家的时间观念都会变得很淡漠，准时开会就将成为一个真正的难题。

(2)严格按照会议议程开会

会议议程是预先设计好的会议进程，目的是让所有参加人对会议过程有明确的概念并做好各项准备。偏离会议议程往往会导致会议秩序混乱和会议时间延长，而某些突然出现的议题更会由于人们事先没有准备，而影响讨论质量。所以主持人应该严格按照会议议程控制会议进程，注意将每项议题和活动控制在预计的时间范围内，并避免跑题。

(3)控制会议气氛

主持人要格外注意会议气氛，努力营造出适合会议主题的气氛，非常有利于使会议参加人产生所期望的反应。例如，决策型和一些以讨论为主题的会议，就要营造出一种和谐的气氛，以利于大家畅所欲言，同时还要采取措施控制一些爱发表长篇大论的人的发言时间，鼓励所有的人积极发言，消除那些与议题无关的争论等。

(4)及时总结

每个议题结束之前，主持人应就前面的讨论发言做一个简单准确的总结，在大家都没有异议后及时进入下一个议题。这样做既能确保对该问题的讨论已经得到了一个明确的结果，又能让每个与会者对会议的讨论有准确的把握。

(5)协调冲突

有时会议讨论过程中，会因为意见、立场、观点、态度等原因导致一些冲突，研究人员认为，适度的冲突并不见得都是坏事，因为正是人们都在积极参与，对讨论的问题有自己的看法和意见，才会出现冲突。关键在于主持人如何采取措施处理冲突，使会议和讨论的问题取得圆满的结果。

(6)准时结束会议

按时结束的会议最受人们欢迎，而且也能显示出会议主持人的能力。在会议结束之前，会议主持人应该对会议达成的共识、分配的任务做出清晰的归纳总结，然后准时结束会议。

2. 会议参加人的责任

会议参加人的表现也对会议能否成功具有重要影响，甚至有人说，会议能否成功，一半要取决于会议参加人的表现。会议出席人比较恰当的表现主要包括：

(1)认真准备

会议参加人接到会议通知后，应该认真做好准备，如果需要在会上发言或提供资料信息，就更要精心对待，出席会议时，有条理的发言，明确的态度和意见，更容易得到大家的接受，也有助于会议达到预期目的。

(2)准时出席会议

不准时出席会议，将影响会议的讨论质量及会议气氛，也是不遵守纪律、不尊重他人的表现，即使有十分充足的理由迟到，也应该在会前及时向主持人说明并道歉。

(3)积极参与

遵守会议进程和纪律，积极参与，适当提问是会议参加人在会上应该有的表现。有些人认为自己出席某些会议其实是出于迫不得已，会议的内容他并不关心，而且跟他并没有太大的关系，因此在接到会议通知时，即有一种抗拒心理，并往往将这种情绪带到会场，要么一言不发，要么做些自己的事，要么是找别人私下聊天，开小会。其实这种做法有百害而无一利，不仅会影响整个会议的气氛，也浪费自己的时间，还会给其他会议参加人特别是领导留下不合作的印象。因此，专家建议，这样的会，要么不去，要去就要有一个良好的表现。

(4)认真倾听其他人的发言

有一些人出席会议时，每当遇到与己无关的问题时，则表现出一副与己无关的态度，这往往最容易招致别人的反感。认真倾听别人的发言，并仔细考虑他人的意见，是做进一步沟通的基础，也是掌握大量信息的最好途径。

(5)做笔记

就会议内容做一些笔记是极为必要的，如讨论的问题、解决的办法、决定的事项、做出的分工等。会议笔记有多种好处：可以记下一些需要会后传达的重要信息；帮助理清思路；方便今后的工作查询；还可以更好地集中精力。

3. 会议服务人员的责任

(1)会议签到服务

进行会议签到是为了清楚地掌握会议出席情况，目前会议签到的方法有很多种，例如，小规模的单位内部会议因为人数不多，大家彼此熟识，因此，只要主持人或秘书等进行清点即可；规模较大的会议或是有较多外单位人员参加的会议则需要用每个出席会议的人员亲自签到的方式来掌握会议出席情况，办公室要准备好签到簿或签到登记表，有条件的还可以准备专门的电子签到设备，另外还要考虑采取一些有效的签到方式，以避免会议入口处的拥堵。

规模较大的会议一般是由办公室安排专门人员进行签到服务，需要在会场入口处摆放签到桌，每当有出席人到来时，即请来宾登记或打卡签到。很多会议还利用签到的时候发放会议文件，但一些重要的或需要在会上讨论的文件则应该在更早的时间发放。

有一些会议的与会人员彼此间不太熟识，签到的内容可能会更多一些，除了姓名以外，还包括单位、通讯地址、联络电话等，办公室可以利用签到材料制作与会人员通讯录，及时发放给与会人员，让他们彼此间更快地熟识起来。

(2)会议记录工作

会议记录是会议情况的详细记录，包括会议名称、地点、时间、出席情况、主持人、讨论的程序、内容和发言情况、记录人等。重要的会议都应该安排会议记录，会议记录不仅是会议情况的原始记录，方便以后的查考，而且还是编写会议简报和会议纪要的根本依据。

会议记录依会议的重要程度不同，可以分为详细记录及重点记录。详细记录要求尽可能全面地记录会议的过程及发言情况，重点记录则是记录主要内容及要点。一般会议只需采用重点记录就可以。

会议记录的方式可以是现场录音、也可以是现场记录。现场录音比较简单，而且能够保证记录全面，但会后的录音整理将要花费很多时间，而且同样需要有人在会场看护录音设备，另外为保密起见，一些重要会议可能会禁止录音。现场记录一般是采用速记、快写的方式手工记录，速记记录速度较快，但需要经过专业训练，而且采用符号速记的过后依然要整理成文字，快写或一般文字记录则相对记录速度较慢，只能就会议及发言的主要内容进行记录。

现在我国也开始采用电子速录设备进行会议记录，这是一种新的记录技术，它的优势是记录速度快，而且记录为电子文本，过后可以直接在电脑上进行编辑。缺点是记录人员需要进行专门的录入培训后才能使用这种设备。

现代会议管理研究十分重视会议记录工作，研究人员建议将会议记录人员的座位安排在会议主持人的旁边，而不是门边或其他比较偏远的地方，这样的座位安排有利于会议主持人及时了解会议的记录情况，主持人的任务之一是在确信重要内容得到准确记录后再进入下一个议题。

(3)会议信息工作

在会议过程中的信息工作主要包括：

· 收集会议信息，及时反映会议过程和动态，如编写会议简报、简讯和通讯稿等；

· 收集与会人员的要求、反映和意见等，提供周到的服务；

· 向每一个与会人员派发会议评估调查表，会议结束前收回以便会后总结。

(4)其他会议服务工作

在一些会议过程中，可能需要会议服务人员为与会人员做座位引导、文件发放、录音、录像、饮水供应、安全保卫、卫生保健、安排住宿用餐、预订返程机(车)票及其他一些事务服务，并负责处理临时交办事项，这些工作都要事先做好明确的分工安排。

另外，还要注意照顾好会场环境，尽量避免外界对会议的各种打扰，如会议期间的来电和来访，应该问清事情的重要或紧急程度，不太重要或不太紧急的来电、来访应请他们尽量等到会议结束之后。

二、会后工作

会议结束后，并不意味着所有的工作也结束了，例如，会议主持人要搜集大家对会议效果的反映效率评估，及时做出总结，以利于下一次会议的召开，同时还要密切关注会议后有关工作的开展情况，确保会议决定得到认真的贯彻实施；会议参加人要认真贯彻实施会议所宣布或决定的事项，及时开展后续工作，而且即便对某些工作还有保留看法和不同意见，也要不打折扣地遵从会议决定。而对会议服务人员来说，还有更多的工作要做，如：

1. 清理会场和文件

会议结束后，应该及时清理会场，归还领用或租赁的各种设备机器，并将会议场地打扫干净，恢复原状。

然后还要清点发放的文件，对那些有保密要求的内部文件、机密文件及其他一些应收回的文件要及时收回，按发放登记进行清点，核对无误后装封交回文件保存部门。

2. 整理会议记录

会议记录是在会议现场的实时记录，是一份重要的会议文件，而且往往有必要作为档案保存起来，所以它的准确性必须得到可靠保证。而有时可能在会议现场因为某些原因造成记录不完整或不准确，所以，会后要对会议记录进行系统整理，对不完整或不太准确的地方要及时找发言人增补和核对。

3. 编写和印发会议纪要

会议纪要是一种用于记载、传达会议情况和议定事项、布置后续工作的会议文书。会议结束后，会议召集部门应该将会议记录及其他会议文件进行归纳综合，编写成会议纪要把会议情况和会议做出的重要决定上报和下达，使各有关单位和部门了解会议精神，配合执行会议决定。

会议纪要在写好后，要经领导和有关人员审阅通过后再印发。

4. 会议文件的整理立卷

每一次会议形成的文件应该集中保存，需要保存起来的文件材料主要包括：重要的和有保存价值的文书、会议记录、会议录音录像、照片等。

5. 会上所布置工作的跟踪反馈落实

对于会议做出的决定和工作部署，办公室要设专人负责具体督办工作，保证各项工作得到及时贯彻落实，因此要及时了解各执行和配合部门各项工作的开展和贯彻落实情况，并将进度、问题、影响等信息反馈给领导，以便领导随时了解会议决定的各项工作的进展情况，及时采取下一步行动。

6. 会议效果评估

为了使会议开得更有效，有必要对每次会议情况进行经验教训总结。因此，会议结束后，应该收集各与会人员对会议的评价，对会议组织实施过程进行总结，以便不断改进会务工作。

第四节 会议管理

人类进入工业化社会以来，协作要求不断加强，沟通变得越来越重要，会议不再是管理层的特权，在企业中，各个阶层的人都有开会的义务。因此会议召开的频率及人们工作中用于会议的时间都在不断增加，各类会议占据了人们特别是领导人生活中的大量时间。但是随之而来的是对低效会议的抱怨，诸如浪费时间、低效率、气氛沉闷等。人们发现，占去他们大量时间的会议实际上往往并没有像预期的那样顺利达到目的。根据 1998 年 10 月美国《劳工月刊》(Monthly Labor Review)所做的调查显示，每年因不当的会议管理所浪费的时间，约损失 37 亿美元，1996 年的统计数字更高达 60 亿美元。

这些情况最终导致了管理学家对会议管理开始进行科学研究，他们研究有效的开会方法，研究影响会议效率的因素，研究会前工作准备要点，研究会中、会后的工作环节等，提出了一系列改进措施。同时，我们也要看到，对会议进行管理绝不应该仅仅是针对某次会议的管理，它应该是针对企业会议活动进行的宏观管理，是一套有制度、有方法、有物资和人员安排的体系。所以，在研究会前、会中、会后各项工作环节及工作方法的同时，还要关注下列问题：

一、制定会议制度

会议制度是为规范会议工作所订立的各项制度。为了使会议活动有章可循，应该认真研究会议活动规律，对于那些程序性工作做出制度规定，这将十分有利于提高会议效率。

例如各级会议的审批制度可以有效防止滥开会的现象；组织和召集制度可以明确有关人员的会议管理责任；议事制度、表决选举制度可以保证会议决定的有效性，并规范会议进程；会议决定督办制度可以保证会议决定的贯彻落实；会议评估制度可以总结会议工作的经验教训，以便不断改进提高办会水平；会务工作规范则可以明确各类会议工作人员的责任及完成的工作标准等。

以例会制度为例，定期召开的例会一般都有相对固定的时间地点和出席人，其召集方法和议事程序往往没有太大的变化。对例会做出制度规定，可以使会议的操作更加规范。以下两份为某商会制定的会长办公会议制度和某市人民政府现场办公会工作程序：

××商会会长办公会议制度

会长办公会是专职商会领导对商会日常工作和内部管理进行研究、部署和做出决定的工作会议。

会议主要职责：

1. 研究年度工作总结、工作计划和长远规划。
2. 对与本行业产品进出口有关的政策法规提出建议。
3. 修订重要协调管理办法和实施细则。
4. 研究干部任免、机构调整和机制改革。
5. 研究决定日常工作中的重大事项。
6. 需要提交会长会议的议案。
7. 其他需要研究决定的事项。

会长办公会议每周召开一次，由会长主持。

会长办公会议参加人员：会长、副会长、秘书长、副秘书长。办公室主任及有关人员列席会议。

会议由办公室负责组织、记录，整理会议纪要，并协助商会领导落实会议通过的决议、决定和有关工作，督促、检查工作完成情况，反馈落实结果。

在这份办公会议制度中，明文规定办公室主任及有关人员要列席会议，这一规定非常有必要，因为，尽管办公室主任不直接参与决策，但办公室是企业活动的中心，是企业内外信息的集散地，在讨论计划和方案时，办公室主任能对会议提供各种有用的信息，使方案的可行性更有保证；而且办公室还要负责企业的协调工作，由于办公室主任直接领受了会议精神，在会后各项工作的协调和催办工作中也会有积极的意义。

××市人民政府现场办公会工作程序

一、为进一步转变工作作风，提高工作效率，市政府采用现场办公会的形式及时解决实际工作中的重大问题。市政府现场办公会根据工作需要不定期召开。

二、市政府现场办公会的主要任务是：

1. 现场研究区域经济发展的思路及政策措施；

2. 现场研究解决某一行业工作或某一产业发展中面临的重大问题；

3. 现场研究确定市政府将决策实施的重大项目和重大事项；

4. 讨论其他需要市政府现场办公会讨论决定的重大事项。

三、市政府现场办公会由市长或市长委托负责常务工作的副市长主持，分管副市长、市政府办公室主任、市长助理或市政府办公室相关副主任以及有关乡（处）和市直政府部门的领导参加。

四、市政府现场办公会一般分为两大类，即市政府乡（处）现场办公会和专题现场办公会。

五、市政府召开乡（处）现场办公会前，市政府派出由综合部门牵头，各有关委办局参加的调研组，赴乡（处）围绕其发展思路和工作重点，以及急需市政府帮助解决的问题进行调研，并形成调研报告。涉及面广、影响大的专题性问题，也要事先派出专门调研组进行实地调研，形成调研报告。

六、由市级牵头综合部门提出意见，修改完善调研报告；需要市政府帮助解决的问题，按照基本建设审批程序上报市级主管部门，由市级主管部门按照需要与可能的原则审核后，提出具体处理意见，送市级综合部门汇总平衡。重大项目必须按基本程序办理，完成可行性研究并具备开工条件的才能纳入现场办公会研究的范围，否则一律不予考虑。

七、调研组和市级综合部门将调研报告和平衡后的具体项目报市长、分管副市长，由分管副市长对调研报告和具体项目进行审核，意见成熟后提请市政府常务会议研究讨论。

八、市政府领导率市级有关部门现场进行考察调研，结合实际，对调研报告和要求解决的具体问题再作考察和调整完善。

九、乡（处）现场办公会重点帮助当地理清发展思路，找准存在问题，完善政策措施，推动和促进当地经济的持续、快速、健康发展和社会的全面进步。

十、市政府现场办公会结束后，由市政府办公室分管副主任负责，根据现场办公会精神，对提请需要市政府帮助解决的具体问题作进一步协调平衡，上报市政府主要领导审批后，市政府形成会议纪要和决定事项，下发相关乡（处）和市政府有关部门执行。

十一、市政府决定事项所列项目，有关部门和乡（处）必须严格按照基本建设审批程序上报，并认真执行市政府关于基本建设项目管理的有关规定。所有市级补助资金统一由市财政局从该部门经费中拨出，各乡（处）和各部门在接到市政府决定事项通知一个月内，向市政府上报贯彻落实情况（包括配套资金落实情况）。

十二、市政府办公室负责对市政府现场办公会议决定事项进行立项督办汇总，定期向市政府领导报告督办结果。

××市人民政府
××××年×月××日

二、会议筹备活动清单

任何会议都需要进行周密的筹备，需要大量的工作。虽然每次会议的筹备工作内容不会完全相同，但可以总结会议活动，就各种会议可能会涉及的各种工作列写清单，作为筹备具体会议活动的参考。会议筹备活动清单应该尽量详细，用它作每次会议的筹备参考可以有效地帮助会议筹办人考虑周全。下图是一份大规模会议活动可能包括的主要活动清单：

会议筹备活动清单

项　　目	审核
1. 活动的主题	
2. 活动的规范	
3. 预算	
4. 与会对象的层次	
5. 总人数(查邀请回函)	
6. 活动日期及时间	
7. 活动天数	
8. 筹备单位	
9. 活动负责人	
10. 活动作业明细分工表	
11. 会场的预订	
主会场	
分会场	
洽谈室	
展示室	
来宾休息室	
演艺人员休息室	
工作人员休息室	
12. 制作来宾名册	
姓名、地址、公司名称、电话、职务等的核对	
13. 邀请函	
信封	

续表

项　　目	审核
邀请卡	
回函明信片	
纪念品	
停车场	
指引地图	
餐券订制张数(多印20%的备份)	
信封书写	
投递日期(应在活动日期的前两三个星期提前寄达对方)	
14. 纪念品方面	
纪念品的选定	
包装	
外包装书写	
礼品提款	
蝴蝶结装饰礼品包装	
订制数量(要多出20%的备份)	
15. 交通工具方面	
飞机	
面包车	
轿车	
16. 酬谢费(给司机人员等)	
17. 会场布置	
主席台	
会标	
灯光	
音响效果、录音	
座次	
台下座位	
紧急疏散方案	
茶水饮料供应	
18. 宴会的形式	
餐桌入座式	
自助餐入座式	
半入座式自助餐	
鸡尾酒立食式自助餐	
立食式鸡尾酒会	
19. 料理样式	

续表

项　　目	审核
20. 雕冰(原色、彩色)	
21. 饮料	
国产白酒	
鸡尾酒	
啤酒	
饮料类	
22. 香烟	
23. 菜单的印制	
24. 花饰方面	
花篮	
桌上花饰	
雕冰花饰	
胸花	
赠用花束	
典礼台花饰	
吊挂花饰	
蜡烛	
展示品花饰	
25. 园景制作	
西式园景	
东方园景	
租借盆景	
观叶盆景	
观花盆景	
茶几	
遮阳伞	
26. 看板、标示板类	
大门看板	
方向标示	
专用停车场标示牌	
展示商品说明标牌	
社徽、商标看板	
27. 拍照摄影方面	
纪念照片	
快照	
28. 选择桌子(如圆桌或方桌)	

续表

项　　目	审核
29. 座位顺序	
桌面标示卡	
桌面标示卡的书写	
30. 胸章、名牌方面	
颜色、大小、种类的选定	
公司名称、职衔、姓名的书写	
31. 女服务员着装方面	
洋装	
旗袍	
各国民族的衣着	
32. 新闻方面	
文字记者、摄影记者	
新闻稿	
录像记者及电源设备	
33. 资料的收发	
34. 住宿安排方面	
安排来宾的住宿(套房、单人房、双人房)	
领导人的住宿	
工作人员的住宿	
预订房间	
妥善分配房间	
35. 特设专用柜台	
36. 支付的负担范围(住宿、餐费、取用冰箱内的食物费用、电话费等)	
37. 安排用餐方面	
住宿者的用餐事宜	
来宾、司机的用餐问题	
服务人员的用餐	
演员、乐队的用餐问题	
38. 活动行程方面	
司仪开场白	
主持人的致辞	
来宾致辞	
宣读贺电	
致谢辞	
活动行程表	
播放背景音乐	

续表

项　　目	审核
放映宣传影片、幻灯片	
39. 服务柜台的工作方面	
来宾出缺席之确认	
发放胸章	
发放活动行程表	
引导来宾到休息室	
发放座位牌	
发放纪念品	
设置暂时电话	
来宾签名纪念	
40. 表演节目的总预算方面	
本单元的活动安排	
节目策划及演出	
41. 新的工厂、公司落成庆祝喜宴	
节目执导	
节目主持人	
舞台灯光	
舞台装备	
停车场	
收付柜台	
向导、招待、解说人员	
活动行程表	
指引标示	
说明标示牌	
茶水点心的招待	
工厂、公司落成说明	
接待记者采访人员	
接送交通工具	
联系有关官方机构	
电气能源	
冷暖器设备	
桌椅	
桌巾	
照明设备	
音响设备	
游戏节目	

续表

项　　目	审核
纪念品	
会场布置	
料理、饮料	
服务人员	
42. 展示会方面	
会场布置	
演出计划	
展示、装饰计划	
邀请函、DM的制作	
选定搬运公司	
迁入计划(当天或前天)	
装设计划(当日或前天)	
展示商品	
展示器具	
电气工程、安装工程制服	
解说体系	
海报	
说明书	
解说员	
说明标示牌	
实地表演	
迁出计划(当天或隔天)	
茶水点心	
用餐问题	
洽谈室	
接待记者采访人员	
43. 支付旅馆费用方面	
支付的日期	
汇款、前来收款、当天支付现金	
出纳员	

三、会议室及会议设施管理

1. 会议室管理

从会议室功能考虑，一个中型以上企业应该有三个以上会议室方能满足企业大部分会议需要，一个为高级会议室，为企业高层会议场所，装潢档次相对要高一些；另一个为一般会议室，供企业各部门举行工作会议，这个会议室平常以进行决策、讨论活动居多，所以面积不必太大，配备圆桌或方形桌、舒适座椅及其他必要设施即可；第三个会议室应该作为较大规模会议的场所，以便于召开人数较多的会议，如培训会，全体员工大会等。

会议室的管理应该由办公室负责，为了使企业的会议室利用更有效，办公室应对会议室的使用做出明确规定。

(1)会议室使用预约制度

大多数企业会议室资源有限，为了不致使会议室的使用出现撞车现象，应该实行预约制度，要求企业内所有部门在使用会议室时提前向办公室预约登记，由办公室统筹安排。

办公室专门准备《会议室预约登记簿》，主要登记如下内容：

会议室预约登记

会议名称	举办部门	会议起止时间	第一会议室	第二会议室	第三会议室	联络人	备注

(2)指定专人负责会议室日常维护

办公室设专人负责会议室的日常维护和布置，对会议室实行集中管理是一个非常有效的做法。采取这种安排以后，会议室的会前布置及会后清理工作完全由专人负责，会议召集部门只需事先向办公室提出具体使用要求即可。

例如，有的企业专门设计出一种《会议室使用通知单》配合会议室预约登记时使用。需要召开会议时，会议召集部门需要按表格内容(下图)填写会议室布置要求，交代清楚会议具体地点、时间、人数、活动内容、会场布置要求、需要的用品等交给专门负责人员，会议室专门维护人员以此作为会议室布置的依据。

会议室使用通知单

会议日期：2004 年 2 月 13 日　星期五　　会议名称：新员工业务培训会
会议时间：9：00～11：30
会议地点：第三会议室　　会议召集人：人力资源部

时　间	会议室	会议内容	座位摆放形式	容纳人数	物　品　准　备
9：00～10：00	第三会议室	新员工业务培训	U 型座位	15 人	演讲台、投影仪、扩音设备、白板及写字笔

续表

会议日期：2004年2月13日 星期五 会议名称：新员工业务培训会
会议时间：9:00～11:30
会议地点：第三会议室 会议召集人：人力资源部

时 间	会议室	会议内容	座位摆放形式	容纳人数	物 品 准 备
10:30～10:40	第三会议室	休息	U型座位	15人	茶叶、咖啡、饮用水、水杯
10:45～11:30	第三会议室	新员工业务培训	U型座位	15人	

2. 会议设施管理

会议活动中经常要用到各种设施设备，如录音、录像、灯光、演示设备等，其中不少还是价格昂贵的设备，为了设施的安全性，有效保管这些设施随时提供使用，提高各种设施的使用率，应该集中设专门部门或人员负责保管和维护。需要使用时，由会议召集部门提出使用要求，办理借用手续，用后及时归还。对于技术要求比较高的设备，还应该由专门技术人员负责操作。

案例分析

2000年9月，国际大坝委员会第68届年会和第20届大会在北京国际会议中心举行。有近70个国家和地区的1000多名中外水利专家参加，当时的国务院副总理温家宝担任大会名誉主席出席了开幕式并发表讲话，人大常委会委员长李鹏接见了世界大坝委员会和各国大坝委员会官员，全国政协副主席钱正英参加了第68届国际大坝委员会年会，水利部、国电公司、三峡建设总公司的领导以及许多中外著名专家、院士参加了大会。

受组委会办公室委托，水科院负责会务组织工作，水利学会和国电公司给予协助，共计72人参加了大会的会务工作(其中志愿人员24人，国际会议中心26人)。本着分工合作，明确职责的原则，会务工作又分为注册组(中、外宾)、技术组、会场组、陪同人员旅游组、接机交通组、同传耳机组、综合组，分别负责代表注册、食宿、会议技术服务和会场服务等工作。

下面是此次大会针对会务工作所做的总结，请你仔细阅读后回答下列问题：

1. 从下文中你可以看出本次会议主要作了哪些会前准备工作？你有什么评价？

2. 本次会议期间主要有哪些会务服务工作？

3. 结合本次会议情况，你认为应该如何做好会议宣传工作？

4. 该会议是如何进行会前联络工作的?

5. 你认为怎样做能够解决大会各组工作协调、配合不够密切的问题?

6. 看过该工作总结后,你有什么感受?

国际大坝委员会第68届年会暨第20届大会总结报告
——会务工作总结

(一)代表注册

代表注册是一项烦琐而细致的工作,为此会务组作了大量准备工作:

1. 建立大坝会议数据库。为及时准确地提供代表报名注册情况,从年初开始,输入每位代表近百条记录,累计输入数据10万余条,依托数据库制作的统计表格达110余个,向有关部门及时提供不断更新的信息,并随时回答各种电话询问。

2. 会前与代表的联系工作。向每位代表至少发两封以上的电子邮件或传真,对其注册进行确认。会前还要回复代表们的各类信件和邮件,总计处理信件和邮件3000余封。同时,为保证国外代表按时参会,在水利部国科司的支持下,共向参会代表发出签证邀请信500多份。在与代表联系时,有的信息不全,有的因各种原因临时又改变计划,随时都要对代表的数据做大量的更新。而每次数据的修改,都会牵涉到方方面面的变动,如饭店预订、旅游预订、票证准备等,工作量不断增大。

3. 各类票证的准备。票证准备工作繁复琐碎,共制作代表胸牌、各种请柬、旅游票、饭票等达14000余份,并分别装入每个代表的资料袋内,如果代表数据临时修改,还需重新制作和更换。

由于准备充分,会议期间代表注册工作井井有条。注册高峰时达到每天300多人,另有很多代表是现场报名、交费,只得现场制作胸牌、各类票证,工作烦琐且容易出错,但注册组的同志耐心细致,一丝不苟,圆满地完成了任务。

注册组的同志为每天及时准确地向大会提供参会代表的动态信息和数据,常常加班到深夜,尤其为赶制最新的参会代表名单,以便及时发放到代表手中,一直加班到凌晨,第二天早晨6点半又开始上岗。高强度、紧张的工作,使得多位组员口角起泡、口腔溃烂,直到大坝会闭幕尚未痊愈。但同志们热情周到的服务,使注册台成为受代表们欢迎的“咨询台”,每天面对各国代表的各种问题,注册组的同志总是耐心热情的给予解答,体现出组委会工作人员的良好形象。

(二)技术服务

组委会向大会提供的技术服务包括两部分:一是会议发言设备的准备与调试。技术组9月11日进驻国际会议中心,将所需设备全部布置到位,包括三台复印机、六台台式微机、两台笔记本电脑、六台幻灯机、三台多媒体投影仪、十台胶片投影仪、两台传真机等。会议期间还承担了帮助代表进行发言演练的任务，随时进行设备调试。二是负责会议产生的所有报告及会议组委会所需文字材料的打印和复印。主要完成了执行委员会会议和22个专业委员会会议报告的英法文打字和复印工作；为发言代表修改发言提纲和POWER POINT幻灯片，复印发言报告；为大会四个专题会议打印、修改和复印会议日程等，共计复印稿件达五万余张，为大会的顺利进行提供了可靠的技术支撑。

为不影响会议进程，技术组的同志每天加班加点地工作，有时甚至到深夜两点多钟，但大家任劳任怨。他们热情周到的服务，良好的工作作风，受到了国内外代表的一致好评，成为组委会整体工作水平的一个窗口。技术组也是会议其他工作组的“大本营，大后方”，是会议各个工作组信息联络的枢纽，通过技术组这个纽带，其他各组的工作有了高效率的运转。

（三）会场服务

会场组的工作内容包括整个会期的会场及各种设备使用、大会组委会办公室的使用、会期前厅的布置、临时会场的安排以及与会场使用相关的会间茶点安排等。虽然会前已有充分准备，但会议期间仍有各种情况出现，需要及时处理安排。

1. 会议中心大堂布置

11日下午进驻后，即开始与会议中心联系第二天注册台和其他工作台的搭建和布置工作，并根据各个部门的要求，进行调整，为大坝会的召开营造了良好的气氛，也为各方面工作的开展提供了良好的条件。如二楼电脑服务区，原来计划只布置十台电脑，为大会代表提供免费电子邮件服务。后来网络中心提出增加工作区的面积，为其他两个兄弟网站的宣传报道工作提供方便，他们都给予了及时的解决，为大坝会丰富的网站报道出了一份力。

2. 会场场地及设备

此次大会会期长、会场变更使用复杂、平行会场多，需要临时解决的问题也多。如15日各专业委员会会议，共有20余个会议室同时使用，分布于会议中心的三个不同楼层，有些会场临开会前又提出要使用投影仪、幻灯机和电脑多媒体显示设备等。在技术组人员的大力配合下，迅速及时地进行了安排，保证了各个分会场会议的及时顺利进行。

17日大坝会执委会会议，根据大坝会的传统，会场布置有很多具体的要求，如坐席安排、各个成员国的坐席前要有国旗等，会议的前一天晚上布置会场时，发现有些国家的国旗要临时制作，大家出主意、想办法，群策群力，一直工作到第二天凌晨，及时制作出了精美、逼真的国旗；17日大会开始后，又不断有成员国代表临时注册，赶往会场参加执委会，他们又及时制作出桌牌、国旗，调整坐席安排等，保证了会议的顺利进行。19 日大会开始后，由于会议发言安排得很紧凑，会场使用的设备种类多，而会场又很大，讨论时代表发言又很踊跃，会议进行过程中，还要协助主席、秘书，发放、复印有关资料等。在会场服务的工作人员克服困难，一直坚守岗位，协助专题秘书，提供多方位的服务。

3. 临时会场的安排

会议期间，不断有各国家委员会、区域委员会、公司提出使用会场的要求，会场组在请示领导后，都给予了及时、周到的安排。如美洲国家委员会提出要使用一个 20 人左右的会场，但临时租用会场，经费又难以解决。经请示领导后，将会议安排在中午组委会的会议室进行，解决了他们的问题，又不影响组委会对会议室的使用需求。还有一些临时召集的小型会议，他们都建议代表在二楼的接待室进行，方便了代表，又节约了他们的费用。在安排会场的同时，他们还为代表打印、准备会场使用和会场变更的通知，为代表着想，尽量把工作做得周到、细致。

4. 组委会办公室使用安排

进驻会议中心后，及时地把各个办公室，尤其是 ICOLD 官员的办公室布置好，除了满足他们提出的基本要求外，还为大家准备了必需的办公用品，体现了组委会的周到、细致的工作作风，得到了大坝会秘书长的称赞。对于会议期间各方人员提出的要求，也尽力和及时地给予解决。

5. 会议进行期间的其他工作

会议进行期间的一项工作就是间茶安排。他们于每次茶点时，都到各个会场外查看茶点进行情况，经与领导协商，调整下次茶点数量，在保证会议顺利进行、满足代表需求的同时，避免了浪费，节约了会议开支。

大会进行期间，每天都有不同的资料要发放，他们积极配合技术组，会议开始前，将当天需要发放的资料放置在会场进口处，使代表能及时得到有关会议资料，了解会议的进行情况。

会场组工作的特点就是要反应及时，手勤、脚勤、口勤，还要有细心和耐心，如大会进行时，在一个会场的工作人员有 4 人至 5 人(有平行会场时更多)，大家都勤勤恳恳、自始至终坚守岗位，表现出了志愿者的奉献精神。会议讨论时，他们还要为发言代表递送话筒，开始时，大家还有些生疏，可很快就适应了这项工作，为会议的进行提供了良好的服务，得到了会议主持人的称赞。

(四)其他

会议期间，还组织代表欣赏了我国杂技表演，举办了两场大型舞蹈演出，组织陪同人员进行市内旅游，丰富多彩的活动既丰富了代表的会议生活，使他们进一步了解我国的民族文化和改革开放的伟大成就，又使大家加强了沟通，增进了友谊，获得了代表们的一致好评。

但代表事前对旅游线路的情况了解不多，所以经常有要求换票和退票的，有的代表报到时间晚，预订的旅游票已作废，要求退款等，旅游组通过有原则的说服，技巧地周旋，用幽默的话语，和蔼的态度使代表满意的离开。后来只要代表有问题都喜欢找他们，请求帮助。

（五）网络保障

本届大会首次将网络技术应用于会场，实现信息高速传递，满足与会代表工作和联络的需要。中国水科院信息网络中心承担了此次大会的网络保障工作，为会议筹备期及会议期间相关的计算机网络提供技术支持。主要服务项目包括：

1. 建立国际大坝会议网站：根据组委会要求，于 1999 年 7 月开通中国大坝委员会网站，及时报道、宣传年会及大会的有关事宜，如发布会议通知、介绍技术考察线路、进行网站在线注册等。

2. 建立国际大坝会议镜像网站：会议期间，在北京国际会议中心建立了国际大坝会议镜像网站，不仅避免了因会场区域内局部访问量大而可能出现的信道“瓶颈”现象，同时大大提高了会场区域的访问速度。

3. 为会议提供 10 台网络计算机，供与会代表免费收发电子邮件、上网查询信息，并在会议中心租用 2M 带宽国际互联网出口，大大提高了收发邮件及信息查询速度。

4. 为国际大坝委员会秘书长办公室提供网络环境技术支持。

5. 为国际大坝会议各工作组提供网络环境技术支持，提高了会议代表注册、会议服务的工作效率。

6. 为中国水利网和水信息网提供会场网络环境支持及信息共享，使新闻媒体第一次在真正的信息高速公路实现了信息的高速传递。

大会期间的网络技术应用成为此次会议中最有特色的服务之一，受到了有关领导和专家们的交口称赞，许多国际大坝委员会的官员对此给予了高度评价，甚至到工作室看望慰问工作人员。尤其是向与会代表提供的 Free E-mail 服务，使代表们直接受益，备受中外代表欢迎。每天从 7:00～22:30，总是有代表忙于收发他们的邮件，尤其是每天的非会议时段，常常出现排队等候的动人场面。很多网站及新闻媒体对此竞相报道，成为本次会议的一大亮点。

（六）宣传报道

组委会非常重视大会的宣传工作，3 月份从水科院党委抽调专人组成宣传班子，制定了详细的宣传计划，宣传工作始终得到水利部办公厅、国电公司新闻中心、三峡总公司国际合作部和两个学会的大力支持，他们为搞好宣传工作出主意想办法，解决各种困难，协调各种关系。宣传组就电视人物专访、报纸特刊及专版、出版录像片和电子出版物、邀请新闻媒体采访等工作，与中央电视台、《CHINA DAILY》、《光明日报》、中国记协等单位多次进行洽谈，协调关系，提供有关资料，为会议期间强大的舆论宣传奠定了基础。

1. 前期工作

在1999年土耳其国际大坝委员会第67届年会上，我国代表就张贴了宣传画，散发会议通知、纪念章和文化衫，播放我国大坝建设的录像带；在国内外多家报纸、期刊上刊发会议消息，《水力发电》、《中国水利》、《中国电业》、《水利学报》、《水力发电学报》、《中国三峡建设》等行业内杂志分别为会议免费刊登了统一的2000年国际大坝会议广告宣传彩页；向中国水利学会、中国水力发电学会所属的地方专业学会及水利部、国电公司的直属单位寄发会议通知和宣传画。

2. 召开新闻发布会

7月22日在北京梅地亚中心召开新闻发布会。发布会由周大兵副总经理主持，汪恕诚部长致新闻发布词，100余名专家学者出席发布会。39家中外媒体的48位记者到会采访。据不完全统计，中央电视台3个栏目、中央人民广播电台及人民日报、德国世界报、澳门日报等20余家媒体均对此作了专门报道，扩大了影响，使更多人了解这次会议，达到了宣传的目的。

3. 宣传赞助工作

在组委会办公室的努力和有关单位的支持下，会议得到国家自然科学基金委员会、中国水科院、中国水利水电工程总公司、水利水电规划总院、国家投资公司、中国水力发电工程学会、二滩水电开发公司、小浪底工程管理局、清江水电开发公司、天荒坪抽水蓄能有限责任公司、长江水利委员会、美国哈扎公司、广州抽水蓄能联营公司、浙江龙游混凝土外加剂厂和葛洲坝水电厂等单位提供的资金赞助，为会议的成功召开创造了条件。

4. 出版报刊特刊、专版，送会场散发

(1)9月20日，《China Daily》出版特刊（一版彩色、一版黑白），分别刊登了汪部长、陆总和周总为大会撰写的文章，同时报道大会开幕式盛况，并于当天在会场散发，受到极大欢迎。尤其外宾代表人手一份，有的还拿了两三份，准备带回国。

(2)《中国水利报》9月19日出版套红祝贺专刊4版，刊登汪恕诚部长的文章，并发表评论员文章，并于21日、26日连续出版专版，及时报道大会消息，特别对三峡专题讨论会及大坝的效益等四个技术专题进行了整版专题报道，突出了行业特点。

(3)9月14日，《水利水电工程建设报》出版大会彩色专刊，在会场散发。

(4)《中国三峡工程报》、《中国电力报》等行业内报刊分别刊登陆佑楣总经理和周大兵副总经理为大会撰写的文章，同时对大会盛况和有关专题进行采访和报道。

(5)水电行业的主要报纸在会议期间刊登了72个单位对大会的同贺，为烘托大会气氛起到了很好的宣传作用。

(6)《水利学报》出版《第20届国际大坝会议专辑》，并在会场散发。

5. 多家新闻媒体对大会采访和报道

人民日报、新华通讯社、中央电视台、中国国际广播电台等37家国内媒体，路透社、法新社、纽约时报等5家国外媒体均对大会开幕式和三峡专题研讨会进行了采访和相应报道。会议期间，《中国日报》、《中国水利报》、《中国电力报》、《中国三峡建设工程报》等媒体临时要求采访霍格先生、陆佑楣总经理、沈崇刚先生和新任国际大坝委员会主席瓦尔玛先生等国际大坝委员会官员和组委会成员，宣传组都及时作了安排，有关报纸也很快进行了专题报道。

6. 广播电视对大会的宣传

(1)中央电视台对陆佑楣总经理和潘家铮院士进行了人物专访，会议期间又对霍格、勒寇尔努等国际大坝委员会官员特别采访，这些采访已于9月19日在CCTV—4《中国报道》栏目中播出，次日进行了重播。

(2)中央电视台CCTV—1“新闻联播”等节目对19日大会开幕式及23日李鹏委员长接见大坝会议部分专家代表情况进行了报道。

(3)中国国际广播电台19日在“新闻时事报道”栏目中对大会开幕式盛况作了专题报道。

(4)中央电视台CCTV—7《科技之光》栏目于17～18日播放了录像片《面向21世纪的中国大坝建设》，“十一”期间，又播放了为大会开幕式、技术成就展、三峡专题讨论会等情况制作的专门节目。

7. 网络宣传

大会新闻信息的网络化报道是本次会议的一大特色，也是中国水利网络化生存的第一次出色表现。中国水利科技网、中国水利网和水信息网，作为中国水利的三大网站，首次进行会场网上直播。水科院信息网络中心给予设备、技术上的全力支持，宣传组密切配合，及时提供大会的各种信息，保证消息来源。三家网站同台联合报道，既相互竞争，又相互支持，随时捕捉会议花絮，及时反映当天会议情况，使没参加大会的有关领导和水电同行们坐在家里也能及时了解大会有关情况，很受欢迎，并受到汪恕诚部长的高度赞扬，展现了中国水利网络的勃勃生机。

8. 制作录像片和电子出版物

(1)为加大宣传,特制作中、英文录像片《面向21世纪的中国大坝建设》,在大会会场、展览期间和闭幕式上播放,有的外宾主动要求购买此录像带。

(2)制作电子出版物《中国大坝建设》,并已按市场运作方式发行。

9. 会议摄影摄像

宣传组的四位同志承担了会议的全部摄影及照片出售工作,为会议和与会代表拍摄了大量照片,受到代表们的极大欢迎,购买十分踊跃。三位摄影师白天照相,晚上送出冲洗,并连夜编号分类,工作十分辛苦。

10. 准备大量会议资料

宣传组代拟和起草会议有关领导讲话、会议汇报材料及新闻稿件10余篇,并向与会代表及新闻记者发放会议材料10余种5000余份。

11. 会议简报

会议期间,坚持每天编写《大会工作进展》,经常加班至深夜,及时分送有关领导。

本次大会的宣传工作是很有成效的,但也存在着不足,值得今后借鉴。大型国际会议得到各家新闻媒体的关注,从会议筹备工作开始,就不断有记者个人或通过种种关系介绍到组委会办公室,要求参加大会各种活动,甚至会议召开后,许多记者还纷纷要求到会采访。但为防止上当受骗,干扰正常的宣传工作,保证会议安全,应严格把关,尽量通过对新闻单位的正常渠道联系业务。

另外,因缺乏经验,思想准备不足,对常驻会议的行业内记者,照顾不周,除给《中国水利报》安排了2个床位外,其他均未安排,一切食宿自理,给他们的工作带来一些不便。

(七)安全保卫

此次会议参加人员之多,规格之高,规模之大超过了历届水利部门承办的会议,各级领导对会议的安全保卫工作十分重视,水利部汪恕诚部长对本次大会的安全工作做了指示,科技与国际合作司司长董哲仁也多次听取汇报,检查会场情况,逐项落实各项准备工作。

为此,大会安全保卫组制定了详细的工作计划,做了周密的安排。根据大会的具体情况和特点,安全保卫组制定了安全保卫工作方案,并三次修改,对保卫工作重点,保卫工作组织,保卫工作责任划分,保卫工作部署,保卫工作措施等方面做了明确规定。

针对大会开幕式,党和国家领导人出席的情况,安全保卫组对开幕式的保卫工作制定了具体方案。从水科院抽调6名保卫干部,并对参加开幕式保卫工作的每个保卫干部划分了区域,明确了职责。对钱正英副主席参会的安全也做了安排,专派一名保卫干部负责,保证了大会开幕式及首长的安全。

为保证大会顺利进行,对可能发生的问题,安全保卫组制定了应急预案,成立了应急小组,准备了必要的物品。如在"三峡工程讨论会"上,针对可能发生的问题,应急小组全体人员自始至终坚守岗位,注意会场的情况,随时准备处置有关问题。

大会期间,为保证安全,针对不同情况,安全保卫组采取了以下具体措施,一是要求会务部门对中外代表的身份情况进行了核实,会务部门在会前电告各国大坝组织,对参会人员的情况进行确认。二是安全保卫组24小时值班。三是严格证件发放并严格查验。四是要求会务服务人员协助做好保卫工作,适时提醒外宾保管好自己携带的物品。五是在重要活动期间,为保卫工作配备翻译人员。六是坚持在会场及展览馆进行经常性的巡查,发现问题及时纠正。七是与有关部门、单位签订安全、防火责任书,落实责任人,使职责分解、明确。八是对活动场所提前检查如开幕式首长行走路线、贵宾室、主席台、中外代表观看演出的路线等提前并反复检查,逐项落实,及时向大会反映,做好安排。中外代表在去北京剧院观看演出时要经过一地下通道,公安机关反映此处不太安全,安全保卫组及会务工作人员在此安排人员值班。9月21日晚该通道内照明灯突然全部熄灭,通道漆黑一片,安全保卫组及时购买手电,为代表照明,保证了代表的安全,受到中外代表的好评。

由于本次大会的特点,有些保卫工作已超出大会安全保卫组的权限范围。为此,大会组委会报告北京市公安局,市公安局要求警卫处牵头,协调各有关部门共同做好保卫工作,市局九处、十处、朝阳分局、交管局等部门分别派人驻会,参与保卫工作。9月15日,市公安局召开安全保卫工作协调会,传达市局有关领导对大会安全工作的指示,并进行了具体分工。由九处牵头负责,五处做好涉外安全工作;朝阳分局负责会场周围及代表驻地的安全保卫;交通管理局负责安排李鹏委员长接见代表及告别宴会代表车队的警车开道、沿途警力安排、会场车辆调度工作;北辰集团保卫部、会议中心安保部负责会场周围的安全保卫工作。会议期间,安全保卫组与上述公安机关密切协同,相互配合,全力做好各项工作,使保卫工作得以顺利完成。

安全保卫组对大会的安全保卫工作,认真做好各项分工,做到职责明确。具体可以说是三明确:

一是大会安全保卫组内人员分工明确,如陈书记负责全面工作,其他人员有的负责与公安机关协调,有的负责内部人员和单位协调。

二是安全保卫组与公安机关分工明确,如哪些工作由公安机关负责,哪些由大会负责。

三是安全保卫组与有关单位的分工明确，如大会与中旅国际会议展览有限公司之间分工清楚，责任明确，使大会安全保卫工作有序进行，忙而不乱，为保证大会安全奠定了基础。

安全保卫组除对工作有明确分工之外，还认真抓好各项工作的落实。坚持每天一次碰头通气会，对当天发生的问题，第二天要做的工作进行研究布置。如中外代表参观水科院，安全保卫组提前对水科院的保卫工作进行检查布置，院保卫部门认真抓好各项落实工作，确保顺利安全。

本次大会在安全保卫工作中也发生一些情况，经紧急处理后，未对大会造成影响，如：

(1)中旅国际展览公司在代表注册中工作不细，致使3名闲杂人员从大会领取了代表证、资料箱、开幕式请柬，其中2名被安全保卫组抓获并移送公安机关处理。

(2)部分代表不注意照看携带物品，人物分离，为不法分子提供顺手牵羊的机会。

(3)大会各组工作协调、配合不够密切。

(4)大会期间，国际大坝委员会副主席、土耳其大坝委员会主席携夫人在燕莎商城购物时，遭一歹徒抢劫，由于其与歹徒搏斗，抢劫未得逞。此事已向公安机关反映，公安部门正在查处。燕莎商城有关负责人已来会场向外宾致歉，外宾对处理结果非常满意。

大会安全保卫组在大会组委会的领导下，在各有关单位、部门的配合下，保证了大会期间未发一案、未伤一人、未丢一包，圆满地完成了安全保卫任务。

情景模拟

1. 在某次会上，某个人始终一言不发，你认为这可能是由哪些原因造成的？

2. 如果让你准备一次一个半小时的小组讨论会，你将从哪些方面入手？

3. 某公司想要向社会发布一条重要消息，选择的方式是组织一次新闻发布会，假定你是办公室负责安排这项活动的专门人员，请你对此次活动进行周密的策划和安排。

思考题

1. 请你尽可能全面地写出你认为需要开会的理由。

2. 如何测算会议的成本？

3. 通常会议都有哪些分类方法？

4. 简述构成有效会议的要素。
5. 会议召集方和会议出席方各应从哪些方面对会议负责?
6. 如何确定与会人员名单?
7. 拟写和发放会议通知时应注意哪些问题?
8. 在会议期间和会议结束后,会议服务人员主要有哪些工作?
9. 你认为要做好会议管理工作,应该主要做出哪些制度规定?

第六章　办公室保密工作

保密的思想在我国历史上很早以前就产生了。《易·系辞上》有曰："子曰：乱之所生也，则言语以为阶。君不密则失臣，臣不密则失身，几事不密则害成。是以君子缜密而不出也。"大意是说，混乱的产生往往是由于言语不缜造成的。君王说话不缜密会失去臣子的拥戴，臣子说话不缜密则会招致杀身之祸，机密的事泄露出去就会产生祸患。所以君子要谨慎地保守秘密，不妄出言语。《韩非子·说难》中也有"夫事以密成，语以泄败"的说法。

在现代社会，秘密存在于社会生活的各个方面，有不同的利益主体。从国家来说，有政党和国家秘密，从企事业单位来说，还有应该保守的工作秘密及商业秘密等。保密工作是指对这些需要保密的事项采取有效措施，防止失密、泄密和窃密。

我国的保密工作有狭义和广义之分：

狭义的保密工作是指依照《保密法》及国家有关法律规定，为保守国家秘密所采取的有关活动。1996 年年底，在北京召开的全国保密工作会议上江泽民同志做了重要讲话，在讲话中他指出，"保密工作历来是党和国家的一项重要工作。革命战争年代，保密就是保生存、保胜利；和平建设时期，保密就是保安全、保发展。""越是深化改革，扩大开放，就越要做好保密工作。"这里所说的保密主要就是指保守国家秘密。以保守国家秘密为中心的保密工作是国家行政工作的一部分。

广义的保密工作是指对国家秘密、工作秘密、商业秘密等各类需要保密的事项所采取的保密活动。

总的来说，办公室工作中既需要依法保守国家秘密，又要保守有关的商业秘密和工作秘密。

第一节　国 家 秘 密

一、国家秘密的定义

1988 年 9 月 5 日颁布的《中华人民共和国保守国家秘密法》(以下简称《保密法》)第二条规定："国家秘密是关系国家的安全和利益，依照法定程序确定，在一定时间内只限一定范围的人员知悉的事项。"国家秘密应具备三个基本特征：

1. 国家秘密是关系国家的安全和利益的事项

这是国家秘密的本质性特征，也是国家秘密区别于其他秘密的主要标准。为了使这一含义更加具体，1990 年国务院批准颁布的《中华人民共和国保守国家秘密法实施办法》第四条规定：某一事项泄露后会造成以下后果之一的，当列入国家秘密及其密级的具体范围：

(1)危害国家政权的巩固和防御能力；

(2)影响国家统一，民族团结和社会安定；

(3)损害国家在对外活动中的政治、经济利益；

(4)影响国家领导人、外国要员的安全；

(5)妨害国家重要的安全保卫工作；

(6)使保护国家秘密的措施可靠性降低或者失效；

(7)削弱国家的经济、科技实力；

(8)使国家机关依法行使职权失去保障。

2. 国家秘密应该依照法定程序确定

关系到国家的安全和利益的事项还必须要经过一定的法定程序才能成为法律认可的国家秘密。这里所说的法定程序主要有下列环节：

(1)国家保密局会同国家机关各部委依照《保密法》规定的基本保密范围确定本部委或本系统的国家秘密及其密级的具体范围，并在一定范围内公布。这些具体范围具有行政法规性质，也是各机关、单位对具体保密事项确定密级的直接依据。

(2)各级国家机关、单位按照国家秘密及其密级具体范围的规定，确认所产生的具体事项是否属于国家秘密，并确定其密级及其保密期限。《保密法》关于密级的规定，是每一项国家秘密产生、变更和解密的主要法定程序，它对保密工作的正规化、法制化具有重大作用。

(3)对于是否属于国家秘密和属于何种密级不明确的事项，由国家保密部门或国家保密工作部门审定的机关确定。

(4)各机关、单位依照规定确定密级、变更密级和解密，应当由承办人员提出具体意见交本机关、单位的主管领导人审核批准，并形成书面文字记载，同时还应接受其上级机关和有关保密工作部门的指导和监督。

规定基本保密范围

↓

确定秘密的具体范围

↓

决定密级及保密期限

3. 国家秘密在一定时间内只限一定范围的人员知悉

国家秘密都有保密期限和接触范围限制，在保密期限内，国家秘密只能被规定了的接触范围内人员知悉。《保密法》第二十条规定：接触国家秘密事项的人员或者机关、单位的范围，由确定密级的机关、单位限定。接触范围内的机关、单位，由其主管领导人限定本机关、单位内的具体接触范围。

二、国家秘密的范围和密级

1. 国家秘密的基本范围

国家秘密的基本范围是指根据国家秘密的定义，对国家各个领域活动中产生和形成的各类事项，进行密与非密的区分之后，从原则上确定出来的应作为秘密事项的范围。

国家秘密的基本范围以国家的法律形式做出规定，《保密法》第八条规定，国家秘密的基本范围包括下列秘密事项：

(1)国家事务的重大决策中的秘密事项；

(2)国防建设和武装力量活动中的秘密事项；

(3)外交和外事活动中的秘密事项以及对外承担保密义务的事项；

(4)国民经济和社会发展中的秘密事项；

(5)科学技术中的秘密事项；

(6)维护国家安全活动和追查刑事犯罪中的秘密事项；

(7)其他经国家保密工作部门确定应当保守的国家秘密事项。

规定国家秘密基本范围的目的是为了让全体公民了解国家秘密主要存在于哪些工作领域中，以便更好地履行其保密义务。

2. 国家秘密的具体范围

国家秘密的具体范围是指根据国家秘密的基本范围制定出来的国家机关各个业务系统中国家秘密的具体内容。《保密法》中将之称为“国家秘密及其密级的具体范围”，简称保密范围。

保密范围不能由任何机关、部门或单位随意制定，必须由法律授权的机关制定。《保密法》规定，“国家秘密及其密级的具体范围，由国家保密工作部门分别会同外交、公安、国家安全和其他中央有关机关规定。国防方面的国家秘密及其密级的具体范围，由中央军事委员会规定。”

我国的航天、航空、电子、科技、金融、公安等各行各业的业务主管部门都以国家秘密的基本范围为依据，分别按照自己本行业的具体情况制定了《国家秘密及其密级具体范围的规定》，它们是相应专业保密工作的法律依据。

3. 国家秘密的密级

根据我国保密工作的实际和参照国外的做法,《保密法》将国家秘密的密级分为“绝密”、“机密”和“秘密”三级。

“绝密”是最重要的国家秘密,泄露会使国家的安全和利益遭受特别严重的损害;

“机密”是重要的国家秘密,泄露会使国家的安全和利益遭受严重的损害;

“秘密”是一般的国家秘密,泄露会使国家的安全和利益遭受损害。

对国家秘密划分密级,有利于对不同级别的国家秘密采取相应的保护措施,突出保密工作的重点。

三、国家秘密的保密期限和标志

1. 保密期限

在《保密法》颁布和实施以前,我国没有规定国家秘密的保密期限,也没有制定国家秘密解密制度。除少数秘密自然公开解密之外,绝大多数既未降密也未解密,成了终身不变的国家秘密。

《保密法》第十四条规定,“机关、单位对国家秘密事项确定密级时,应当根据情况确定保密期限。确定保密期限的具体办法由国家保密工作部门规定。”1990 年国家保密局发布的《国家秘密保密期限的规定》中规定:国家秘密的保密期限,除有特殊规定者外,绝密级事项不超过三十年,机密级事项不超过二十年,秘密级事项不超过十年。

国家秘密事项是有时间性的,规定保密期限,适时地自行解密,可以使不需要保密的信息及时得到社会的了解,发挥其应有的作用,也可以免除对国家秘密逐项履行解密手续的大量工作。

2. 国家秘密的标志

《保密法》第十二条规定,属于国家秘密的文件、资料和其他物品应当标明密级,不属于国家秘密的文件、资料和其他物品不应标为国家秘密。

1990 年 10 月 6 日,国家保密局、国家技术监督局联合发出的《国家秘密文件、资料和其他物品标志的规定》中要求,国家秘密文件、资料和其他物品的密级和保密期限一经确定,应当立即做出明显并易于识别的标志。

国家秘密的标志是指印记在国家秘密载体上,表明其内容属于国家秘密事项的记号。我国国家秘密标志由国家秘密的标识、密级、保密期限三部分组成。其中,国家秘密的标识符号为★。一个完整的国家秘密标志应为:密级★保密期限,例如,某个国家秘密事项的密级为机密级,保密期限 15 年,则其标志为:机密★15 年。

国家秘密文件、资料和其他物品又简称为密件。按照有关规定，书面形式的密件，应在封面或首页的左上角标明密级和保密期限；地图、图纸、图表则在其标题之后或者下方标明密级和保密期限。非书面形式的密件，应当以能明显识别的方式在密件上标明密级和保密期限。凡有包装的密件，还应当以恰当的方式在包装上标明。

规定国家秘密的标志有利于对保密工作的管理和监督，也是对国家秘密管理进行规范化和标准化管理的重要步骤。

四、泄露国家秘密的行政与刑事责任

1. 泄露国家秘密的行政责任

泄露国家秘密的行政责任是指行为人对自己实施的、违反保密法律、法规和规章，危害国家秘密，对国家的利益和安全造成损害，但尚未构成犯罪所应承担的法律责任。

行为人违反保密法律、法规和规章的行为虽然产生一定危害社会的结果，但依刑法规定不构成犯罪，或构成犯罪但免除刑事责任的，都应承担相应行政责任，受到行政处分。

行政处分是指国家机关在整个单位以及行政隶属关系范围内，依法对违反行政法律、法规和规章以及本单位规章制度的所属工作人员给予的一种强制性制裁措施。行政处分分为：警告、记过、记大过、降级、撤职、开除六种。对泄露国家秘密但尚未构成犯罪的，视其行为的严重程度分别给予以下行政处分：

泄露秘密级国家秘密的，给予警告或记过处分；情节轻微的，可以免予或从轻给予行政处分；情节较重的，给予记过以上行政处分。

泄露机密级国家秘密的，给予记过或记大过处分；情节轻微的，给予警告处分；情节较重的，给予记大过以上行政处分。

泄露绝密级国家秘密的，给予记大过、降级或撤职处分；情节特别轻微的，给予记过或记大过处分；情节较重的，给予降级以上行政处分。

泄露国家秘密构成犯罪的，应予撤职或开除处分。

对泄露国家秘密事件隐匿不报或故意拖延报告时间，以致影响查处工作或采取补救措施的，应根据后果情况给予主管领导或直接责任人相应的处分。造成损害后果的，从重给予处分。

上文中所指的情节较重或情节较轻分别是指下列情况：

情节较重是指：(1)泄露国家秘密已造成损害后果的；(2)故意泄露国家秘密的；(3)一次泄露国家秘密事项较多的；(4)泄露国家秘密隐匿不报的；(5)不

如实提供泄露国家秘密情况的；(6)利用职权指使或强制他人违反保密规定的。

情节较轻是指初次过失泄露国家秘密，事后能够及时报告和采取补救措施，且能够证明未造成损害后果的。

行政处罚的一般程序是：调查取证、听取人陈述或举行听证会、做出处罚决定、宣告或送达人、执行等阶段。当事人对行政处罚不服的，有权依法提起行政复议或提出行政诉讼。

2. 泄露国家秘密的刑事责任

泄露国家秘密的刑事责任是指行为人因违反保密法规，构成犯罪所应承担的法律后果。因此，泄密犯罪是追究泄密刑事责任的前提。

根据我国《刑法》规定，犯罪是指一切危害国家主权、领土完整和安全、分裂国家、颠覆人民民主专政的政权和推翻社会主义制度，破坏社会秩序和经济秩序，侵犯国家财产或者劳动群众集体所有的财产，侵犯公民私人所有的财产，侵犯公民的人身权利、民主权利和其他权利，以及其他危害社会的行为，依照法律应当受刑罚处罚的，都是犯罪。

根据我国《刑法》的规定，泄露国家秘密犯罪涉及五个罪名：非法提供国家秘密、情报罪；泄漏国家秘密罪；非法提供军事秘密罪；故意泄漏军事秘密罪；过失泄露军事秘密罪。

(1)非法提供国家秘密、情报罪

是指国家秘密持有者和知悉者故意向境外机构、组织和人员非法出卖、交付、告知国家秘密、情报的行为。该罪的法定刑是：实施了非法提供国家秘密、情报行为的，处五年以上十年以下有期徒刑；情节较轻的，处五年以下有期徒刑、拘役、管制或者剥夺政治权利；情节特别严重的，处十年以上有期徒刑或者无期徒刑。

(2)泄漏国家秘密罪

是指国家工作人员违反保守国家秘密法规，由于故意或过失使国家秘密被不应知悉者知悉，情节严重的行为。该罪的法定刑是：情节严重的处三年以下有期徒刑，或者拘役；情节特别严重的，处三年以上七年以下有期徒刑。非国家工作人员犯该罪的视情节酌情处罚。

(3)非法提供军事秘密罪

是指军职人员故意将非法获取的军事秘密提供给境外机构、组织和人员的行为，该罪的法定刑是：十年以上有期徒刑、无期徒刑或者死刑。

(4)故意泄漏军事秘密和过失泄露军事秘密罪

是指违反保守国家秘密法规，故意将国家的军事秘密泄漏或传递给不应知悉者；或因疏忽大意，严重不负责任，将国家军事秘密泄漏给他人或者遗漏丢失，情节严重的行为。该罪的法定刑是：情节严重的处五年以下有期徒刑或者拘役；情节特别严重的处五年以上十年以下有期徒刑。

第二节　工作秘密和商业秘密

一、工作秘密

1. 工作秘密的概念

《国家公务员暂行条例》中规定，工作秘密是指在国家机关公务活动中产生的，不属于国家秘密而又不宜对外公开的事项。

对工作秘密概念的理解，主要应从三个方面理解：

(1)产生和形成工作秘密的主体是各级国家机关

工作秘密是国家机关在公务活动中产生的，同时，根据国家有关规定，参照《国家公务员暂行条例》执行的其他国家机关也可以成为产生工作秘密的主体。其他企事业单位和社会团体，则不能成为产生工作秘密的主体。

(2)工作秘密是在机关公务活动中产生的

国家机关在工作中，既有按照行政职责进行公务活动的内容，也有内部管理活动的内容，工作秘密的内容是与本机关的公务活动和内部管理活动密切相关的事项。

(3)工作秘密不属于国家秘密，但是不宜对外公开的事项

这些事项如果被泄露出去，不会对国家安全和利益造成损害，但却会在一定程度上对机关公务活动的正常开展造成不良影响，因此未经批准不得擅自扩散和公开。

2. 工作秘密的主要内容

不同于国家秘密，工作秘密事项的确定大多只需要由各机关自行确定，一般会对机关公务活动的正常开展造成不良影响，因而不宜对外公开的事项主要包括下面几个方面：

(1)本单位与外部上级单位、下级单位及其他有关单位间相互往来的各种文件及函件；

(2)本单位内部各部门形成的各种内部文件，如计划、总结、请示、报告、报表等；

(3)各企事业单位的内部名称、代号；

(4)未达解密期的档案；

(5)其他与机关重要活动有关的事项。

3. 工作秘密的标志

工作秘密的标志为“内部”字样，即在确定为工作秘密的文件、资料及其他载体上，加注“内部”作为标志。绝对不能使用“绝密”、“机密”和“秘密”这类国家秘密的标志。

4. 泄露工作秘密所承担的责任

工作秘密泄露后，有关责任人要承担行政责任，受到相应的行政处分。

二、商业秘密

1. 商业秘密的概念

《中华人民共和国反不正当竞争法》中规定：商业秘密是指不为公众所知悉，能为权利人带来经济利益，具有实用性并经权利人采取保密措施的技术信息和经营信息。

商业秘密是处于保密状态的技术信息和经营信息，所涉及的范围十分广泛，既可涉及工农商的技术信息和经营信息，又可涉及科研、生产、经营及其他领域的技术信息和经营信息。但是商业秘密的确定应具备四个条件：

(1)不为公众所知悉

商业秘密首先应该是一种秘密，这种秘密不具有排他性，也不具备惟一所有人性质，其他人也可以通过独立发明等渠道掌握。但它应该是指除所有者之外，尚未被他人掌握的秘密。这是商业秘密的基本条件。

(2)具有实用性，并能为权利人带来经济利益

实用性是指商业秘密必须是一种能够在现在或将来应用于生产、经营，具有一定的确定性的技术方案或经营策略。如果某种信息仅仅是某种理论上的设想或抽象的概念，尚未转化为可实施方案，则不是商业秘密。

另外，商业秘密的现在或将来的使用，应该能够为权利人带来实际的或潜在的经济利益和竞争优势。不能为权利人带来物质上的收益的秘密，则不属于商业秘密。这是商业秘密区别于其他秘密的最显著特征。

商业秘密的价值和实用性是商业秘密的生命，这是对商业秘密进行法律保护的根本原因及直接目的。

(3)权利人已经采取了保密措施

商业秘密的权利人是指持有商业秘密的人，包括对商业秘密享有所有权或使用权的公民、法人或者其他组织，商业秘密的所有权人有权将商业秘密转让给他人。

商业秘密不同于国家秘密，没有国家规定的明确保密范围和密级，某事项

是否属于商业秘密的确定，完全是由权利人自己根据需要做出的，只有权利人视之为秘密，并为之采取了保密措施的才能成为商业秘密，否则不能受到有关法律的认可和保护。

根据国家工商行政管理总局1998年修订的《关于禁止侵犯商业秘密行为的若干规定》第2条第(四)款规定，权利人采取的保密措施，包括订立保密协议，建立保密制度及采取其他合理的保密措施。因此，采取的保密措施主要包括签订保密合同、订立保密协议、制定保密规章制度、在保密资料上加注保密标志、限制文件的发放范围和数量、加强保密教育、告知员工对哪些信息负有保密的责任和义务等，另外还可以采取隔离机器设备、加强门卫、专人专柜保管、将有关资料上锁等。

(4)商业秘密的主体是技术信息和经营信息

商业秘密主要包括技术信息和经营信息两大类。技术信息在我国也称专有技术或技术秘密，是指经权利人采取保密措施的、不为公众所知晓的、具有经济价值的、未取得工业产权保护的制造某种产品或者应用某项工艺以及产品设计、工艺流程、技术诀窍、配方、制造技术、设计方法、技术数据、质量控制和管理等方面的技术知识。经营信息是指经权利人采取保密措施的、不为公众所知晓的、具有经济价值的有关商业、管理等方面的方法、经验或其他信息，包括企业的规划和发展计划，企业的营销策略、货源的情报、招投标文件、财务和会计报告、人事安排、客户名单、流通渠道、供销渠道、谈判底线及诉讼状况等。

另外，在《关于禁止侵犯商业秘密行为的若干规定》中第2条第(五)款也指出，技术信息和经营信息包括设计、程序、产品配方、制作工艺、制作方法、管理诀窍、客户名单、货源情报、产销策略、招投标中的标的及标书内容等信息。

2. 侵犯商业秘密的行为

在《反不正当竞争法》中指出侵犯商业秘密的行为主要有以下几种类型：

(1)以盗窃、利诱胁迫或者其他不正当手段获取权利人的商业秘密；

(2)披露、使用或者允许他人使用以前项手段获取的权利人的商业秘密；

(3)违反约定或者违反权利人有关保守商业秘密的要求，披露、使用或者允许他人使用所掌握的商业秘密；

(4)第三人明知或者应知前款所列违法行为，获取、使用或者披露他人的商业秘密。

3. 商业秘密的确定及密级

商业秘密是权利人根据自己的需要确定的保护事项。从本单位实际利益出发，如果某一技术信息或经营信息泄露后会造成下列后果之一的，应当列入商业秘密的管理范围：

(1)影响权利人的正常生产和发展；

(2)影响权利人的营销活动；

(3)妨碍权利人的技术发展与进步；

(4)使权利人在市场竞争中处于被动或不利地位；

(5)使权利人的经济利益受到损害。

对于认定的商业秘密，权利人应该通过有效的方式声明它是一种秘密，如在有关资料上将其称为“技术诀窍”、“专有技术”、“技术权益”、“科技成果权”、“非公开信息”等。并对该事项采取有效的保密措施。

通常商业秘密的等级按其重要程度可以分为 AAA 级、AA 级、A 级。

4. 商业秘密的主体

商业秘密可以是一人独创的技术方案或经营策略，也可以是多人共同研究设计的结果，还可以是不同的组织或个人分别独立发明、创造的技术、经营信息；商业秘密权利人也不能排斥他人通过合法途径获得和使用相同的商业秘密。因此，商业秘密不具有专有性，其主体可以是一人，也可以是多人。既可以是自然人，也可以是法人或其他社会组织，甚至还可以是作为特殊民事主体的国家。

导致多个权利人主体并存的情况主要有以下几种：

(1)多人共同研究、设计出商业秘密并共同对其享有权利；

(2)他人自行创造、构思出同样商业秘密；

(3)他人从权利人处受让商业秘密权；

(4)他人从权利人处取得商业秘密的实施许可权；

(5)他人通过反向工程取得商业秘密。

三、我国对商业秘密保护的法律规定

商业秘密的泄露会损害权利人的经济利益、竞争优势及市场平等竞争秩序，随着社会主义市场经济法律体系日益完善，我国针对商业秘密的法律规定也相对完备，现已初步建立起了以《反不正当竞争法》、《合同法》、《劳动法》、《刑法》等为主体的法律保障体系，构建了一个体现民事、行政、刑事法律保护等多层次、全方位的法律保护机制。

1.《刑法》中对商业秘密保护的法律规定

《刑法》规定，泄漏商业秘密罪是指合法掌握商业秘密的人，故意违反约定或者违反权利人有关保守商业秘密的要求，披露、使用或者允许他人使用其所掌握的商业秘密，对商业秘密的权利人造成重大损失的行为。所谓重大损失是指给权利人的生产、经营造成严重经济损失、丧失竞争能力的情况。依据《刑法》规定，给权利人造成重大损失或丧失竞争能力的，处三年以下有期徒刑或者拘役，并处或单处罚金；造成特别严重后果的，处三年以上七年以下有期徒刑，并处罚金。

另外《刑法》中还规定了侵犯商业秘密罪。它是指采取不正当手段，获取、使用、披露或允许他人使用权利人的商业秘密，给商业秘密的权利人造成重大损失的行为。所谓重大损失，主要包括经营活动受到严重损害，经济损失严重，商品滞销，严重积压，营利性服务严重受挫等。依据刑法第 219 条的规定，犯侵犯商业秘密罪的，处 3 年以下有期徒刑、拘役，并处或单处罚金；造成特别严重后果的，处 3 年以上 7 年以下有期徒刑，并处罚金。

2.《反不正当竞争法》中对商业秘密保护的法律规定

(1)民事法律责任

《反不正当竞争法》第 20 条规定了侵权的民事法律责任，即赔偿损失。其中侵权人的民事赔偿的责任范围有两部分：一是被侵害人的实际损失或侵权人因侵权所获得的利润；二是补偿权利人因侵权人的行为而花费的合理费用。

(2)行政法律责任

《反不正当竞争法》第 25 条规定了侵权的行政法律责任，即停止侵权，消除影响。作为行政管理部门的工商机关一方面有权禁止侵权人继续使用、披露权利人的商业秘密，并采取尽可能的措施减少损失，阻止该秘密扩散，责令侵权人停业整顿，吊销营业执照；另一方面要根据情节对侵权人处以罚款。

3.《合同法》中对商业秘密保护的法律规定

1999 年 10 月 1 日起开始施行的《中华人民共和国合同法》中，对技术秘密保护做了有关规定，例如：侵权人违反保密协议，应按照合同的约定和有关法律的规定承担违约责任；转让方和受让方违反合同约定的保密义务，应支付违约金或者赔偿损失的内容，并承担违约的法律责任。这些规定是技术合同中涉及到的商业秘密受法律保护的直接依据。

4.《劳动法》中对商业秘密保护的法律规定

当前我国在人员流动中侵犯商业秘密的现象较为普遍，一些“跳槽”者将原单位的商业秘密作为自己重新择业的砝码。《劳动法》第 22 条和第 102 条对此做了明确的规定，将保守用人单位的商业秘密作为劳动合同条款之一，并规定了违反保密条款的法律责任，通过这些规定来保护用人单位的商业秘密。

第三节　科学技术秘密

科学技术是第一生产力。人类社会进入20世纪以来，国家之间的竞争成了以科技为主的综合实力的竞争，一个国家的科技水平往往决定和代表着该国的经济实力和发展潜力，各个国家都不遗余力地发展高新技术，科学技术方面保密与窃密的竞争成为综合国力竞争中的一个焦点，也成为情报战的核心。因此，科技保密的工作也越来越重要。2002年5月，科技部召开了全国科技保密工作会议，科技部徐冠华部长在会议上做了讲话，他指出，科技保密是新时期维护国家安全的重要组成部分。当今世界国家安全正日益演变成以政治安全为根本、以经济安全为基础，以科技安全为关键，以军事安全为保障，融生产安全、文化安全和社会安全为一体的新的态势。

一、科学技术秘密的概念

科学技术秘密是国家秘密的一个重要组成部分。根据《保密法》的有关规定和我国科学技术工作的实际，科学技术秘密是指关系国家的安全和利益，依照法定程序确定，在一定时间内只限一定范围的人员知悉的科学技术成果和科学技术事项。

属于国家秘密的科学技术成果具备以下几个条件：

1. 关系到国家的安全和利益

任何科技成果都有其客观价值，但只有那些公开或泄露后会给国家的利益和安全带来损害的科学技术成果才是科技秘密。有些科技成果虽然有较大的价值，但如果公开后不会影响国家的利益和安全，就不能算作是科技秘密，可能只属于商业秘密的范畴。

2. 具有先进性

一般地说，科技成果的先进程度与国家安全和利益的关系程度是成正比的，先进程度越高，公开后对国家造成的损害就越大，它的保密价值就越大。

3. 具有独创性或独有性

凡属于我国发明创造或独有，不受自然条件因素制约，能体现民族特色、社会效益或者经济效益显著的传统工艺、技术诀窍等，应作为技术秘密来保护。

二、国家科学技术秘密的范围和密级

1. 国家科学技术秘密的范围

1995 年 1 月 6 日由国家科学技术委员会和国家保密局制定的《科学技术保密规定》中规定：关系国家的安全和利益，一旦泄露会造成下列后果之一的科学技术，应当列入国家科学技术秘密范围：

(1)削弱国家的防御和治安能力

泄露以后会削弱国家的防御能力和治安能力的科学技术是指装备国家武装力量，能够提高我国军事装备水平的技术，用于国防设施建设或者发展国防工业的技术，能有效地巩固国家政权和维护社会稳定，对付各种犯罪活动的侦察防范的技术。

削弱国家的防御能力的科技秘密主要是指用于军队和国防建设或对军队和国防建设有重要影响的科研成果或项目，一旦泄露，会对国防和军队的安全与利益造成危害，削弱军队战斗力和国防防御能力。

削弱治安能力的科技秘密主要是指用于社会治安系统的技术手段、技术装备设施和科研成果，一旦泄露，将会影响技术手段、装备的效果，增大治安预防及侦察的难度，削弱治安能力，危害到社会稳定和人民生命财产的安全。

(2)影响我国技术在国际上的先进程度

泄露以后会影响我国技术在国际上的先进程度的科学技术是指该项技术与国际同类技术相比，处于国际领先水平、国际先进水平，接近国际领先和国际先进水平的技术。

在国际竞争中，科学技术先进的国家，将会在相应的方面有很强的主动性，一旦先进技术被泄露，将会导致国家在该项技术方面的先进性或领先性受到损害甚至完全丧失，失去主动的地位。

(3)失去我国技术的独有性

泄露以后会失去我国技术的独有性的科学技术是指我国独有的一些传统工艺，或者技术诀窍，并且是使用这些技术所生产的产品在国际上能够占有较大的国际市场或者是独占国际市场的技术。

我国许多在世界上独有的科技成果、发明创造，特别是传统工艺技术在国际市场上一直大受欢迎，这些技术诀窍、配方一旦泄露，就会使其失去其独有性。

(4)影响技术的国际竞争能力

泄露以后会影响技术的国际竞争能力的科学技术是指采用此类技术生产的产品在国际市场上占有很大的份额，能给国家带来较大经济利益的技术。

我国有一些占有国际市场较大份额的或占据领先地位的特有的出口产品的生产技术、工艺流程和配方，一旦泄露，往往会被别人仿制生产，这样不仅会形成新的竞争对手，甚至还会失去市场，直接影响我国的技术出口和对外贸易，造成巨大的经济损失。

(5)损害国家声誉、权益和对外关系

主要是指我国与有关国家约定不对外公开的技术，和我国在引进技术的时候已经承诺承担保密义务的技术。

改革开放以来，我国通过公开和秘密渠道吸收和引进了不少先进的科学技术，但在加以运用的同时，还需要承担相应的保密义务。如果不能做到这一点，将会使技术的提供方蒙受损失和危害，从而使国家的声誉、权益受损，并影响到我国的对外关系。

从上述几点可以看出，要准确地判定某一项科学技术是否属于国家秘密，除了准确理解有关的规定和条文以外，还应该大量掌握国际科技和经济情报，并对之有透彻准确的分析。

2. 科学技术秘密的密级

同其他国家秘密一样，科技秘密的密级也分为绝密、机密和秘密三级。

绝密级是指能够满足下列条件之一的科学技术：

(1)国际领先并且对国防建设或者经济建设具有特别重大影响的；

(2)能够导致高新技术领域突破的；

(3)能够整体反映国家防御和治安实力的。

机密级是指能够满足下列条件之一的科学技术：

(1)处于国际先进水平，并且具有军事用途或者对经济建设具有重要影响的；

(2)能够局部反映国家防御和治安能力的；

(3)我国独有、不受自然条件因素制约、能体现民族特色的精华，并且社会效益或者经济效益显著的传统工艺。

秘密级是指能够满足下列条件之一的科学技术：

(1)处于国际先进水平，并且与国外相比在主要技术方面具有优势，社会效益或者经济效益较大的；

(2)我国独有、受一定自然条件因素制约，并且社会效益或者经济效益很大的传统工艺。

按照我国规定，科学技术秘密事项的密级，由产生单位根据有关规定确定。

三、科技秘密定密的指标

科技秘密的评定主要依据四个指标,其中一个是主体指标,另外三个是制约指标。

1. 判定科技秘密的主体指标

判定科技秘密的主体指标是技术先进性程度,即一项科技成果关键技术和总体的技术水平与当前国际上同类研究的水平相比较所处的地位。技术水平共分四个等级:国际领先、国际先进、接近国际先进和国际一般。

国际领先水平是指科技水平全面超过国际上公开的同类研究的最先进的技术或理论水平。国际先进、接近国际先进和国际一般的科技水平依次递减。

2. 判定科技秘密的制约指标

(1)对经济建设、社会进步、国家防御治安能力的影响程度

是指一项科技成果对国内经济发展、社会进步,或对加强国家防御、社会治安能力所起的作用的大小。作用的大小分设四个等级:特别重大影响、重大影响、较大影响及很小影响。

特别重大影响是指对国民经济行业发展和社会进步具有巨大作用,且具有特别显著的经济效益和社会效益,对加速国防建设提高国家防御、社会治安实力,或提高军事装备水平具有极大作用或潜在应用价值。重大影响、较大影响及很小影响的作用程度逐级递减。

(2)技术难易程度

是指一项科技成果所涉及的技术领域的深度和广度,可以根据技术难点的多少和难度的大小,涉及学科领域的深度、技术复杂程度、研制规模的大小来综合判断。技术难易程度分为四个等级:非常难、很难、较难、不难。

非常难是技术难点非常多,且难度非常大,研究时是跨越多个学科领域,研制中投入了非常多的人力、物力和财力,技术非常复杂,且规模也非常大。其他等级的技术难度依次递减。

(3)国际竞争能力程度

是指一项科技成果因为能够导致相关高新技术领域突破及带动相关产业发展而具有国际技术优势和产品市场竞争力的程度。下设四个等级:特别强、很强、较强和较弱。

特别强是指在国际上占有极大优势,具有特别强的竞争力。其他等级的竞争力程度依次递减。

第四节　保 密 管 理

一、办公室与保密管理

加强保密管理，是各单位在新时期面临的极为重要的问题，1997 年中共中央下发了《关于加强新形势下保密工作的决定》，明确指出："新形势下的保密工作直接关系到国家安全、经济发展和社会稳定，关系到建设有中国特色社会主义事业顺利进行。如果对此缺乏认识，就会在综合国力激烈竞争中误大事，吃大亏。"

《中华人民共和国保守国家秘密法》中明确规定："县级以上国家机关和涉及国家秘密的单位，根据实际情况设置保密工作机构或者指定人员，管理本机关和本单位保守国家秘密的日常工作。"

我国县级以上的国家机关、社会团体、企事业单位都应按照这一规定，根据实际需要开展保密工作。通常在保密工作比较重要的机关或单位都应设立专门的保密工作机构，而涉密较少的机关单位也应指定专人负责保密工作，而不论是单独的保密部门，还是专门的保密人员，都与办公行政部门有直接的关系，事实上，很多机关单位的保密工作是由办公室承担的，保密工作被视为行政事务管理的一项重要内容，因此办公室对整个单位的保密工作负有关键责任。

1. 信息管理需要保密工作

办公室承担着单位的信息工作，负责各类信息的收集、整理、保管、提供利用等，因此，掌握着大量来自工作和社会生活中的各类信息，其中必然有很多涉密信息。

2. 贴近核心管理层的工作特点需要保密工作

办公室的主要服务对象是单位的领导及整个管理层，在领导工作和管理工作中发挥着不可缺少的作用，因此在工作中必然会接触到大量的管理信息，其中包括各种核心机密。

3. 桥梁枢纽地位决定了它是保密的重点部门

办公室承担着承上启下、协调左右、沟通内外的桥梁枢纽作用，同时也特别容易成为失泄密的渠道。

4. 办公室各项工作涉密环节比较多

办公室工作很多业务本身就有机密性质，如文书处理、邮件函电处理、档案保管、安排会议、领导活动安排等，都应该有严格的保密任务，实际上，保密工作渗透在办公室的各项工作及各项工作的各个环节当中。办公室的每一项工作、每一个工作环节都应该有保密要求与规定。

5. 办公室的辅助性职能要求它承担起组织的保密管理工作

从办公室自身工作来说，办公室是各级党政机关、企事业单位和其他各类组织中重要的辅佐性和服务性部门，而做好保密工作正是为组织服务，保持各类组织正常运行的一项重要的辅助工作，因此，它是办公室的一项工作职责。

总之，办公室不仅是单位中重要的涉密岗位，而且从它的工作内容及在组织地位来看，也应该而且必须承担起组织的保密管理工作，我们对办公室的保密工作应该给予足够的重视。

二、保密工作的基本方针

根据 1983 年中央书记处批准的新时期保密工作指导思想，《保密法》第四条将我国保密工作的基本方针规定为："积极防范，突出重点，既确保国家秘密又便利各项工作。"

1. 积极防范

是指保密工作应立足于防患于未然，制定和完善保密法规、规章，加强保密监督，落实必要的技术和行政措施，开展广泛深入的保密教育，表彰在保密工作中做出显著成绩的单位和个人等。

2. 突出重点

是指保密工作的重点应放在秘密较集中的地区、部门和单位，应重点确保那些一旦泄露会对国家安全和利益带来严重损害的事项。

3. 既确保国家秘密又便利各项工作

是指要正确处理保密与各项工作的关系，保密工作要兼顾便利各项工作的开展，各项工作的开展又要十分注意保密，二者不可偏废，处理好二者关系的标准，是要有利于维护国家的安全和利益，有利于保障改革开放和社会主义建设事业的顺利进行。

《保密法》把我们党关于保密工作的指导思想上升为国家意志，以法律的形式确定了保密工作的基本方针，使这一方针具有更为广泛的社会作用，对我们整个保密工作有根本的指导作用。

三、失泄密的主要渠道

有秘密就会有窃密。获取秘密有多种渠道，如偷窃、唆使、利诱、逼迫、雇请他人为其提供秘密，招聘涉密人才，利用产品展示、参观等机会接近和获取秘密，通过分析统计数据、测算相关事物、利用公开资料获取秘密，通过反求工程获取秘密等。

不仅如此，近些年来，社会的发展、科技的进步，使得保密工作变得更加复杂。我国在20世纪80～90年代发生了巨大的变化，随着社会主义市场经济的建立和完善，彻底改变了过去计划经济时期人们的思想、意识、价值、道德等世界观和人生观；同时在实现跨越式发展的过程中，信息化和网络化迅速的发展，与世界各国的合作交流活动更频繁，合作方式日益多样化，特别是高新技术的迅猛发展，计算机及其网络技术的日新月异及日益广泛的应用，使保密和窃密的斗争正向高科技抗衡的方向转变，使得现代秘密泄密途径带有更多的高技术成分，更具有机动性，随时性和隐蔽性。从我国近一段时期的失泄密的实际情况看，主要有以下几个方面：

1. 保密意识淡薄

保守秘密是关系到国家的安全和利益的大事。我们党和国家历来十分重视保密工作，1950年新中国成立不久，党中央就做出了《关于加强保守党与国家机密的决定》。1951年，中央人民政府政务院颁布了《保守国家机密暂行条例》，之后，又多次发布了有关保密工作的法规性文件，对保障党和国家秘密的安全和培养人们的保密意识起到了重要作用。

但是自建国以来，我国经历了较长的和平时期，而且文革十年，使保密工作遭到了极大的破坏，人们的保密意识普遍淡薄；改革开放以后保密工作逐步得到恢复和加强，《宪法》将保守国家秘密规定为每个公民的基本义务，《刑法》规定了“泄露国家重要机密罪”，其他许多法规也写进了有关保守国家秘密的条款，但是改革、开放、搞活的形势及窃密技术的发展又使一些人产生“无密可保”、“有密难保”、“保密无用”等错误认识，还有不少人对于保密及保密工作没有清醒的意识，认为与己无关。因此在实际工作中疏于防范，导致了失泄密事故的出现。

2. 违反保密规定

很多人由于保密意识淡薄，只为自己的方便，在工作中违反保密规定，造成了许多失密、窃密情况的发生。例如，在公开场合谈论秘密事项，用非涉密微机处理秘密信息，用涉密微机上互联网及公众网，利用互联网及公众网传输涉密信息，用手机、普通电话谈论涉密事项，用传呼机、普通传真机传送涉密信息等都曾经造成了信息的泄密。因为普通传真机、电话机或手机它们都是靠电信进行传输的，在没有加密的情况下很容易被人接收，国家明令禁止在没有加密的情况下传输国家秘密。

另外，垃圾处理不慎、合作不慎、对秘密事项保护不力、私自复制、留存涉密载体，不按规定保管涉密载体等，也会造成失泄密事故。

3. 采用高科技手段获取秘密

窃密途径和窃密手段的多样化也起因于科技的进步，来源于信息存储介质和传输手段的高级化和多样化。在电子计算机诞生之前，信息的载体主要是手写或者机印的文本、胶卷、胶片，传递的手段大多是人工的传送、邮发、电话交流等。

计算机出现以后，利用硬盘、软盘等存储介质，借助网络，人们可以互访通信，而现代遥感技术使人们摆脱了时空的限制，了解到遥远地区的信息，因此在高技术条件下，增强保密的防范手段及现代化水平，确保各项秘密的安全，已经成为当务之急。

从现实来看，利用现代科技窃密的事件在今天屡见不鲜，如利用侦察卫星、侦察飞机携带遥感装置，激光、微电子等高新技术设备窃密，通过互联网破解对方的密码，进入对方秘密信息系统窃密，或者实施黑客的攻击，这些都加大了我们应对查处窃密行为的难度。

再例如，电磁辐射是今天信息泄密的一个重要渠道。现在人们处理各种信息越来越多地会借助于计算机等电子设备，但是计算机或其他电子产品由脉冲电路组成，它们在工作时就像一个小型电视发射台，向外辐射其产生的电磁波，同时还能经过地线、电源线、信号线、电话线等泄漏，造成信息泄密。尤其是显示器，其辐射能力更强。当地线不良或计算机系统附近有发射天线时，辐射强度更大。

1985 年 3 月，在法国召开的一次有关计算机与通信安全保护问题的国际会议上，一位荷兰青年向大会报告了一项惊人的发现。他用一台稍加改装的黑白电视机，在一公里的距离内，可以接收到电子计算机视频显示器辐射出来的信息，并能清晰地加以还原。几个月后，英国一家电视台又报道了他们与这个青年合作，在伦敦搞了一次现场窃收实验，窃收目标是一栋大楼，当时第八层正有一台计算机在工作，停在路边的一辆小货车里用于窃收的电视机屏幕上，清晰地出现了计算机显示的信息。这个发现在欧洲以至西方引起了轰动，引起了专家及公众的广泛注意，也震动了不少国家的政府、军方、企业和公司。因为这种辐射给密码机密信息的安全造成了巨大的威胁。英国的情报机关通过截收密码机的辐射信号，曾成功地破译了埃及、法国、希腊、印度等国的密码。由此看来，电磁辐射造成的失泄密是一个不可忽视的问题。

另外，手机隐蔽开机也会造成失泄密。一些型号的手机具有隐蔽开机功能，即可以在不振铃、也不出现任何显示的情况下，由待机转变为通话状态，将周围声音信息发射出去。在关系国家秘密的特殊部门手机已成为不容忽视的一大泄密隐患。

4. 第三方泄密

任何企业都不可避免地要与第三方发生联系，如果在秘密事项上控制不严，或没有同第三方做出事先约定，就会使第三方成为秘密泄露的渠道。秘密事项一旦被任意告知他人，也就不存在秘密了。

5. 保密制度不健全

保密工作最终还是要取决于各项制度的保障。我国《保密法》规定，机关、单位应当对工作人员进行保密教育，定期检查保密工作。同时《保密法》中还规定了基本的保密制度，提出了公民的行为规范，这些非常有利于克服保密观念不强，保密纪律松弛的现象。但是在一些单位，还是存在着制度不健全的现象，给那些觊觎机密事项者创造了可乘之机。

四、保密的措施与方法

1. 科学定密

划定保密范围，分清密与非密，明确保密事项是开展保密工作的基础。对秘密事项的认定必须本着科学的态度，首先要依据有关规定，划定本单位各类秘密的范围，既不能无限地扩大秘密范围，也不能漏划秘密。其次，要将国家秘密与工作秘密、商业秘密区分开来，分类管理，既要确保国家秘密的安全，也要管好工作秘密和商业秘密。然后还要科学地制定秘密的等级，对需要保密的文件及其他资料标注正式、规范的保密标记，突出保密工作的重点。

就一般企业而言，除了国家秘密、科技秘密以外，日常工作中需要采取保密措施的信息主要应该有：

(1)人事信息

· 正在酝酿中的人事调动、提升安排；

· 工薪福利标准；

· 纪律处分情况；

· 面试结果和招聘程序；

· 评估和考核结果；

· 员工个人信息。

(2)财务信息

· 企业的财务状况；

· 银行贷款及债务状况；

· 报价和投标信息。

(3)产品和服务信息

· 技术信息；

·市场信息。

(4)客户信息

·客户名单；

·客户的详细情况。

2. 明确重点涉密岗位及涉密人员

首先，要根据各个工作岗位接触秘密的程度，清晰地界定涉密岗位级别，将涉密岗位（人员）按其所涉及秘密事项的种类，分为涉国家秘密岗位（人员）、涉工作秘密岗位（人员）和商业秘密岗位（人员）三类。其中，涉国家秘密岗位（人员）又要分为核心涉密岗位（人员）、重点涉密岗位（人员）和一般涉密岗位（人员）三级；涉工作秘密岗位不分级；涉商业秘密岗位分为AAA级涉密岗位（人员）、AA级涉密岗位（人员）、A级涉密岗位（人员）三级。在保密工作中，对不同岗位（人员）分别采取不同的管理措施。

另一方面，要科学设定涉密人员范围。下图为主体专业国家秘密机密事项及相关行业工作中国家秘密机密事项的重点涉密岗位图示，主要分为秘密机密事项的掌握产生岗位、了解岗位及接触（经管）岗位。企业可以根据保密事项，参照制定各类涉密岗位，并采取相应的保密措施。

重点涉密岗位图

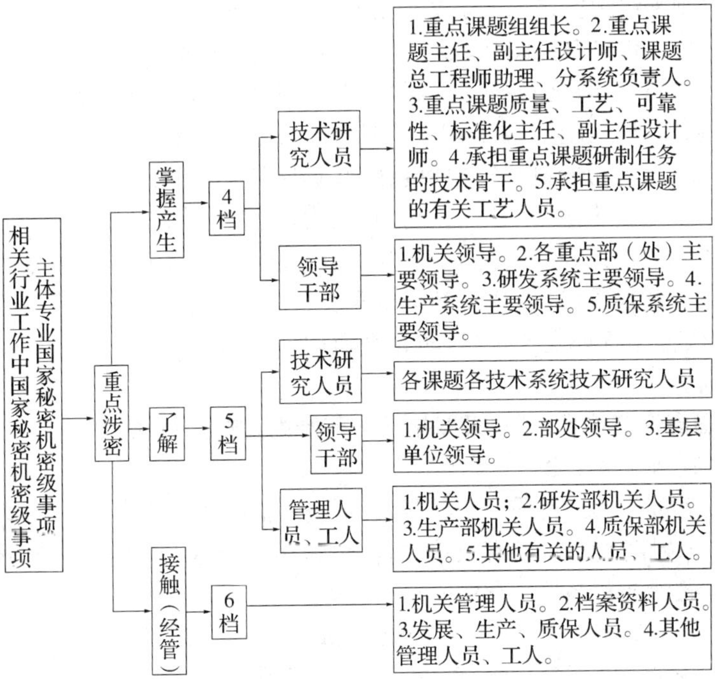

在对保密事项进行管理时，还要严格控制涉密的人员范围，不得随意扩大接触密件或秘密事项的人员。

3. 加强对重点涉密人员的管理

例如，对于企业承担的重点工程、重点开发项目及其技术专家等科技涉密人员，包括从事国家重点项目的科研、生产加工、管理岗位和承担重点产品研究课题的人员，要明确保密规定，严格执行国家和上级保密法律、法规，应严格要求他们认真履行保密义务，承担法律责任，在工作中培养良好的工作习惯，如办公室无人时，将桌上的文件和其他机密信息放进文件夹或文件柜，要将文件柜上锁，将钥匙放在安全的地方；接待来访的客人时，注意桌上的文件或电脑显示器中正在处理的文件，防止使之看到不应看到的秘密信息；不在公共场合谈论秘密的事情等。

同时要规范涉密人员流动制度，针对保密范围，对重点涉密人员的涉密知密要严格进行审核，以利于严格保密与控制，从而确保各项秘密的安全。

4. 加强电子文件资料、数据库的安全管理

国际档案理事会对电子文件下的定义是：通常以代码形式记录于载体，如磁盘、磁带或穿孔卡带之上的文件档案。它的内容只能通过机器来利用，并根据来源原则来组织安排。电子文件的载体与传统文件的载体有很大区别，包括存储电子文件、信件、图纸、报表所形成的软盘、光盘、硬盘和磁带。

当前网络技术、通信技术迅猛发展，企业的电子信息数据量大面广，从产品的设计、技术工艺、成本到产品的销售量、利润率等市场信息已逐步实现电子化。因此，加强电子文件资料、数据库的安全管理至关重要。一方面应在网络安全技术上投入财力、物力、人力，建立网络安全技术体系，防止竞争对手或黑客侵入；另一方面应建立一支思想技术过硬、作风正派的网络技术数据库管理人员队伍，建立健全电子文件资料、数据库安全管理的规章制度，强化数据库管理安全意识，防止企业内部网络管理人员泄露企业的电子信息数据。

5. 提高保密技术手段，采取技术防范措施，防止信息的失泄密

(1) 抑制和屏蔽电磁泄漏

对要害部门的设备采取金属屏蔽，从技术上改善电路布局，搞好电源线路滤波、信号线路滤波、设备有效接地、减少传输电阻等，使用绝缘接插件，使用不产生电磁泄漏和高抗干扰的光纤光缆等。

(2) 采取干扰性防护措施，防止信息泄漏

在系统工作时释放伪噪声（也就是使用干扰器对辐射信号进行干扰），掩

盖系统的工作频率和信息特征，使敌方无法接收到信号内容。

(3) 对涉密微机设定开机密码；将内部局域网与公众网实行物理隔离，安装“防火墙”设备和入侵检测系统。抵御外部黑客的恶意攻击、动态检测各种非法访问，防止信息泄漏。

(4) 选用低辐射的电子设备，降低电磁辐射带来的泄密危害。

6. 加强计算机上网管理，严防计算机系统泄密

互联网的迅速普及，企业上网工程的启动，很多单位都建立了自己的局域网或加入互联网，近几年来，利用计算机网络进行窃密的案件在我国以每年30 %的速度递增。计算机网络的安全问题应当引起人们的密切关注。我国政府早在1994年2月就发布了《中华人民共和国计算机系统安全保护条例》，对计算机信息系统的安全做了明确规定，要求对进行国际联网的计算机系统进行备案。稍后又制定并颁布了《中华人民共和国计算机信息网络国际联网管理暂行规定》和《中国互联网络城市注册暂行管理办法》。1997年新《刑法》从立法上做出规定，利用计算机进行破坏、窃密或者其他犯罪的依照刑法有关规定处罚。国家保密局1998年颁发了《计算机信息系统保密管理暂行规定》对上互联网的计算机做出规定，只能单机上网，不能与局域网有任何的物理连接。因此在单位的保密工作中，应坚持“谁上网、谁负责”的原则，不该公开的秘密事项决不能上互联网。

7. 进一步调整和健全保密组织机构

这是贯彻实施保密工作的组织保证。没有强有力的组织机构，就无法有效开展保密工作。

8. 加强档案管理工作

档案中包含了各个单位各个方面大量的秘密信息，必须要切实加强管理。既要制定档案保密制度，对档案工作的收集、整理、鉴定、保管、统计、利用、检索、编研这些重要环节采取有效的保密措施，也要组织档案人员认真学习有关法律法规如《保密法》、《档案法》，以及本单位所制定的各项保密管理制度，不断增强各级档案人员鉴别能力和适应能力。

9. 建立健全保密工作的规章制度

(1)在单位内部建立严格的审批程序。凡涉及各类应当保守的秘密，必须严格按有关保密的规章制度执行。以商业秘密为例，对于企业间技术交流、产品展示、企业介绍及技术资料转让等必须严格审查，按程序报批，经企业决策层同意后方可进行。

(2)建立有效的文件管理、会议活动、新闻出版、通信和办公自动化、经营管理、参观展览、科研生产技术、涉外活动等各项保密制度，只有这样，才能使保密工作真正有章可循。

(3)加强保密教育,从根本上落实有关保密规定。要求所有涉密人员熟练掌握、严格遵守各项保密规定,坚决纠正有章不循的现象。在日常工作中必须做到:不将手机带入涉密场所;不用手机、普通电话谈论涉密事项;不用传呼机、普通传真机传送秘密信息;不在没有加密的情况下传输保密信息;不用非涉密微机处理秘密信息;不将秘密信息存入计算机硬盘;不用涉密微机上互联网及其他公众网;不利用互联网及其他公众网传输涉密信息;不对外开放或让外人参观包含有重要企业秘密的工艺流程、生产过程等;不让外人观看或拍照重要的、关键的技术图纸、数据、设备、产品等;杜绝私自复制、留存涉密载体等现象;对办公室的废旧资料要按照有关规定处理和销毁等。

10. 加大保密宣传力度,提高保密意识

保守国家秘密是每个公民的义务,保守单位的各项秘密也是现代职场每一个人都必须具备的职业道德。单位的各项秘密直接关系国家的安全和利益,也关系到具体单位的利益和生死存亡,上至领导,下到工作人员都应牢固树立企业主人翁思想,牢固树立保密观念,自觉保守秘密。

另外,加强保密工作,除了思想教育和行政措施外,还必须采取法律手段,使保密工作纳入法制轨道,并通过强制力予以保障。

第五节 办公室工作的保密管理

一、会议保密工作

会议是交流和传达信息的重要场所,也是管理决策中经常举行的活动,其中有些内容不可避免地带有秘密性质,因此,在召开涉密会议时,必须在各个环节采取严格的保密措施。

1. 会前的保密工作重点

(1)对会议参加人员的范围做出明确规定

如果会议所要讨论或谈论的内容是只能在一定范围内知悉的,必须对会议参加人做出严格限定,避免无关人员出席或列席会议,另外,对会议服务人员也要进行严格审查。

(2)对会议的议题和将要讨论的内容进行保密

有些会议的议题和内容甚至时间地点都要进行保密,因此,在发放会议通知、会前联络等环节要做好保密工作,控制好知悉范围。

(3)精心选择会场

对需要保密的会议，要挑选利于保密的会址。不仅要选择不容易被外界打扰的地方，必要时，还要考虑保密设施配备及环境要求。

(4)对会场进行保密安全检查

在开会前，要认真检查会场的设施及环境，并确保录音、扩音等各项设施的安全。

(5)对会议参加人提出保密要求

开会前，必须就保密工作对会议参加人提出明确的要求，规定保密责任。

(6)设专人负责保密工作

对那些机密程度较高的会议，会议主办单位或部门应提前与专门的保密部门取得联系，安排专人负责会议保密工作的设计及全盘统筹管理。

2. 会中保密工作的重点

(1)认真核查参会者的身份

在会议签到时，要认真对会议参加人进行确认。

(2)采取必要的保密手段

例如必要时，可以要求与会人员关掉手机，并取电池。

(3)对会场的进出进行严格控制

要设专人在会场入口处值班，未经批准，无关人员不得进入会场。

(4)就发放保密材料情况进行登记

会议期间可能会发放一些需要保密的文件材料，这时，需要就发放情况进行登记，以便会后回收，并且在发放时，要做出保密说明，要求与会人员妥善保管，如有遗失及时声明。

(5)对会议的录音、录像进行管理

涉密会议如果要进行录音、录像等活动，必须在事先得到批准，录音、录像带会后要作为密件管理。未经批准的录音录像活动必须及时得到制止。

3. 会后保密工作

(1)及时做好保密文件的清退工作

会议期间发放的保密文件，要及时按发放登记进行清退，确保所有保密文件及时回收。

(2)做好会场的清理工作

会议工作人员在会议结束后，要及时清理会场，检查是否有被参会人员遗漏或遗忘的需要保密的物品，如会议笔记等。

(3)要求参会人员继续做好保密工作

对会议参加人员提出要求，对参加会议的内容只能在规定的范围内进行传达，不能擅自扩大范围。

二、公文保密工作

公文是保密工作的重中之重，在公文的收与发两大处理工作程序中，都要切实做好保密工作。

1. 公文起草阶段的保密工作

在涉密公文的酝酿、讨论、起草阶段，就要对公文的起草意图及内容进行保密，否则会给工作造成很大的被动，甚至还会损害国家和组织的利益。因此，要做到不将它作为一般谈话内容，在酝酿拟写时，也要注意周围环境，避免被不相关的人看到、听到有关内容，并在暂时离开电脑或办公桌前将文稿妥善收藏起来。

2. 公文印制阶段的保密工作

(1)由专门部门印制

涉密公文只能在规定的部门如单位内部打字室、经保密部门审查批准的专门印刷单位等印制，不能不加鉴别地委托他人或在其他任何地方印制。

(2)现场监印

高度机密的公文在印制全过程中，还有必要派专人在现场监督，并履行严格的交接手续。另外，应该事先就涉密公文的印制份数做出规定，要求印制部门按额定数印制，不能擅自多印多留，万一有超出的份数，要采取合乎规定的手段及时销毁。

(3)不得随便复制、复印

不能随意对涉密文件进行复制、复印，如果确需复制、复印，需要得到相应的批准，并履行必要手续，如登记备案等，同时这些复制、复印件也要作为密件进行管理。

3. 公文封装时的保密工作

涉密公文要用标有密级和保密标志的公文信封进行装封；装封前还要对发文份数、收文单位等进行认真检查，防止错发或漏发；装封要严密，并符合规定。

4. 公文传递过程中的保密工作

(1)登记

在发出和收到涉密公文时，要进行登记，特别是收到公文时，要当面检查核对无误后再签收，并及时登记；在此后的传递、借阅等过程中，也要进行登记，以便于文件在每个流转环节中都能有记载并得到控制。

(2)对传递方式和手段做出规定

涉密公文不能通过一般的邮政渠道传递。如果需要通过电脑或传真机传送,则要采取加密装置或手段。机密程度高的公文则要通过专门的机要交通或机要通信部门传递。

(3)取送涉密公文的人员要遵守保密规定

取送涉密公文的人员事先应该经过保密业务培训,并在传送过程中,积极防范,采取各种有效措施对文件的安全负责。绝密文件不许个人携带,在取送过程中,要有两人以上同行。

(4)禁止外出携带

要严格禁止工作人员一般外出时随身携带涉密文件,更不允许将绝密文件带回家中或公共场所,以防止文件丢失、被窃。

5. 公文保管阶段的保密工作

(1)单独存放保管

涉密公文不能与普通文件混放在一起,应存放在设有加密装置的文件柜、保险箱或专门的库房中,并制定严格的保管制度,设专人负责保管。

(2)及时做好清退工作

对涉密文件要定期检查,一般要做到日理月清,绝密文件则要日清日理;发文机关规定要收回的文件,要按时如数清点退回;借出或暂时发出的涉密文件,要按期收回。

案例分析

2001 年 5 月,某县电机制造公司经理向某市工商局书面投诉,反映该公司原技术科长冷某因与公司董事长发生矛盾,将本公司的技术资料、产品图纸私自复制带走,另起炉灶,到邻市开办了一家个体电机厂,生产与原电机公司相同的产品。县电机公司以冷某侵犯其商业秘密,造成电机公司经济损失 11 万元为由,要求工商部门依据《反不正当竞争法》规定,查处冷某的侵权行为。

但工商局经过缜密调查获悉,做出了不予受理和不予支持电机公司请求的书面决定。因为调查结果表明,县电机公司对本公司的技术资料、产品图纸,既没有制定相关的保密制度,也没有与员工签订保密协议,缺少合理的保密措施。对照《反不正当竞争法》第 10 条规定,电机公司的技术资料、产品图纸不具备商业秘密的法定构成要件,冷某复制、使用该技术资料、产品图纸不构成侵权行为,县电机公司向工商部门申请行政保护于法无据。

《反不正当竞争法》第 10 条第(二)款规定:"本条所称的商业秘密,是指不为公众所知悉、能为权利人带来经济利益、具有实用性并经权利人采取保密措施的技术信息和经营信息。”根据国家工商行政管理总局1998年12月3日修订的《关于禁止侵犯商业秘密行为的若干规定》第2条第(五)款规定,技术信息和经营信息包括设计、程序、产品配方、制作工艺、制作方法、管理诀窍、客户名单、货源情报、产销策略、招投标中的标的及标书内容等信息。据此规定,任何一项技术信息或者经营信息,只要具有新颖性、价值性、实用性、秘密性,并经权利人采取了相应的保密措施,就构成法律意义上的商业秘密而受到《反不正当竞争法》的调整和保护。权利人采取保密措施是商业秘密得以获得法律保护的前提之一。

那么,权利人对商业秘密采取的保密措施包括哪些呢?国家工商行政管理总局《关于禁止侵犯商业秘密行为的若干规定》第2条第(四)款以例示方式列举规定:“本条所称权利人采取保密措施,包括订立保密协议,建立保密制度及采取其他合理的保密措施。”保密措施最终体现为权利人为保持商业信息的秘密性而采取的客观措施。具体到电机公司它对自己公司的技术资料、产品图纸等技术信息,没有采取任何软件措施和硬件措施加以保密,最终导致不具备法律上所指的商业秘密构成要件而丧失法律的保护,其教训应当是十分深刻的。

情景模拟

1. 假设你所在的某个企业要与外方举行一次高层次的投资意向洽谈会,办公室将如何做好这次会议的保密工作?

2. 请你为你所在的企业制定一份保密文件管理规定。

思考题

1. 什么是国家秘密?国家秘密的基本范围是什么?
2. 什么是科技秘密?它和国家秘密有什么关系?
3. 什么是商业秘密?商业秘密应符合哪些条件?
4. 泄露国家秘密将要承担哪些行政和刑事责任?
5. 什么是科技秘密?科技秘密定密时主要参考哪些指标?
6. 企业工作中,主要应该对哪些信息采取保密措施?
7. 保密工作应该从哪些方面采取哪些措施?
8. 如何对公文处理做好保密管理工作?
9. 如何做好会议的保密管理工作?

第七章　办公室基本办公技巧

在过去很长一段时间内，电话、打字机、文印设备、文件柜等几乎都是为秘书们所独享的办公工具，接打电话、接待来访者、收发邮件等是她们日常工作的重要内容。但是，在今天，随着办公设备的普及以及办公室自动化程度的日益提高，电话、电脑、办公设备等为几乎所有办公人员所使用，很多原来专属秘书的工作已经变为所有在办公室环境下工作的各类人员的工作。各类办公人员所从事的工作大多离不开接打电话、接待来访人员、计算机及其他办公设备操作、保存和检索文件、准备和出席会议、拟写文稿等。所以，有效地接打电话、接待来访者、处理邮件、安排差旅事务等实际上已成为办公室各类工作人员的基本办公技巧。

在现实中，由于忽视这些最基本的办公室工作知识和技能，往往导致工作人员在这些方面出现问题。通常人们都将这类工作失误归结于态度不认真、工作不负责、做事不细致、办事能力差等原因，并将降低这类错误寄希望于工作者的态度、性格及以往的工作经验。但大量事实证明，这类失误往往并不是细心、负责就能避免的，缺乏基本的办公知识和技能才是最根本的问题。

第一节　办公室电话工作技巧

在办公活动中大量的沟通联络工作是通过电话进行的，但电话联络有一个非常独特的特点，即作为一种即时沟通方式，人们却不能彼此谋面，声音是传达所有信息的惟一渠道。人们只能从通话人的声音去揣测对方的心理、态度，从而得到某种感受。很多时候正是由于人们忽略了这个特点，影响了电话沟通的质量。事实上，电话沟通还应该有一系列专业的技巧去保证通话效果。

一、使用电话的礼仪规则

办公室是企业的窗口，也是对内对外沟通联络的桥梁。因此，在接打电话时，应该特别注意自己的方式和态度，具体要做到：

1. 态度礼貌、友好

在所有的通话过程中，办公室人员应该通过礼貌、友好、热情的态度让对方感觉到他是受尊重的或是被乐于接受的，而不应该简单以对方的身份、地位或关系的亲疏远近来决定通话态度。一方面要注意使用礼貌用语，如“您好”、“请”、“谢谢”、“再见”等，另一方面要做到耐心、热情、周到，尽量提供帮助，显示出愿意同对方合作的态度。

2. 声音愉快、自然

如前所述，应答电话的声音，是向对方传达各种信息的惟一渠道，因此应格外引起注意。愉快、自然的声音可以让对方产生好感，有助于沟通。可以采取以下方法让声音显得自然愉快：

(1)保持微笑

专家通过研究发现，不同表情、心境下讲出的同样话语传递给人的信息有很大的差别，而面带微笑时的讲话也确实会使声音听起来更加柔和、悦耳，让人有一种愉悦的感受。因此，接打电话时的职业要求是微笑着拿起电话听筒，并将笑容一直保持到电话结束。

(2)语速适中

适中的语速一般让对方得到的是从容、自信、平和、安详、有条不紊、控制力强等感觉。相反，语速过缓让人产生的联想是懒散、怠慢，似乎你还根本没有进入工作状态，而语速过快又会让人感觉忙乱、紧张、不耐烦，甚至听不清你在说什么。

(3)音量适中

在接打电话时，音量应以能够让对方听清，又不干扰周围环境为度。旁若无人地大声讲话、大笑既会影响同事的工作，又会显得肆无忌惮，缺乏修养。

3. 表达清晰、准确

电话是口头沟通的一种重要方式，方便快捷，但有时显得不如书面沟通准确。因为人们在讲话时由于发音或表达不清等缘故，可能会让电话另一方的人理解困难甚至产生误解。所以要时刻注意用准确易懂的词来表述，同时要注意发音、吐字清楚，遇到重要的多音字(词)或发音相近的字(词)时还应该加以解释或说明。

2001《世界新闻报》有一则报道，瑞典有一个颇有名气的奖项——“另类诺贝尔和平奖”，之所以“另类”，是因为该奖项的组织者认为诺贝尔和平奖过于政治化，所以他们要设立另外一个和平奖，以表彰为和平事业而努力工作的普通人。此奖项每年通常是在诺贝尔和平奖颁奖的前一个星期在瑞典议会举行颁奖典礼。

而在当年“另类诺贝尔和平奖”颁奖典礼举行前夕，瑞典一家有影响的左翼倾向报纸突然宣布，他们今年不会再报道该奖项了，连提都不会提。这家报纸的编辑愤愤不平地说，他们实在不明白怎么能将“另类诺贝尔和平奖”颁给美国总统布什和以色列总理沙龙呢？他们一个正在阿富汗发动战争，另一个将约旦河西岸加沙地带等巴勒斯坦被占领土搅得没有宁日。

而此举却令“另类诺贝尔和平奖”的组织者感觉到莫名其妙，因为事实上今年“另类诺贝尔和平奖”的得主明明是以色列左翼团体“和平集团”及其创始人乌里·阿夫内里和雷切尔·阿夫内里夫妇，什么时候变成布什和沙龙了？经过反复查证，事情的来龙去脉终于被搞清楚了。原来，在通知瑞典那家报纸的过程中，出现了“听觉误会”，和平集团的希伯来语名字是“古什·沙洛姆”，“另类诺贝尔和平奖”的组织者在电话里向瑞典那家报纸通报得奖名单时，报社编辑错将“古什·沙洛姆”听成了“布什、沙龙”。为此，“另类诺贝尔和平奖”的组织者总结道，今后一定不能在电话里通报获奖者名单，最好用书面形式通知各新闻单位。

4. 通话简捷、高效

办公室的电话是人们联系办公、传递信息的重要工具，应该尽量使之保持畅通的状态，如果某人长时间占用电话，不仅会浪费双方的时间，还可能会影响其他人使用电话，并导致重要的电话打不进来。不仅如此，从节约办公成本，控制电话费用考虑，也要提倡通话简捷、高效。因此在通话过程中，应注意尽量不占用对方过多的时间。一方面要避免无关的闲聊，另一方面，还要应用专业技巧来控制通话时间。

二、接听电话的技巧

1. 接听电话的一般流程

办公室所接听的大部分电话都是和办公室业务有关的，主要是联络、商谈、咨询、提供信息等。其工作流程一般是：

及时拿起电话通报问好——了解对方的身份及目的——礼貌交谈、了解情况、提供帮助——做必要的记录并进行核对——礼貌地结束电话。

(1)铃声响起三声之内及时接听电话

这是国际上通用的做法，目的是避免让对方长时间等待。在有人的情况下，长时间不接听电话不仅不礼貌，而且让对方在长时间的振铃等待中失去耐心，也可能会使你们单位失去一些商业机会。如果确实因为一些特殊的原因不能及时接听电话，则应该在拿起电话后，首先向对方致以歉意。

办公室应该能够保证电话随时有人接听，因此，最好给电话配备自动应答器，或向电话局申请“转移呼叫服务”，这项服务可以将他人呼叫的电话号码自动转移到临时去处的电话机上。这样，万一办公室电话无人值守时，这些功能和设备可以及时发挥作用。

(2)准备做电话记录

在上班时间打来的电话往往与工作有关系，其中不少会涉及到一些后续活动，如办理、查找资料、问询、转达等，接听这样的电话一定不能完全相信或依赖自己的记忆力，因为忙起来的时候，可能会暂时忘记了电话里说过的事，也可能过后不太能肯定电话中对方告诉你的一些重要的时间、地点、数字、名称等细节，其结果很可能还会影响到他人的工作，有时甚至是灾难性的。所以为保险起见，对重要电话要认真进行记录。

在电话铃声响起来的时候，你并不知道这是不是一个需要记录的电话，但为了保证通话过程的从容，也为了避免接电话过程中再去找纸和笔的忙乱，最好养成拿起电话听筒的同时，就做好记录准备的好习惯。一般电话应放在办公桌的左手边，电话铃声响起后，迅速地用左手拿起电话，右手马上拿出一直准备着的电话记录本和笔，做好记录准备。

记录电话信息应该有单独的记录本和笔，不能用随手找到的纸片做记录，记录本和笔要放在电话附近的固定地方，方便随时拿到。

(3)通报问好

先向对方通报问好的目的不仅是出于礼貌，它的另外一个作用是让对方有机会确定他有没有拨对电话。所以按照西方国家的习惯，通报时要向对方报上自己的单位名称及所在部门、身份或姓名。在这里应该区别几种情况：

· 如果是总机接线员，则应通报自己单位的名称，如“您好，这里是某某公司”。

· 如果是直拨电话，通报内容应该包括：单位名称、部门名称及自己的姓名。如“您好，这里是某某公司办公室，我是某某”。

· 如果是内线电话，则只需通报自己所在部门名称及自己的姓名。

· 如果是经理或其他人的专门秘书，则应该在通报的时候说“您好，这里是某某先生/女士办公室，我是秘书某某。”

(4)了解对方的身份及目的

为了接下来的电话通话顺利，应及时了解对方的身份及来意，以便迅速判断这个电话应该由自己处理，还是应该由其他人处理，继而转入相应的处理程序。在国外，打电话的一方在电话接通后及时向对方做自我通报已成为一种习惯，但在我国却少有人能主动这样做，所以接电话时，可能要采取灵活礼貌的方式，及时获得有关对方的讯息。

如果与对方已经不是初次打交道，还应尽量尝试着不需对方自我通报，就先从对方的声音中判别出他是谁，并及时称呼。这样做往往会使对方感觉到在过去的交往中他确实给你留下了深刻印象，从而有一种受尊重的感觉，从中得到满足。

(5)做电话记录

记录的内容应包括所有需要知道的细节。有时仅仅记下对方所告诉你的事情还不够，为了对整个事情有清楚的了解，方便过后的办理或转达，应该主动了解或询问所有有关的细节，并记录下来。从下面几个方面去了解有关信息可以使自己的记录尽量齐全：

- when 电话是什么时候打来的？通话中涉及的一些重要时间……
- who 谁打来的电话？要转告谁？电话中所说的事还涉及到谁？……
- what 什么事？需要什么？对方的电话号码是多少？……
- where 从什么地方打来的电话？要到哪儿去？在哪儿？……
- why 打来电话的目的是什么？提出了什么理由或原因？
- how 怎样完成或处置这件事？需要使用什么物品或设备？……
- how much 要花多长时间？要花多少费用？要多少人？……

为了确保信息记录的准确性，所做的记录应该再次向对方重复核对，确保无误。

(6)礼貌地结束电话

在所有的事情已经谈完后，应该及时结束电话。这时首先应该确保所有的事情已经谈完，然后可以说一些“谢谢您打来电话，再见”之类的表示客气的礼貌用语，再轻轻挂断电话。

2. 一些特殊情况的处理

(1)临时中断通话

在通话过程中，可能周围环境中有些突然发生的事会迫使你暂时中断通话，也有可能你临时需要去寻找谈话中所涉及的一些文件、资料、数据，还有可能要找另外的同事去询问有关情况。出现这些情况时，如果你打算让对方稍作等待，就必须有把握能够在很短的时间内(例如一分钟内)返回电话机旁，否则，就应该先征求对方的意见，或者建议先挂断电话，过后再给对方回拨过去。这样做的目的是为了节约对方时间，同时也避免了长时间占用电话线。

另外在暂时中断电话时，还应有保密意识，要采取有效措施尽量避免将办公室内同事正在进行的谈话传入听筒。

(2)同时打进来的电话

有的办公室配备有几部电话，这时应掌握下列工作原则：

第一，每一个打进来的电话都应该及时得到处理。不能对其他响起的电话铃声置之不理；

第二，不能同时和多个来电人通话，这样做是对别人的不尊重；

第三，不能单纯按照来电顺序处理电话，应该使相对重要的或紧急的电话得到优先处理。必要时先暂时结束其中一个电话。

具体做法是：当你正在接听一个电话时，如果另外有电话铃声响起来，首先应该向正在通话的一方致歉，请他稍等，然后马上去接听另外一个电话，在了解了对方的身份及目的后，迅速做出判别，选择其中相对重要或紧急的一个电话先做处理。如果还是第一个电话比较重要，则告诉第二个来电话人自己还有一个电话没打完，请他先挂断电话，等自己结束第一个电话后再给他回拨过去；如果是第二个电话更重要更紧急，则要先回到第一个电话，告诉对方自己现在有很紧急的事要处理，礼貌地向对方致歉，要求先结束电话，等过后再继续，然后再及时回到第二个电话。

这样做的同时，依然要有保密意识，采取有效的方法，防止一些不该让另一方听到的对话或其他信息通过电话传送出去。

3. 为领导接转电话的工作流程

办公室负责接听的电话很多，除了办公室的日常业务电话以外，出于下面一些原因，办公室还经常会接到一些要求和某位领导通话的电话：

第一，办公室或秘书被授权接转打给领导的电话。这样做往往可能是由于领导工作繁忙，不愿自己的工作经常被电话打扰，因而希望办公室将打来的电话做先期处理，将那些不必由领导接听的电话过滤掉，尽量减轻被电话打扰的程度，节省宝贵的时间。

第二，对方是初次与公司交往，不知道有关领导的电话号码，而把电话打到了办公室。

第三，领导有事外出时吩咐办公室负责暂时替他接听电话。

第四，领导办公室里的电话铃声响起来的时候，领导手头有更重要的事，没有办法接电话。

不论是出于哪种情况，办公室都要对这类电话进行认真处理，因为它直接影响到领导的工作效率。这类电话的处理除了要按一般接听电话的流程和礼仪要求办理外，还要对来电进行必要的过滤。

但需要强调的是，为领导从事电话过滤工作首先要得到明确的授权，并且清楚地知道应将各种来电处理到什么程度，替领导接转电话一般可以按照下列工作流程进行处理。

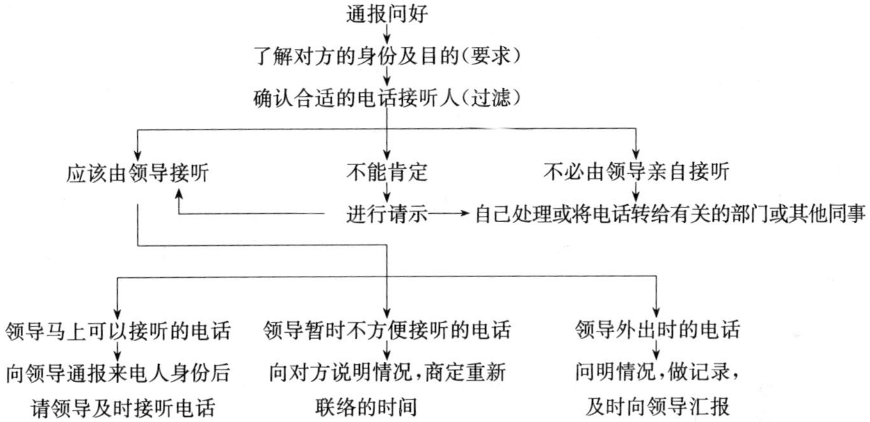

(1)了解对方的身份及目的

不论是出于什么原因替领导接听电话，都有必要了解对方的身份及目的。这样做可以有几方面的作用：

第一，有些打给领导的电话实际上由办公室或其他部门的人就可以处理。这样可以替领导过滤掉一部分不必要接听的电话，从而最大限度地避免了对领导工作不必要的打扰。

第二，可以使领导在接电话之前即对来电话人的情况有大致的了解，提前做好准备。

第三，万一当时领导不在，过后可以向领导进行有效转达。

极个别的情况下，有些打来电话的人坚持拒绝说出自己的身份及目的，对此，不能一概擅自加以拒绝，应及时请示领导。

(2)电话过滤

打给领导的电话通常可以分别做出如下处理：

事关领导或属于领导职责范围的重要电话，必须及时向领导通报。通报时要向领导说清来电人的身份和目的。

一些不太能肯定是否应转给领导接听的电话，必须进行请示。

有些来电所涉及的事情经了解实际不属于领导职责范围，而应由其他部门负责，应该将恰当的联系部门或联系人告诉对方，或主动地为之联系。

有些来电实际是为了询问一些事情或预约，属办公室或秘书职责范围内的，可以自己做出处理。

但在做出上述处理的时候，办公室应该特别注意方式方法，绝对不应该给人留有一种印象，即领导是否接听电话完全取决于秘书或其他什么人的决定，或者领导只是有选择地接听某些人的电话。这样做有可能会使对方感到不愉快甚至会激怒对方。

(3)领导不方便接听时的电话

有些电话打来时，领导可能并不方便接听电话，例如正在接听另外一个电话或者正在同其他人会谈，有时也会因为要处理一些重要的事情事先吩咐办公室或秘书暂时不希望被打扰……。这时可以向对方做简单解释，建议对方留下电话号码，过后请领导回电话，也可以请对方在一个确定的时间里再打电话来。但在做后一种处理时，必须保证这个时间领导确实是能够接听电话的，否则会显得缺乏诚意。

(4)领导外出时的电话

有时领导有事外出，在这期间打来的电话应按下列原则处理：

第一，在领导外出(特别是较长时间的外出)前，应请领导就外出期间打给他的电话如何处理做出明示。诸如紧急电话的处理，相关工作的授权、领导与办公室或秘书每天的联络规定等等。

第二，所有的有关来电应详细了解对方的目的或要求，尽可能地提供帮助，并在授权范围内做出处理，避免对工作造成贻误。对于重要的电话和无法做出决定的电话，应及时向领导请示汇报。

第三，对打来的电话及办理情况要逐一认真记录，待领导返回后详细转达汇报。

第四，办公室和秘书掌握领导外出期间的行踪，但不经领导同意，绝不能随便向他人透露，更不能擅自将领导的移动电话号码告诉别人。必要时可代为联络。

4. 接听打给其他部门或同事的电话

有人曾说过这样一件事：一天，他回到办公室，同事过来告诉他，今天有人给他打过电话，于是他问：是谁来的电话?

同事回答说：那个人说他姓张，是你的一个客户。

他又问：我的客户里有好几个姓张的，他叫什么名字?

同事：他没说。

他说：那么他说找我有什么事?

同事：我告诉他你不在办公室，他就没再说，我也没细问。

他说：那他留下电话号码了吗?

同事：没有。

这个人十分无奈地说：她告诉我这样一个信息有什么用？

办公室作为一个联络中心，还经常会接听到打给其他部门或同事的电话，这些电话同样与本单位工作有重要关系，必须认真对待，但其处理方式与为领导接听电话略有不同。主要表现在不必对这类电话进行过滤，但需及时为之接转。如果当时因为有些原因(如同事有事外出)找不到电话接听人时，也不能简单以该人“不在”作为回复，要在力所能及的范围内做出处理，并在过后及时向同事转达。

对此，近年来我国机关和企业正在普遍推行一种“首问负责制”的服务方法。所谓首问负责制是指凡属有关本单位责任范围内的来电来访，无论是哪个部门、科室、哪个人，都有责任义务指引帮办，与到本单位办理或问讯事务以及电话咨询的人进行接触、接受问讯的第一位工作人员为首问负责人，首问责任人不得以“你要找的人不在”、“不知道”、“不清楚”、“不归我管”、“我还有事”、“你自己去问”等推托或敷衍。对属于自身职责范围内的事项，首问负责人必须及时、准确、详细地予以回答处理，对暂时回答不了的问题，在认真做好记录的同时，应及时请示部门领导，妥善处理，并做到有始有终，负责到底；对于不属于自身职责范围内的问题，也应当热情接待，耐心解释，并尽自己所知给予指导和帮助，主动告知与何处室联系，必要时应为对方联系有关部门和有关人员。如果对所询问的问题不清楚，要负责引导、记录或与有关部门联系，直到来电来访人员有人服务为止，不得以任何理由推诿拒办。

简单地说，就电话工作而言，“首问责任制”是指第一个接听电话的人，有无可推卸的帮助来电人的责任，要及时帮助对方找到需要通话的人，或在找不到接电话人时提供必要的帮助，不能简单地因为电话要找的人不是自己而漠不关心。具体做法是：

(1)帮助找到对方要找的电话接听人或提供其所在部门的电话号码；

(2)如果找不到电话接听人，要向来电话人表示愿意提供帮助。

接到这样的电话后，不应该仅仅告诉对方要找的人现在不在公司，还要表示出愿意帮忙的态度，如“张先生现在不在公司，我是这里的秘书，有什么事可以跟我说吗，我可以帮忙吗？”或者是“您要留言吗？等他回来我可以负责转告。”

(3)做电话记录

为别人接听电话，要进行相应的电话记录，一份准确详细的电话记录可以方便同事回来后的转达，而且在许多情况下，通过电话记录进行转达比当面口头转达更有效率、更准确。

××公司电话记录

记录人：________

日期：_____年_____月_____日	时间：　　上午/下午____点____分
致：______先生/女士/小姐	所在部门：________________
来电人：______先生/女士/小姐	来电人单位名称：______________
来电人电话号码：________	
******************	******************

留言：

(4)过后及时转达

在对来电进行过处理后，要记得及时将有关情况转达给同事或有关人员，或将电话记录留在他的办公座位上比较醒目的地方，方便他一回来就可以看到。

三、打出电话的技巧

办公室每天要为各种事情打出电话，在拨出电话时，注意有关的方式方法，有助于提高电话效率和质量。

1. 尽量选择合适的时间打电话

并不是任何时间的来电都受人欢迎，除去重要的电话不必考虑时间早晚外，一般打电话时，都应该尽量选择合适的时间。刚刚上班（特别是周一）的前40～60分钟、午饭前、午休时间、下班之前（特别是周末）都不是特别合适的打电话的时间。拨打国际电话时，还应该考虑到时差的因素。

2. 尽量不要呼叫私人电话

在联络公务时，首选的电话号码是工作场所的电话，然后再做其他考虑，尽量避免选择私人家庭电话。

3. 打电话前事先做好准备工作

打电话之前做一些必要的准备特别有助于提高电话效率。需要准备的内容主要包括：

(1)准确的电话号码(包括区号)

(2)第二通话人

有时会遇到分机占线或要找的人外出的情况，因此有必要事先考虑好其他的联络人或联络电话。

(3)了解对方的身份

有时因为工作的需要会给陌生人打电话，对于初次打交道的人，最好避免除了对方的姓名外，其他一无所知的情况，否则非常容易出现称呼错误或失礼等尴尬情况，因此有必要事先对相关情况进行了解，如对方的身份、性别等。

(4)准备好电话中要用到的有关资料

通话中可能会涉及到一些数据、文件以及其他一些参考资料，应该在通话前将它们一一找出，准备在手边，这样可以节省通话时间，也可以使通话显得更有条理、更从容。

(5)按顺序列写出电话中要谈的事项

电话沟通是一种即时沟通，讲话时来不及仔细斟酌考虑，有时在挂断电话后才想起来还有事情没谈。所以必须养成的一个职业习惯，即在打电话前，先在记事本上逐一列写出此次电话要谈的事项，并标出先后顺序，对一些重要的事情，还要想好事情要怎样说更合适，在笔记本上做出简单标注。

4. 拨叫电话

拨叫电话时要有耐心，如果电话铃声响过六、七声仍然没人接听，才可以确认对方办公室确实没有人，这时再挂断电话。如果听到占线的忙音，应该暂时挂断电话，过一段时间后按“重拨”键重新拨叫。

5. 及时自我通报

按照国际惯例，电话接通听到对方向你通报问好后，这时自己也应该及时向对方通报自己，让对方了解自己的姓名及打电话的目的。例如“你好，我是大洋公司的张晓，我想和林先生通话。”目前国内很多人还不习惯这样做，但起码在职业场所它是必须的。

6. 重要事情要请对方进行记录

有些打出的电话会涉及重要事情或具体的时间、地点、名称及数据等，为稳妥起见，这时应该要求对方进行记录，并且对记录内容进行重复核对，保证准确无误。

7. 对长途电话及时进行声明

国际或国内长途电话收费计时标准相对较高，在拨打这类电话时应在做自我通报时及时向对方说明，以便于取得对方的配合，帮助你节约时间。

第二节 办公室接待工作

一、办公室接待工作的任务

在单位活动中，每天都会有各种各样的来访。来访者的目的不一而足，可以是咨询、商洽、联络业务，也可以是参观、访问、考察工作等；来访人的身份也各不相同，可以是上级领导或下级单位，也可以是客户或合作伙伴，还可以是其他任何和本单位有关系的人。从某些意义上说，它们折射出一个组织的生态环境，也成为单位日常工作的一个组织部分。

正因为接待来访是一项经常性工作，而且对单位意义重大，因此，长期以来，大多数单位都将接待来访列为办公室的一项专门职责。要做好接待工作，首先必须从思想上正确地认识接待工作的作用和任务，以此来指导接待工作实践。

1. 办公室接待工作的作用

(1)尽可能地帮助来访者实现来访目的

首先必须搞清楚，从事接待来访工作的目的不是为了挡驾，而是尽可能地帮助来访者实现来访目的。来访活动一般都和本单位的经营活动有这样或那样的关系，是组织生存和发展所必须的，帮助来访者实现来访目的就是帮助自己。因此，应该热情、周到地对待来访者，例如帮助来访者见到他应该见的人，帮助来访者解决他的问题等等，否则就等于失去了设置接待工作的意义。

(2)提高来访及接待工作的效率

办公室统筹负责来访的接待工作，既可以通过人员、设施、工作分工、流程、要求等专门安排保证接待工作的专业性，提高接待工作的效率；也可以向来访者提供及时周到的服务，保证每一个来访者都能得到及时接待，并消除他们初次到访时的种种茫然。

(3)树立和维护组织形象

办公室接待工作是宣扬组织文化和组织形象的一个直接窗口。心理学家的研究表明，一个人对别人的印象是在见面的前30秒钟形成的，对一个单位印象的形成又何尝不是如此呢？办公室的工作人员是来访者的第一接待者，他们的态度和行为方式将对客人形成对单位的看法和印象有直接的关系，因此，办公室工作人员要凭着专业的接待技巧和热情周到的态度，为单位赢得良好声誉。

2. 办公室接待工作的任务

(1)办公室日常事务接待

办公室是单位对内对外联络的窗口和桥梁，经常会有大量的事务咨询或商务联络性来访，对这种来访的接待，是办公室日常工作的一项重要内容。

(2)为本单位的接待工作进行过滤分流

每个单位每天还会有大量的与各项业务有关的来访，他们的访问对象可能是单位领导，也可能是其他部门或其他人，办公室应该在了解其来意后，给予指引，帮助他们找到合适的接待者。例如，在要求会见领导的来访者中，可能有一些人的问题实际上由其他部门处理就可以，办公室了解情况后，对之进行指引，安排他与有关部门洽谈。这样既可以帮助来访者顺利实现其来访目的，又使领导避免了一些不必要的打扰。

(3)为本单位领导的接待工作提供辅助性的帮助

为了最大限度地节省领导的时间，办公室要对领导的接待工作提供相关服务，如事先的联络预约、来访者到来时的迎候、未经预约来访者的接待等。

(4)为本单位重要的来访活动提供服务

所谓重要来访是指那些规模大，或者意义重要的来访。这样的来访必须要经过事先的精心安排和准备，涉及的工作人员及相关工作较多。这时办公室要承担起联络、组织、物资准备、服务等方面的主要工作。

二、来访活动分类

单位每天、每次接待的来访都可能有一些程度的不同，按照来访的不同情况，可以做以下分类：

1. 按来访有无约定的情况分类

(1)有约来访

是指事先约定好的来访。这样的来访已列入单位、部门或有关人员正常的工作计划，不会导致与其他工作发生冲突，有关人员或部门有足够的时间事先做好准备。这是一种最受欢迎的来访形式。

(2)无约来访

是指没有经过事先约定，临时出现的来访。这类来访者的突然出现，有时会打乱相关人员已有的工作计划，也可能因为事先没有做出时间安排，不能使来访者得到相关人员的及时接待。在单位中，应将这类来访对工作的干扰降至最低程度。但是，无约来访有时同样会是一些紧急或重要的事，因此也必须及时认真接待。

2. 按来访的规模分类

(1)个人来访

是指某个人为了某种目的的来访。在单位的各种来访中，个人来访所占比重最大，出现得最频繁。这类来访一般持续时间短、主题单一、涉及人员少，但有时对单位会有很重要的影响。个人来访既包括有约来访，也包括无约来访。

(2)团体来访

是指为了某一共同目的的多人到访。单位中经常用这种形式来进行工作会谈、业务考察、检查工作、参观、调研、解决问题等活动。这种来访一般持续时间相对较长，涉及范围广，并且同本单位业务有重要关系，需要认真对待。

通常的团体来访都属于有约来访。

3. 按来访的重要程度分类

(1)重要来访

是指那些会对本单位经营活动产生重大影响的来访以及重要人物的来访。

(2)一般日常来访

是指那些非全局性的、只和本单位某方面日常工作有关的来访。

4. 按接待者分类

(1)由办公室接待的来访

办公室负责接待的来访大多有关事务咨询、一般业务联络等。

(2)由领导接待的来访

属于领导职权范围内的来访,必须由领导出面。

(3)由其他部门接待的来访

这类来访往往涉及具体业务问题。

三、办公室接待工作的组织分工形式

在不同单位的办公室,接待工作的组织分工也不尽相同,主要采取以下两种形式:

1. 设专门的接待机构

在接待任务较重或来访频繁的单位,会在办公室下设专门机构,如设接待室(处、科)或前台,安排专人从事接待工作。

设置接待室的单位往往是由于业务关系,经常有远途客人或团体来访,接待室的工作往往要包括住宿安排、车辆调配等内容。

不少企业在单位入口处设接待台,安排专门的接待人员负责对所有来访人员进行接待指引。前台的设置对那些初次来访者最有帮助,很多初次来访者并不十分清楚到访单位的组织机构设置及部门分布情况,可以在前台得到相关引导。

由专门机构负责接待工作,可以使无约来访对单位内部各部门工作的不良影响降至最低,同时,从事接待的人都是经过专门挑选的、有丰富经验的人,他们能使来访者得到最专业的接待。

2. 不设专门接待部门,由办公室或秘书接待

中小规模单位的办公室一般不再下设专门的接待部门,而是由办公室或秘书负责接待。这类单位的办公室往往设在方便、醒目的位置,来访者很快就能找到。

四、日常来访接待工作程序

1. 接待有约来访

这里所指主要为事先约定好的需要由领导出面接待的来访。在企业中，一些领导习惯让办公室或秘书为他做好来访接待的准备和服务工作，这样的工作程序为：

(1)事先确认

对于事先已经约定好的来访，办公室秘书或有关人员应该提前一天再次联系确认，然后再正式列入第二天的工作计划，并做出相应准备，这样做是因为提前定下的约会可能会被遗忘。

(2)向专职接待人员提供当天的来访者名单

如果单位里有专门的接待机构或接待人员，应该制定相应的制度，要求单位内所有部门在前一天下班或当天早晨上班时，向接待部门提供当天所有的来访安排及来访者名单，以便来访者能够得到迅速的接待。

(3)及时接待

当来访者应约到来时，接待人员应该迅速中断正在从事的工作，马上同来访者打招呼，这样做主要是出于礼貌，同时这样做也有利于保密，因为有时正在和别人谈的事情可能是一些不应该让本单位以外的人听到的事。

(4)向领导通报

如果是领导正在等待的客人，接待人员在确认其身份后，应该迅速向领导通报客人的到来，使其做出迎候准备。必要时还要为客人引路，将之带到约谈地点，并为双方进行介绍。

如果来访人比约定的时间来得早一些，或是因为其他原因不能得到马上接待，应该使客人得到妥当的安置，如请对方在办公室或接待区的座位上稍候，并捧上茶水及消遣性读物等。

(5)临时失约的处理

有的时候，当客人按约定的时间到来，而预定的接待人却可能因为某些事还没有完成，不能按时接待来访者。这时办公室接待人员需要做出妥当的安排。

如果只是需要客人稍作等候，应该向客人致歉取得谅解后，再将客人引至合适的地方等候。

在这时应注意下列问题：

·向客人道歉并解释，以求得对方谅解。但解释理由的时候，还要有保密观念，没有必要把所发生事情的细节说得过多。

·应该请客人在办公室或会客室等候，未经领导同意，不能擅自请客人进入领导的办公室。

·客人等候的时候，秘书一般不用座陪，在给客人送上茶水、消遣性读物后就可以去做自己的工作。但如果客人有谈话的意向，秘书也不能拒绝，可以就他的问题做简单回答。但同样要有保密观念，遇到比较敏感的话题，应巧妙回避。

(6)意外情况下约会的取消

有时会因为遇到突发性的事情，领导需要取消事先已定好的约会，这时更应小心周密处理，以免招致客人的不满。比较妥当的做法是：

·向领导征询处理办法；

·尽量及时同客人取得联系，说明原因并道歉，以便对方及时更改出行计划；

·如果来不及阻止客人成行，在客人到达单位后，应该再次真诚地向客人道歉并解释，以取得对方的谅解，并征求客人的意见，安排一些活动或及时采取一些补救措施；

·商定下次约会的时间。在商量改期时，秘书应该显出足够的诚意，例如可以先向客人介绍近期(如一个星期内)领导方便的几个时间段，然后请客人从中做出选择。

(7)接待来访期间环境的照顾

在领导接待来访期间，办公室有关人员(一般是秘书)应该负责看护好接待环境，尽量避免外界的打扰。这时需要做的工作主要包括：

·尽量不要长时间离开自己的办公桌或走开很远，因为谈话中领导可能会有事请秘书帮忙，例如去查找复印文件、找人等；

·尽量避免电话或其他事务对谈话的打扰；

·提供必要的服务。

(8)送别来访者

来访者将要离开的时候，应该提醒和帮助对方拿好自己的东西，然后依客人身份的尊贵程度，将客人送至办公室门口、电梯间、公司大门口、直至将客人送上车。

(9)做来访记录或登记

来访记录是指办公室在接待工作中对那些比较重要的来访情况随时进行的记录，包括来访者身份，姓名，来访者单位，来访者的目的，来访时间，接待人，接待情况等内容。也有些办公室是请来访人在设计好的表格簿册上填写上述内容，又称来访登记。来访记录或登记逐日填写，是办公室接待来访工作的系统记录，非常有利于掌握和总结接待来访工作的情况，也是日后查考有关事项时的一个可靠依据。

做来访记录或登记时，应该单立簿册，每天从新的一页开始进行记录，记录的内容可以采取下列表格形式：

年　　月　　日

序　号	时　间	姓　名	单　位	目的或要求	接待人	备　注

记录本记满之后，至少要保留一年，因为这上面记录的信息可能在以后的工作中会用得到。

2. 接待无约来访

在单位日常工作活动中还会遇到很多无约来访，这种没有准备的来访虽然会对已经安排好的工作造成一些影响，但它们往往可能是事出紧急，或另有原因，因此其重要程度也是不容置疑的，因此对这类来访同样需要按照“首问负责制”的规定来接待。

但是为了使随之而来的接待工作更有效率，需要由办公室有关接待人员做一些前期的处理工作，其中包括：

(1)及时接待，了解来访者的身份及来意

如前所述，突然出现的无约来访并不一定就是不重要的来访，因此，必须得到及时妥当的接待。办公室有关接待人员应该及时了解来访者的目的和要求，并确认他的来访与本单位/部门/领导的工作有何关系。

(2)根据来访意图对来访者进行分流

在了解了来访者的意图之后，可以做出区别处理：

· 确实应该由领导接待的重要来访者，应尽快安排他们的会面；

· 应该由领导亲自接待，但事情不是十分紧急，领导目前又没有时间接待的，可以建议为来访者另外安排会面时间；

· 有些来访者的问题完全可以由其他人处理或解决，而不必由领导亲自出面，这时也不应该态度漠然地加以拒绝，而要为之提供尽可能的帮助，如可以向来访者说明他的问题实际应该由谁或哪个部门负责，并及时为之取得联系。这样做一方面可以使来访者的目的能够实现，另一方面，也可以避免来访者对领导的不必要的打扰，从而节省领导的时间和精力；

·个别来访者的目的可能实际与本单位工作无关，即便如此，也要注意拒绝的方式方法。

3. 替领导接待来访者

有时，由于领导外出或其他原因，办公室可能被授权替领导接待一些来访者，做这项工作时，特别应该注意下列工作：

(1)了解授权范围

在接受领导的委托时，除了要清楚被委托事项以外，还应该清楚地了解自己在完成这项工作时的所具有的权力，即被授权的权力范围，例如如何接待、可以做出什么承诺、对来访者可能提出的问题应该怎样答复或怎样解决等等。这些是实施接待时的根本依据。

(2)详细了解对方的来意或要求

接待来访者时，要详细了解其目的或要求，这时同样可以用“5H2W”来入手：

- who 来人的身份，姓名；
- what 有什么事；
- when 谈话中涉及到的重要时间，或有关工作的时间限度等；
- where 所谈事情涉及到的地点；
- why 给出的原因或理由；
- how 要求怎样做，或怎样才能达到目的等；
- how much 要花费多少时间或经费、路程的远近等。

(3)妥善处理来访者的问题

在了解了来访者的来意以后，要依照领导授权及时做出处理。如提供材料、将问题记录下来答应尽快向领导转达，按照领导的授意回答来访者的问题等。但特别应该注意的是，处理和答复问题时，不能超出自己的权力范围。

(4)事后及时向领导汇报

接待工作完成后要将过程和结果及时向领导汇报。

五、团体来访接待工作程序

团体来访一般来人比较多、事情比较重要、来访期也更长一些，往往会涉及到单位中更多的人和事，因此接待工作要比日常接待工作复杂得多，需要提前一段时间做出周密准备。

1. 了解情况

(1)了解来访的目的和基本情况

要做好团体来访的接待工作，必须事先对来访的基本情况心中有数，然后才能做出周密的接待安排。需要了解的内容也可以用“5w2h”来概括：

- who 要来的是哪个单位的人？
- when 什么时候来？
- why 来访的目的是什么？
- where 他们从哪儿来？活动将要涉及哪些地方或哪些部门？
- what 此次来访有什么要求？有什么活动安排？
- how 怎样安排来访的各项工作？
- how much 本次来访预计要用多少时间、花多少钱？

(2)了解来访者的基本情况

必须事先掌握来访团体的基本构成情况，包括单位、人数、每个人的姓名、性别、身份、民族(国籍)、信仰等，有时还需要了解其爱好、性格，对这些情况了解得越多、越具体，接待的准备工作就做得越好，越能取得接待工作的成功。

2. 确定接待规格

所谓规格，即规定或者标准。“接待规格”即有关的接待规定或标准，主要是指接待和陪同人员的规格，同时也包括接待的隆重程度(如参与接待工作的人员规模、食宿交通规格、相关活动档次)等。

接待和陪同人员规格通常是指根据来访方最高职位者的身份或来访目的来决定本单位出面接待、陪同的领导身份，一般分为高规格接待、对等规格接待和低规格接待三种情况：

(1)高规格接待

是指出面接待、陪同的领导比来宾职务高一些。适用于上级单位派员来人、其他单位来员洽商重要事宜、下属单位领导汇报工作等。

(2)对等规格接待

在各单位的接待活动中，通常是采用平等的原则。即在一般情况下，是由同级别的领导出面接待陪同，只在特殊情况下才采用高规格接待。对等接待规格适用于单位大量的一般性接待活动，所以最为普遍。

(3)低规格接待

是指出面接待陪同的领导比来宾职务低一些，适用于经常性业务往来。

在接待活动中，要根据来访团体的具体情况，确定合适的接待规格。

3. 列写任务清单

在做接待的准备工作时，首先应全盘考虑本次接待工作要做的所有工作，将之逐项列写出来，然后再逐个落实，它是制定接待计划的重要依据，也是一个行之有效的方法。

4. 做出接待工作的人员安排

可以根据列写出来的任务清单，确定参与本次接待工作的相关人员，包括领导和其他工作人员。要注意将各项工作落实到人。一般办公室会承担主要的接待筹备工作，但一些特别重要的来访准备工作不是办公室一个部门能够承担的，可能需要由相关的部门或人员共同参加，这时办公室还要做好联络协调工作。

5. 进行活动安排

根据来访的目的或其他具体情况，精心做出各种活动安排，并进行设备物资准备，不仅要落实接待活动中要用到的会议室等活动场所，还应考虑好相应的布置及设备准备，保证它们是随时可以提供利用的。

另外在做这项工作时，还要特别注意与相关人员或部门的协调工作，例如，在安排参观活动时，除了要计划好参观项目和参观路线外，还要事先同参观活动将要涉及的人员或部门进行联络协调，告知参观计划，让其事先做出安排或准备避免与日常工作发生冲突，并安排好接待人员，负责协作、指引或讲解。

6. 准备文件资料

一般在团体来访活动过程中，都会形成和使用一些文件资料，主要包括：

· 向接待来访的领导和其他人员提供的材料，包括来访方的背景材料，如人员构成、公司经营状况、与本次来访目的及要求相关的材料，另外还有技术资料、相关信息资料及日程安排等等；

· 需要向来访者提供的文件资料，如邀请函、企业介绍、产品材料、宣传材料、活动日程安排及其他一些需要用到的文件资料；

· 欢迎辞、致辞、答谢辞、发言、汇报材料等；

· 来访情况通报；

· 协议书、意向书等；

· 新闻发布稿。

7. 准备纪念品或礼品

有些来访应该准备一些纪念品或礼品，以增进双方的感情或加深印象。某些企业在接待一些参观活动时，采取向参观者提供一些企业的宣传材料和产品介绍，发放企业的徽章、仿制的产品模型等做法，这些都可以起到企业的宣传作用。

8. 经费预算

对接待活动的各项开销做出科学估算，上报领导批准。在以后的接待活动中，更要以此为依据。如果需要进行变更调整，要上报领导批准。

9. 编制书面接待方案

团体来访因为事关重要，为谨慎起见，应根据上述内容制定出详细的书面接待方案。内容包括：

· 接待的实施和组织者；

· 接待规格和方针；

· 活动内容及日程安排；

· 住宿、膳食、安全、交通、用车等安排；

· 人员安排和责任落实；

· 其他。

在这里必须注意的是，制定好的接待计划要得到领导的批准才能付诸实施。

10. 对外联络

为了做好接待工作，需要进行大量的对外联络工作，包括同来访方联络协商活动安排，联络住宿、用餐、交通，有时还要将来访工作上报给上级主管部门或有关单位、或同新闻媒体联络进行新闻报道等。

11. 做好事先检查工作

即按照接待计划，在接待活动实施前再次对各项准备工作逐项进行检查和确认，保证各个环节都已准备就绪。

12. 实施接待工作

接待工作开始后，办公室应该与其他接待人员密切配合，严格按照接待计划实施接待，为接待工作提供全程的周到服务，对一些临时出现的问题要及时解决。

13. 接待工作的善后及总结

接待工作结束后，应该做好各项善后工作，如材料器材的整理清退、经费结算、文件的整理归档等，同时还要就本次接待工作进行总结和汇报，为今后的接待工作积累更多的经验。

第三节 邮件处理

目前各单位的公务邮件主要包括两大类：一类是传统的、通过邮政部门递送的邮件，如信函、电报、报刊、包裹等等，这类邮件曾经是使用最多的。另一类为随着新技术的高速发展而出现的传真、E-mail 等。近些年来，电子邮件的使用急剧增长，据统计，在单位的各类信函中，电子信函的使用已经占到了80％以上。

邮件是单位和外部进行联系的另一个重要手段，其收发工作一般都由办公室负责，是办公室日常事务工作的重要组成部分。

一、邮件接收程序

邮件接收程序是指对通过各种渠道投送至单位的邮件进行处理的过程。办公室收到邮件后，往往不只是简单按邮件上标明的收信人（或部门）进行转交，往往还需要经过一系列的处理工作。

邮件的接收处理程序主要包括下列内容：

1. 邮件接收

接收邮件必须要遵守相关一些规定：

(1)及时接收邮件

每天单位中收到的邮件种类不一，其中很可能会有一些邮件内容事属紧急，必须及时接收并处理。因此每天邮局递送来的信件要随到随收，随收随办；如果单位有邮箱，要掌握邮局送达的大致时间，及时开箱收取；每天早晨上班进入办公室后，及时打开电脑准备检查收件箱，在计算机启动的等待过程中，走到传真机前检查是否有昨天下班后发过来的传真……。

(2)指定专人负责传真机的使用

这样做一方面可以避免非专业操作对机器的损害，另一方面也可以有专人随时关注传真机的状态，收到传真后及时进行处理。如果单位中使用的还是不带存储功能的传真机，那么在每天下班前，还要认真检查传真机中是否还有足够的传真纸，在周末这种检查就更有必要。

(3)按照单位的规定把握邮件接收工作标准

各单位对处理各种来件的工作要求并不完全相同。例如，有些单位的秘书往往被要求接到邮件后，要拆开所有公务信件做先期处理；也有一些单位的秘书只负责拆开本部门的公务信函。所以接收邮件时必须遵守有关规定，明确地知道把工作做到什么程度是最合适的。

另外，接收邮件时要认真检查信封上的地址及收信人，确信是本单位的邮件后才能接收，不属于本单位的邮件应及时退还。

有时还会收到一些邮寄给已经退休或离职的人的信，对这些信既不能放在一边置之不理，也不能长时间地转寄。一开始时可以通知收信人及时更改通信地址，如果情况在一段时间后仍没有改观，则应向邮政部门做出说明并将这些信函退回。因为经常地为这些人转信从时间管理角度属于低效劳动，它可能会浪费不少时间。

2. 邮件分拣

接到邮件后，可以马上通过对方选择的寄送方式判断出它们的重要或紧急程度，一般可以分成下面几类，以便过后按顺序分别处理：

· 快件，包括特快专递、传真、电报、航空信件等；

· 专件，包括挂号信、汇款单、来自银行或长话局等部门的邮件；

· 普通信件；

· 报纸、杂志、印刷品；

· 包裹；

· 私人或机密信函。

办公室只负责处理一般公务邮件，私人或信封上标明“机密”类的信函不在他们的处理范围之内。应尽快将私人信函送给信封上指明的收信人，机密信函则应交领导处理。机密类信函在信封上都会有醒目的标记，如写明“机密”、“秘密”、“密”以及“confidential”等字样，而私人信函在信封上也会表现出一些特征，例如：

收信人位置写出了具体收信人的名字，而不仅仅是单位或部门名称；

标有“亲启”(personal)、“私人”(private)等字样；

发信人的地址是一些与单位业务无关的地区；

有时一些手写的信封也很可能是私人信函。

总之要采取一些有效的方法来鉴别公务信函和私人信函，尽量避免误拆。

3. 邮件启封

(1)尽量避免误拆

对邮件进行启封时必须能够肯定将要拆开的是属于自己处理范围的信件。如果不小心误拆，或拆开后才发现是私人信函，则应及时找到收信人向他道歉并做出说明。

(2)使用专门的拆封工具

邮件启封应该用一些专门的工具，如拆信刀、剪刀或邮件启封机等，尽量不要用手撕开信封，以保持信封的外观整齐美观。拆开信封时，将信封正面朝向自己，把信封的左侧朝下在桌面上轻磕数下，让里面的信纸下滑到信封的下部，然后再在信封的右侧剪开。

为保险起见，信封不要马上扔掉，因为上面还有许多重要信息，如寄信人的地址、邮局邮戳等，可能需要再保留一段时间，可以先用别针将它和正文别在一起。

(3)检查附件

打开信封后，取出里面的信纸后，还要撑开信封仔细查看一下，看是否遗漏掉了一些小的附件，只凭手摸或对着亮处照一下信封往往并不百分之百保险，对于一封信来说，正文和附件同等重要，必须保证将它们全部取出。

另外，很多信的正文会对附件情况做出说明，所以取出信件后，应该先看正文的后部，那里往往会对附件情况做出说明，然后进行核对。如果附件不齐，应做出标记，过后及时同对方联络说明。

对附件要进行妥善处理：挂号信、保价信函中的单据、支票等应及时交付财会等有关部门；其他文字材料可以用小夹子和正文别在一起，一般是纸张规格大于或等于正文时，放在正文的后面，纸张规格小于正文时，则应放在正文的前面。

(4)加盖收讫章或标注收信日期

在看信件的具体内容之前，先在第一页固定的地方（通常是右上角）加盖收讫章或手写收信日期，因为信函落款处的日期并不百分之百就是实际发信日期，而且实际的收信日期对于一些经济活动有时会是重要的法律依据。

(5)传真和 E-mail 的处理

传真和 E-mail 不会有信封，但也要做一些处理工作：如果收到的是传真，要注意本单位所使用的传真纸是不是那种可以直接存档型的，如果只是普通的热敏纸，就必须先将收到的传真进行复印后再做处理，因为热敏纸上的字迹不能长久保留，过一段时间后，就会字迹模糊直至消失，变为一张颜色黄白的白纸，所以不能直接存档；如果收到的是 E—mail，可能还要先将它打印出来，因为有的领导还不习惯于机上阅读。

4. 阅读邮件

拆信后阅读邮件，是为了及时了解信件内容，阅读后，可以将信件分成下面几类：

· 需要由领导过目处理的信件；

· 需要由有关部门处理的信件；

· 由自己处理的信件。

每一类中的信函还要按照紧急或重要程度进行排序，以保证重要的、紧急的信函能够得到及时处理。

在一些单位，特别是国外企业中，办公室秘书在阅读邮件时还要做进一步的辅助工作，如勾画出信件的重点部分或重要信息，以便于领导看信时把握重点；对信件中的某些问题做简单注释说明；对一些简单问询的来函，秘书或办公室相关工作人员还可以提前拟好回函，与来信一并呈送领导。

另外，有经验的秘书阅读信函时，还会及时找出与信函内容有关的资料，如信中提到的上一封来信，谈到的其他文件等，然后将它们附在正文后面，一并转呈，保证领导或处理人处理信件时，手头已经掌握各种必要的资料，而不必再费时吩咐和等待秘书去找这些资料。

但是，近年来越来越多的人们认为，用比较醒目的彩笔勾画出信件的重要部分，可能会产生一些问题，即其他的阅信人在看信时可能会产生疑惑或误解，以为这是领导做出的标记。另外有些单位也比较反对秘书在来函上进行标注，他们认为，一方面，在信函上进行标注是领导们的特权，另一方面有时领导与秘书对信件的内容可能看法不一样，这样就会不认可秘书的标注。因此在做这些工作时，最好事先得到明确的指示，或采取一些比较妥当的做法。

在阅读信件时，还要注意及时将与自己有关的工作记录下来，例如，将信中提到的重要时间、地点等记录在工作计划本上，将需要找出来的与来函有关的文件、信件记下来，以便过后统一查找，使得工作更加有条理。

5. 登记

与公司工作有关的重要来信应该进行登记，登记的内容除了来信日期、来信人、来信内容以外，还要包括承办人、处理期限等，以便于秘书掌握信件的去向，适时地对办理情况进行控制，并保证信件安全归档。登记表形式见下图：

序号	来信日期	来信人及单位名称	来信内容或主题	承办人	处理期限	归档日期

6. 分送邮件

即将经过简单处理过的信件分别送到具体的承办人手中，分送信件时，必须保证它们确已做过登记，以便把握其去向，不致丢失。

7. 存档

处理过的邮件如果具有保留价值，应该将它们分门别类地放进文件柜，及时存档，方便今后的查找和使用。

二、领导外出期间来信的处理

领导外出时，办公室还可能会收到一些需要由领导处理的来信，这时应像往常一样，按前文所讲的程序迅速处理各种来信。并且要格外注意下列环节：

1. 在领导出差前，请他针对外出期间那些本应由他处理的来信的处理原则做出安排，必要时进行工作授权，以保证在领导外出期间，信件的处理能够正常进行。

2. 若在领导出差期间办公室收到必须由领导亲自处理的信函，如标有“亲启”、“机密”的信函，应及时请示领导，不可简单地等领导回来后再做处理，因为这样做可能会对事情造成延误。

3. 当需要由他人或递送公司为在外地的领导代转代送重要信件时，应该将原件留在单位存档，另外制作复印件进行转寄或代转(未拆封的私人或保密信函除外)，以防止信件丢失无法存档。

4. 如果领导出差的时间可能只是二、三天，没有向其他人授权，也不能将来信放在一边，全部待领导回来后处理。遇到需要立即处理的信件时，应该及时请示领导。如果在特殊情况下联络不上领导，则应按照单位的政策或自己的判断交由其他的主管人员处理。

5. 在领导即将返回前，将他外出期间收到的所有信函进行系统整理，分做下面几类：

(1)需要领导阅读、签发的信函；

(2)需要领导亲自拆阅处理的信件；

(3)已经由授权人处理过的信件 。

分类完毕后，将它们分别放进文件夹，等领导返回后呈送处理。

三、邮件寄发程序

邮件的寄发程序是指在各种邮件拟写完毕后，至装入信封交寄之前所要经历的一系列工作环节。通常包括下列环节：

1. 准备邮件

邮件起草完毕后，要按照正确的格式进行打印排版，并保证字句、用词及标点的使用正确规范，同时尽量避免涂抹更改，保持信件的整洁、清楚。一封错误百出、漫不经心的信件发出的信号是对收信人的不尊重，因此往往也不会赢得别人的重视和好感。

准备邮件时，应该按照单位统一书写格式。为了保证书写风格的一致性及写作的规范性，给商业伙伴以稳定、有序的感觉，办公室可以预先设计各类常用商业书信的写作格式或模板，并对工作人员进行使用培训，要求他们规范使用。不少外企公司将公司常用信函按内容分类，如分为索要文件、数字、报价等的信函，没有得到答复再次催问的信函，贺信，致谢信，对索要文件、数字、报价等来信的复函，接受邀请的复函等，分别将之设计出标准格式在公司范围内统一使用。

2. 校对

邮件打印完毕后，还应该认真校对，保证没有任何错误之后再送领导签发。

3. 签发

在发出的信件上必须要有领导人署名或单位公章，才能表示生效。在国外公司，在信件上署名是领导的职责，说明他认可信件上的内容。在信上钤盖公章也要事先得到领导的认可，因此信件发出前，先要送领导审批签发。具体应该注意下列问题：

(1)除非是紧急的信件必须立即请领导签字之外，一般的信件可以集中放在一个文件夹中，找一个方便的时间请领导统一签字。频繁地进出领导的办公室是对领导工作的一种打扰；

(2)将需要由领导签字的信件和其他信件分开，避免由于混乱导致领导误签应该由其他人签发的信件；

(3)有时由于领导外出会授权别人代签信件，这时应该同样仔细将信件准备好，及时送交被授权人签字，并注意签名处是否有代签的标记；

(4)有些信件还会带有一些附件，应该将它们一并准备好，附在信件正文的后面，用小夹子或装订机将它们订在一起，呈送领导签发。要保证附件数量齐全、内容准确无误。

4. 制作副本存档

不仅收到的重要邮件要存档，本单位发出的重要邮件同样应该留存副本存档，它们是工作过程的记录，今后的工作中很可能还会用到它们。信件的存档方法是将有关同一事项的发函和复函放在一起存档，而不能将它们分别存放，这样才能了解事情的来龙去脉。

5. 登记

同收信时所做的登记一样，发出信件时也要登记。

6. 填写信封

发出信件时，必须要使用符合国家统一要求的标准信封，并按要求填写有关内容。无论是传统邮件还是电子邮件，收信人和发信人的地址(包括邮政编码)都非常重要，它是信件正确投递的保证，所以应该进行认真核对，确保没有任何错误。

常用的地址可以存在电脑中，需要的时候打印出来即可，这样只要保证输入时是正确的，今后再使用的时候就基本不会出现什么错误。但是平时要注意地址资料的及时更新，遇有地址变更等情况，应及时做出更改。

7. 邮件的装封与折叠

邮件装封之前，先要将信纸上的小夹子或其他装订用具取下，因为这些小东西可能会在传递运输过程中磨损信封，另外，邮局的自动分拣机等设备也经常被它们卡住。

信纸的折叠应该根据信封和信纸的规格而定，以 A4 规格的复印纸为例，装入邮局标准规格的大小信封的折叠方法是：

(1)不折叠。重要的文件或纸张较多的信件不能折叠，直接装入大信封中。

(2)二折法。纸张对折，将底边折到距顶边 0.5 厘米处。

(3)三折法。先将底边上折约 1/3，再从下往上折到距顶边 0.5 厘米处。

(4)四折法。先将信纸叠成二折法，再将纸的左边向右折叠至距右纸边 0.5 厘米处。

在这里特别提醒，折叠信纸时不要将信纸的上下或左右纸边完全对齐，纸张的下边或左边要比另一边低几毫米，这样做特别方便阅信人，因为留边以后很容易就能打开信纸，而且阅信人知道留边的一边一定就是信纸的上部，因此不会在打开信纸的时候，将信纸拿倒。

邮件装封时，应该将信件正文与附件分开折叠，然后将附件放在正文的最后一折中，这样可以使拆封人很容易地将附件与正文一同取出。

8. 选择适当的邮寄方式

应该根据信件内容的重要性及时效性选择妥当的传递方式(平信、挂号、航空、特快专递、传真、E-mail)，既保证信件安全准时投递至收信人手中，又控制邮资开支。

第四节　差旅事务安排

国际、国内的公务旅行在当今各类组织中是一件经常的事情，也是关乎组织发展的一项重要活动，特别是单位领导的出行，一般都与本单位的重大活动有关，不能掉以轻心。

领导的差旅准备工作一般由办公室负责，但由于每次的旅行都会涉及旅行计划、交通、住宿、联络及其他一系列的准备工作，事无巨细，因此有些单位成立部门或指定专人专门负责出差旅行事务，也有一些规模较大的单位与旅行社进行合作，即将每年的差旅费用进行估算后，以合适的金额承包给某个旅行社，旅行社负责差旅的准备，包括制定计划、安排交通、住宿等。这样企业不仅能降低差旅成本，还能得到专业性的服务，而旅行社也由于能得到一般单位不能获得的酒店及票务折扣而获利。

但无论由谁具体操作，单位中都要建立一套完备的出差管理制度，作为对公务旅行工作进行管理的依据。其核心内容应该包括：出差的审批手续及差旅费（交通、住宿、通讯、出差补贴及其他正当费用）支付规定等。

商务旅行的准备，应从以下环节入手：

一、确定旅行路线及交通方式

1. 了解情况

做旅行准备时，先要就将要进行的旅行进行情况了解，以便进行相应的准备工作。主要应该了解下列内容：

who——是谁或哪些人要进行公务旅行？他们要见谁？

where——他们要去什么地方？

when——打算什么时候去？

why——旅行的目的是什么？是开会、谈判、考察，还是其他活动？

what——有哪些活动安排？

how——应该怎样安排这次旅行？出差人对此次旅行有什么要求？

how much——整个旅行要花多少天？大致要花多少钱？

2. 确定旅行路线及时间

即根据旅行的目的及其活动，安排合理的旅行路线，如出发地、中转地、目的地，与之相关的还应该有出发、返回日期及在各地的停留时间等。

3. 选择适当的交通工具

（1）交通工具

交通工具主要有汽车、火车、船、飞机。其中汽车适合短途旅行，火车和飞机适合长途旅行，但比较之下，火车费用相对低廉，但舒适性及速度都不如飞机。总之，要根据时间、路线及相关的旅行费用规定等来确定合适的交通工具。

（2）运输商

很多人旅行时，为安全及服务考虑，会首先考虑选择有信誉、有能力、有规模的运输公司。

（3）飞机/火车班次

一般来说，中途停顿、中转的次数越多，可能出现的难以控制的情况就越多，因此，要尽量选择那些直达或中途停顿较少的班次。以乘坐飞机为例，选择航班时应按下列顺序考虑：

· 直达航班。中途不做停留或中转可以减少晚点的可能性，并且整个行程花费的时间最短。

· 需要转乘时，尽量选择同一家公司的航班，以取得服务的连贯性。万一发生误点或其他不愉快的事情时，不至于要同时向多家航空公司改票或交涉。

· 别无选择时，再考虑其他航班。

二、机票预订工作

1. 订座

“订座”对运输商而言，是指对旅客预订的座位、舱位等级或对行李的重量、体积的预留；对旅客而言，就是人们通常所说的订票。不论选择何种交通工具，旅客最好提前预订座位，以使出行更有把握。

订座时需要遵照运输公司的有关规定，才能保证订座有效。以乘机旅行的订座为例，目前有多种订座方式可以选择，如可以直接到航空公司营业厅及其营业网点预订，也可以通过旅行社预订，另外，网上预订和电话预订也是很方便的方式。在订座时，要掌握下列常识：

(1)选择合适的舱位

旅客可以乘坐的飞机舱位分为头等舱、公务舱及经济舱三个等级，其舒适性依次递减，票价也差距很大。所以大多数单位都有乘坐规定。例如只有公司的高层领导才能选择飞机头等舱。

(2)凭本人有效身份证件，填写《旅客机票订购单》

《旅客机票订购单》是旅客在订座或直接购票前必须填写的一种业务单据。在填写时，要保证各项内容的准确性，如乘客姓名的中外文及汉语拼音的拼写不能有任何错误。

旅客机票订购单　　是否购买航空保险？ 是☐ 否☐

旅客姓名		工作单位	证件号码	客票	
				种类	号码
1					
2					
3					
4					
5					

自	至	航班号	舱位	日期	起飞时间	记录编号：

旅客详细联系地址及电话：	出票人：
备注：	日期： 年 月 日

旅客机票订购单

(3)已经订妥的座位需要在航空公司规定的时间内购票，否则原定座位不

予保留

航空公司规定，订座只有在旅客按规定的手续和购票时限内交付票款，经售票部门填开客票，并将该订座填入客票乘机联内交给旅客以后，才能认为座位已经订妥和有效。

2. 购票

可以在航空公司或其销售代理人的售票处购票，购票时还要注意一些问题：

(1)认真核对票上的重要信息

付款取票后要认真核对票上的日期、时间、班次、姓名拼写等重要信息，机票上的乘机者姓名必须要与所持的有效证件完全相符才能允许乘机，因此，发现问题要及时更正。

(2)改票

购票后，如果要改变航班或日期，需按有关规定办理，一般航空公司规定，在航班规定离站前72小时以前，可以免费办理，在72小时以内的免费办理只限一次，如果要求再次更改，每次应交付票价5%的变更手续费。

(3)国际客票的换开

在我国境外购买的用国际客票填开的国内航空运输客票，应换开成我国国内客票后才能使用。

(4)座位再证实手续

如果购买的是订妥座位的联程或来回程客票，需要格外注意，航空公司一般规定，如果在该联程或回程地点停留72小时以上，须在联程或回程航班离站前两天中午12点以前，办理座位再证实手续，否则原订座位不予保留。如果旅客达到联程或回程地点的时间离航班规定离站时间不超过72小时，则不需办理座位再证实手续。这就意味着，即便是已经付款购票，如果事先不知道或忘记了对已购这类机票的再证实，持票人同样会被拒绝乘机。其实再证实手续并不复杂，只需电话确认即可。

所谓“联程客票”是指列明有两个或两个以上航班的客票，“来回程客票”是指从出发地点至目的地点，并按原航程返回原出发地点的客票。

(5)电子机票

现在人们已经注意到这样一种发展趋势，即在不久的将来，电子机票将会取代纸质机票。国际航空运输协会已经决定至2007年在全球实现机票无纸化，在运输业务较为发达的美国，电子机票的使用率已经达到60%，我国的国航、南航、东航、上海、海航等航空公司也都已经开始使用电子机票。在当今，电子机票已成为各大航空公司的重点推广业务。人们在网上可以用5～10分钟的时间预订和购买到国内各航空公司的机票，省却了等待送票、现金交易等环节，购票人可以持身份证直接在机场专门的电子机票柜台办理登机手续。对于旅客来讲，这是更方便、更快捷的选择。

三、住宿安排

旅行的住宿安排与路线及交通安排同样重要，需要掌握下列原则：

1. 旅途的住宿应该尽量提前选择并预订

2. 掌握单位中不同级别人物住宿标准规定

3. 有些经常作商务旅行的人是一些国际或国内连锁酒店的会员，选择这些酒店会得到更多的实惠

4. 了解住宿人有无特殊的生活习惯及要求

5. 选择住宿地时还应该考虑下列问题

(1)住宿地的交通是否方便?

(2)价格及服务水平是否让人满意?

(3)有无必需的商务设施?

四、联络工作

在商务旅行的安排过程中，有一些活动需要与接待方反复进行联络协商才能明确所有细节，包括日程安排、活动内容、交通住宿接待等。这些是制定具体的公务旅行计划的根本依据之一。

在联络活动中，要有明确而且相对固定的联系人，同时还要考虑时限、权限。

五、制定差旅计划

各环节落实以后，将整个差旅活动安排做出书面计划，送有关领导审阅同意后打印，并传送给接待方。在本单位内部，差旅计划应该一式三份，一份给要进行旅行的领导，另一份由办公室或领导的秘书保存，还有一份给其他有关领导。如果出差日程有变更，应及时通知所有持有者。

制定差旅计划时，要将旅途行程安排和商务活动安排结合起来，以日期为单位，制定每一天的各种活动安排。

六、行李准备

1. 准备需要携带的文件材料

相关文件是商务旅行活动中所必须的。一般应该从以下几个方面着手准备：

(1)商务活动文件

如合同、协议、发言等书面文件及演示文件，另外还可以有产品的样本、样品等。

(2)旅行文件

即身份证明文件，如身份证、介绍信等，如果是做国际旅行，还需要有护照、签证、《国际预防接种证书》(黄皮书)等。

(3)旅行人可以在旅途中处理的文件或事务

旅行文件要根据本次旅行安排的活动顺序及项目分别准备。国外秘书比较普遍的做法是将每项活动的文件单独放在一个文件袋(夹)中，每份文件袋(夹)要有文件内容的清单或目录，一式二份，一份秘书保存，另一份粘附在文件(袋)夹的面页上，再将文件夹(袋)按顺序编号。

2. 准备行李

公务旅行的行李准备主要有以下内容：

(1)前文提到的旅行文件、样品等；

(2)衣物；

(3)通讯设施，如手机、商务通等，还不要忘记带上充电器等附属设备；

(4)便携式电脑、移动存储设备等；

(5)随身物品，如名片、笔、地图；

(6)其他个人用品。

公务旅行所携带的行李不宜太多太重，要符合运输部门的有关规定，也不能有危险的或违法的禁运品。航空公司规定，行李运输分为托运行李和自理行李两部分。托运行李要符合包装规定，并且每件最大重量不能超过 50 kg，体积不能超过 40 cm×60 cm×100 cm。免费随身携带物品的重量，每位旅客以 5 kg 为限，持头等舱客票的旅客，每人可随身携带两件物品，持公务舱或经济舱客票的旅客，每人只能随身携带一件物品，每件物品的体积不能超过 20 cm×40 cm×55 cm，超过规定的，应作为托运行李托运。另外航空公司还规定了不得作为行李运输的物品及限制运输的物品，旅客必须遵守。

为了让出差人清楚地掌握自己所携带的物品，协助进行行李准备的人员还应该打印出两份所要携带的全部物品清单，一份放在行李中的第一号文件夹内，一份自己保存。

3. 准备差旅费

准备差旅费时，必须要明确各种支出的事项及标准，提前做出费用预算，预算额度应该比预计的花费要稍多一些，以备可能临时出现的一些支出。

然后要按照规定的财务手续准备差旅费，大部分单位是由领导批准后，先向财务部门预支一笔差旅费，回来后再分项报销；也有一些单位采取差旅费包干的做法，单位事先规定并付给去某地出差的费用，节约归已，超额不补，以此来控制单位每年的差旅支出总额。

旅行费可以是现金，也可以是信用卡或支票，使用现金方便有余，安全性差；而信用卡或支票的安全性更高，但需要有一些手续和限制，有时还要支出一些手续费。

另外，有一些可以提前预付的费用，如机票款或住宿费用，应该尽量提前预付，这样不仅可以大大减少携带款项的额度，而且如果不幸被盗或丢失钱款，还可以将损失降至最低。

七、迎送工作

领导出行和返回时，办公室还要做好迎送工作，如安排车辆人员接送等。

有时由于各种原因，飞机和火车会发生晚点或延误的情况，导致迎送和出行人员在机场或车站长时间的等待，甚至有司机一天去几次机场也接不到人的情况；飞机车次晚点，还会影响整个行程计划安排。

为了保证迎送时间的准确性及其他后续活动的有效安排，办公室必须切实掌握航班或车次的动态变化，及时做出应变反应。

例如办公室可以在领导出行和返回前，利用我国铁路和民航部门提供的咨询服务业务，及时获得所乘航班或车次的变化情况。最近，北京空管信息通信技术发展有限公司与瑞迪通公司还联合开通了民航动态信息全程追踪服务，用户写短信 HB+航班号，发送到 366388，就可以订制短信通知服务，一旦所关注的航班发生变化，将及时得到当日该航班的实时短信通知，包括预计起飞、实际起飞和到达时间。这种服务可以让办公室的迎送工作做得更从容。

八、建立差旅参考档案

所谓“差旅参考档案”并不是真正意义上的档案，而是指为了更好地为那些经常出差的领导有效安排差旅事务，办公室将每次领导出差的有关情况和资料记录保存起来，为他们每个人建立的一种情况记录，记录中还包括了他们在旅行时的一些爱好、习惯、特殊要求等情况。

案例分析

1. 广州某公司拟请北京某大学的何教授为其公司员工作为期三天的培训，公司经理助理刘小姐负责这次培训活动的安排和联络。培训日期定在周一至周三，因此，何教授应该在周日乘飞机到达广州。她请何教授在北京自己买好飞机票，然后打电话将航班、启程及到达时间通知她，到时公司会派司机去机场接机。何教授一一照办。

但是何教授到达广州机场后，等了很久也不见接机的司机，幸好他有该公司的地址，于是自己叫出租车到了公司。

由于是周末，公司里没人，他又没有刘小姐和司机的手机号码，只好一筹莫展地等在公司门口。过了好久，司机来了，他一见面即向何教授道歉：

“对不起，何教授。今天公司副总临时派我去了趟郊区，回来路上堵车，没法按时赶到机场，耽误了接机，但我没有您的电话，没法跟您联系。请您原谅。不过我也知道，您是聪明人，肯定会自己坐车来公司的。所以我就直接来公司了，您请进去稍坐，我去给刘助理打电话，告诉她您来了。”

过了一会儿，刘小姐来到公司，再一次向何教授道歉，并且说：

“都赖我们的司机，如果他早打电话给我就好了。”

然后，她带何教授去酒店办理入住手续。她告诉何教授，该酒店是他们公司下属的，条件很好。但没想到酒店前台却告诉他们，这几天酒店有活动，客房已满，没办法向他们提供住宿了。何教授问刘助理：

“你没提前预订吗?”

何助理回答说：“我们公司以前来的客人都安排在这里住宿，从来不需要预订的。我再和他们商量商量。”

但协商了很久，最终还是没有办法安排住宿，刘助理只好再次向何教授道歉，带他去附近别的酒店看看哪里可以安排住宿。

问题：请你分析一下，这次接待安排在什么地方出现了漏洞？如果你是刘助理，您会怎样安排这次接待？

2. 下面是一份大型接待活动的工作总结，请你认真阅读后谈谈感想并回答下列问题：

(1)本次接待活动的接待方案是如何制定的？

(2)接待活动主要从哪几个方面着手准备？

(3)你怎样看活动主办单位与专业公司的合作的接待方式？

(4)他们采取了哪些措施以确保接待方案能够得到不打折扣的贯彻落实？

关于2004中国企业500强发布会暨高层论坛筹委会办公室接待组工作总结

重庆北部新区管理委员会办公室

2004年中国企业500强发布会暨高层论坛，于9月6日在渝顺利落下帷幕。经过大家夜以继日的共同努力，接待工作取得圆满成功，实现了市领导、参会代表、接待组工作人员均较满意的效果。

一、工作概况

此次会议接待规格高、规模大、住宿散、安排紧，在重庆接待史上也属少见。但由于领导支持、准备充分、组织得力，接待工作忙而有序，妥善安排了代表们在渝期间的吃、住、行、娱，保证会议活动安排基本照日程顺利进行。接待组“高效、有序、礼仪、周密”的接待，受到代表们和会议主办方中国企联的称赞。据回收的调查问卷统计，90%的代表对接待工作表示“满意”。下榻在“希尔顿”、“海逸”、“万豪”酒店的一些客人在离渝时，专门打电话向接待人员表达谢意。

(一)精心组织接送工作。会议期间，一共接待市外参会企业238家，市外参会代表316人次。这次接待，既有二级政务接待，又有较高规格的商务接待，且参会代表构成较复杂。为保证接待工作顺利开展，一是对接待任务进行了分解：二级接待单列出来由市接待办负责，专家学者由社科院负责，新闻记者由市新闻办负责，中国企联参会代表(不包括部级领导)由北部新区管委会负责，参会企业则按照“虚功实做，促项目、交朋友、建联系”的原则分解到各对口接待单位负责，各司其责，对口迎送。二是在机场设接(送)站，为代表开设专用绿色通道，设VIP贵宾休息室。华平、王庆副秘书长轮流到机场迎送，接待组工作人员全天候在机场协调对口接待单位的迎送工作，派出4名志愿者进行礼仪服务，安排一名工作人员采访报道。三是各对口接待单位热情参与，协助代表报到和安排住宿，主动向对口接待企业介绍情况。市工商联派专人全天候在机场协助接待组工作；北部新区派出礼仪小姐，统一着装到机场接待，并为代表准备了一束鲜花；市轻纺办主要领导9月4日晚上11点多钟仍在机场迎候客人，并为参会代表落实报名、住宿等事宜；铜梁县除积极参与对口接待外，还主动无偿提供24名志愿者为大会服务。各单位在对口接待中与接待组保持了及时沟通，为代表解决了困难。

(二)精心安排代表住宿。由于接待的规格高，参会代表有国家和部委领导、专家学者、500强企业高层和知名媒体记者等。对此，一是将代表住宿定位在五星级宾馆，并针对参会代表的构成情况，制定了以金源大饭店为主体，希尔顿、万豪、海逸三家酒店为补充的住宿安排格局，原则上部级以上领导、企业正职安排住套房，企业副职安排住单间，其他代表安排住标准间。由于金源大饭店刚营业不久，其硬件设施好，软件服务还需改善，接待组在筹委会领导的支持下，多次到该酒店进行现场办公，协调消防局对金源大酒店进行消防整改和验收。二是接待组还在各个酒店均设两名组长，为代表报到、食宿、预订返程机票、火车票提供周到、细致的服务。三是在各酒店还设立了医务室，以备不时之需。

（三）精心安排伙食。除宴请外，代表均在住地宾馆，凭出席证自助用餐。工作人员在各住地宾馆凭工作证就餐或就近用餐，由各组长安排。由于代表们来自全国各地，北方、南方、东部和西部的都有，还有少数国外的，要照顾好不同方面的饮食习惯，同时要展现重庆餐饮特色和各酒店的风格，接待组煞费苦心，菜品多次遴选才确定下来。为保证饮食卫生，接待组还专设了医疗卫生组，对菜品和对市场组通过市场运作来的酒水进行了严格的卫生把关。

（四）精心安排宴会。接待组在金源大饭店组织了重庆市招待酒会和重庆北部新区招待酒会，共宴请参会代表2000人（包括市外和市内参会代表）。为做好宴请工作，接待组事先反复研究宴请方案，多次遴选菜品，指导酒店进行了走菜演练。两次宴会均设主桌和宾桌，宾桌进行编号，宴会前根据参会代表情况，明确主桌和主宾人员名单后，安排专人直接或通过各点组长、对口接待单位通知参会代表，一有变化便作及时调整。如为了将参加重庆市招待酒会的主桌和主宾人员通知到位，接待组指派3人打电话，从晚上8日许一直打到近晚上12点，才通知完毕。

（五）精心安排车辆调度。为了满足会议期间的用车需求，接待组采取租赁车辆和对口接待单位自备车辆的方式加以解决，接待组组织的车辆主要是保证大会统一活动，如代表参加发布会、论坛、宴请、参观考察和文娱活动的用车，大会统一活动之外的接待车辆由各对口接待单位负责，此举既保证了用车需求，同时也节省了费用。由于代表住宿分散和活动点安排分散，这无疑为接送工作增加了难度，接待组根据各下榻酒店代表数量，将车辆分配到各酒店，并进行统一编号（编号牌上还标明了酒店名称）以便于调度和代表识别，同时在金源大饭店设总调度室，其他三家酒店车辆调度在总调度的指挥下由各点组长具体负责，从而实现统一指挥，上下联动的工作格局。在会议期间，接待组向市接待办共租赁20辆车为大会服务，安排接待用车近300辆次，由于安排合理，没有一次因车辆调度问题而影响了活动的按时进行。

（六）精心做好参观介绍。会议期间，组织代表约120人参观了重庆夜景，约120人观看了国家十大精品舞蹈艺术节目川剧《金子》，近200人参观考察了北部新区和渣滓洞、白公馆等旅游景点，接待组组织人员进行了相关的介绍和服务。为使参观夜景井然有序，接待组将代表分三组在不同的时段进行，分“金山大厦”和“星光大厦”两条线考察北部新区，并专门购置两套音响设备，请有关领导对经开园和高新园作了介绍。

（七）精心组织志愿者服务。一是为保证志愿者的综合素质符合要求，在铜梁县团委推荐和初步筛选面试招募候选志愿者60多名的基础上，接待组、团市委的同志到铜梁县对候选志愿者进行严格面试，最终录用了24名青年志愿者参加大会。二是委托团市委编制了《志愿服务工作手册》，作为志愿者培训教材和上岗服务工作手册，并邀请了市接待办、团市委、市旅游局等单位专家为志愿者讲授有关接待礼仪、服务规范、普通话、仪表等方面的知识和要求。三是带领志愿者熟悉代表住地环境和全程行车路线，掌握沿途主要景点的解说内容，进行上岗演练。会议期间，志愿者们顾全大局，恪尽职守，始终以用微笑和热情积极投入接站、随车导游和引领等方面的服务中。负责接站的志愿者从早上7点多钟一直忙到晚上10点钟；随车的志愿者6点钟就要起来，在车上清点人数、发放饮料、提醒日程、介绍景点，经常到深夜11点多钟才回去休息。对交办的临时性任务，志愿者们也能做到随机应变，保质保量完成，服务工作进行有序。

二、主要体会

这次会议接待，对接待组（包括市接待办）来说，是一次严峻的考验和挑战，但通过努力我们仍取得了圆满的成功，体会有以下几点：

（一）制定方案，周密安排。一是组建了接待组工作体系，建立起以市接待办副主任金若东为组长、管委会副主任周时洪为副组长、市级有关部门负责人为成员的领导机构；在接待组下设联络组、内宾组、外宾组、对口接待组、餐饮组、交通组、接送组、卫生组、水电气保障组、考察组、参观组、志愿者服务组共12个工作小组；在各下榻宾馆均设组长，实行组长负责制。整个工作体系分为核心层（领导机构）、中间执行层（各工作小组）、外围层（志愿者和对口接待单位联络员），以各点（下榻宾馆）为中心，联络组为纽带，形成了一张既撒得开又收得拢、控得住的接待网。二是制定了详细的工作方案，并根据方案制定了操作性很强的工作手册，每个方面如车辆安排、宴请安排、对口接待、志愿者服务等都制定了细化方案。三是认真踩点，周密准备。接待组多次到金源大饭店召开下榻酒店协调会。况主任亲自带领接待组人员到酒店和市人民大礼堂现场办公。接待组庞毅、丁凤多次到现场与酒店相关负责人洽谈工作，安排接待事宜，常常晚上九、十点钟还在酒店忙碌。

（二）精打细算，节约铜板。本着既要接待好，又要花得省的原则，接待组在各个方面都把得非常紧，为管委会节约了一大笔钱。一是精心谈判，将房间费用、用餐费用、会场费用、租车费用尽可能压到双方都能接受的最低限。为此接待组庞毅、丁凤与代表下榻酒店进行多次谈判，反复压价，直到临近开会才将食宿问题确定下来。二是精心安排，不大手大脚。如工作人员的住宿卡得很紧，整个会议期间未出现付了费而空置的房间；为做到工作人员的用餐也心中有数，每次就餐时，接待组还派专人在门口对照工作证进行清点。

（三）现场调度，有序进行。此次会议不同于政务会议，较松散，接待过程中不确定的因素较多，变化相当大、相当快。为此接待组将指挥部设在金源大饭店，现场调度，保证了活动开展有序进行。会议期间，华平副秘书长、况主任每晚召集接待组工作人员、对口接待单位责任人（联络员）召开碰头会，总结当天的工作得失，根据情况变化逐项安排第二天的接待事宜，并将责任明确到人。白天，况主任和庞主任大多时间守候在金源大饭店的大厅，妥善处理有关事项。如9月6日中午北部新区宴会即将开始，突然得知中国企联有两位领导不能出席，工作人员在请示领导后便作灵活处理，将主宾调整两名到主桌就餐。又如，原定9月6日下午参观红岩村、白公馆、渣滓洞，由旅行社组织，代表根据自愿自费参加。后因情况有所变动，经领导同意，便将此项参观活动改为接待组组织，既便于操作，代表也非常高兴。

（四）责任到人，认真负责。在制定方案和工作手册时，接待组将每个方面、每个环节的工作进行了分解，明确分工，责任到人。什么人，做什么事，在什么时候做，在什么地方做，做得什么样，都作了明确、具体的要求，做到了人人有事做，事事有人管。为确保接待取得圆满成功，前期作了大量的准备工作，到会议召开时大家都已经很疲惫了，而会议期间的接待却像百米赛跑最后冲刺的一刻，异常关键。这期间我们的不少同志双眼红肿，一脸倦容。尽管如此，却没一人喊苦叫累，没一人对交办的事项撒手不管去呼呼大睡，而是不折不扣地去执行，这种精神十分可贵。同时，在接待过程中大家总是相互支持、相互配合，既各就各位，又相互拾遗补缺，同事之间（包括对口接待单位的联络员）很难听到一个“不”字，手机24小时开机，没有打不通的，打通了没有不接的，工作虽然有相对的分工，但开展起来却没有“你的”、“我的”之分，体现出良好的协作精神。

（五）热情接待，注意细节。不管能否办到，难度大不大，都不说“不”字，同时十分注意接待中的每一个细节，尽可能为代表服好务。如铁路企协的一位参会代表希望能为他买一张免费火车票，接待组通过多方面协调才买到并给他送去。中国蓝星集团一位副总提出为其买张火车票，接待组在人手非常紧张的情况下仍安排人员负责落实。9月6日晚8点多钟，接待组的同志乘车冒雨将车票送到这位副总下榻的酒店。在整个活动快结束时，接待组向参会代表发放了近200多份征求意见表，广泛征求他们的意见，从反馈的意见看，90％的参会代表对接待工作表示满意。

（六）领导支持，身先士卒。领导支持是无形的力量。在这次接待活动中，华平副秘书长、况主任、周主任都亲临接待工作的一线，不顾连日劳顿，自始至终和接待组的同志们战斗在一起，常常加班加点至深夜，甚至通宵达旦。华平副秘书长在会议期的每天晚上，都要到接待组主持召开接待工作碰头会，及时研究并解决接待中的困难和问题。况主任给接待组也以很大的支持，他总是鼓励大家遇事要冷静，大胆地去做，同时以身作则，和大家一起加班加点。为了搞好接待，周主任有次忙到下午四点钟才吃午饭。领导们亲临现场，和接待组的同志同甘共苦，夜以继日地工作，这对大家来说既是督战，也是无声的鞭策和鼓舞。虽然大家干得很辛苦，也很疲劳，但看到领导们也和自己站在一起，倦意不觉少了许多。

三、几点建议

总体上说，此次接待是成功的，这是接待组工作人员共同努力的结果，也与领导的大力支持和筹备办其他各组的有力配合密不可分。但因准备时间仓促和缺乏经验，接待仍存在一些不足。一是会期太短，活动安排太紧，留给参会代表自己支配的时间不多；二是没有组织照集体相，多少有些遗憾；三是由于缺乏经验，走了一些弯路，做了一些重复性工作。在今后类似的接待工作中，建议做好以下几个方面：

（一）加强接待工作中部门和部门内部之间的协作。像这样大、这样"散"的会，必须协同作战。这次接待，在市接待办的牵头下，北部新区管委会、市交委、市园林局、市文化局、市电力公司、市水务集团通力合作、紧密配合，确保了接待工作取得圆满成功。因此，在今后的类似接待活动中，各参与部门要从大局着眼，从大局着手，相互配合，紧密协作，接待工作的效率会大大提高。

（二）提高接待工作人员的素质和能力，有意识地培养这方面的人才。接待是有一定目的性的，就北部新区管委会来说，不管是政务接待还是商务接待，都是为了宣传和展示北部新区，落脚点是为招商引资服务，一次成功的接待，可能会带来很可观的经济效益，从这个意义上说，接待就是生产力。本次接待之所以能取得成功，很大程度上是因为有市接待办的参与和协调，他们派出的工作人员在接待工作方面都是非常有经验的，对接待工作的各个方面、各个环节相当熟悉。因此，培养一批训练有素的接待工作人员是非常必要的。

（三）探索市场化运作的接待工作新机制。此次接待获得成功，我们是耗费了大量的人力、物力和财力的。尤其是北部新区管委会，将很大一部分人的精力耗在了这上面。若事先将接待工作委托给专业公司操作，充分利用其自身优势，我们把精力集中在指导、监督和协调上，可以实现双赢的目的。北部新区管委会的日常接待，也可采取市场运作的方式委托给中介机构，或者借鉴市场运作的方式成立专门的后勤接待服务部门负责接待，这样既可以让领导从繁忙的接待工作中解脱出来，也有利于培养出一批专业的接待人才。

情景模拟

某校《秘书实务课》为学生布置了一项作业，作业题目是：假设你是某公司/厂的办公室秘书(公司/厂的行业、规模等背景情况自定),前不久,一所大学前来联系参观事宜,你们公司/厂领导认为这是一次不错的宣传公司及产品的机会,因此同意接待,并将这次接待的组织安排工作交给了你,请你准备一个详细的计划。下面是一位同学的作业,请你看后对这份作业做一次细致的评判。

我公司为一生物公司,主要研发及销售各类保健品及减肥产品,自公司成立以来,由于生产的几类保健品市场反应良好,不断受到消费者的好评,销售量不断上升。目前,我公司正组织科研人员研发新产品,并逐步扩大公司规模。

近日,我公司接到某高校生物系教师来电,表示希望带三年级的学生前来参观,在向公司领导汇报后,他们认为这是一个非常好的机会,不但可以向参观者宣传公司产品开拓学生市场,而且还可以与校方建立联系,发现适于公司发展的人才。

显然,这是一次较为重要的接待任务,而且对于我——一个经验尚少的秘书是一个很好的锻炼机会,因此,安排这样的参观活动需要一份周密详细的计划为指导,我将我所想到的事宜编入计划。

(1)需要与校方联系,获得准确的参观人数,并定下参观时间,以确定参观规模,还要了解学生在校学习的相关专业知识,参观我公司的主要目的,以便于对活动进行策划。

(2)在确定这次参观活动后,我先大概确定一下学生所要参观的部门,对领导以及参观部门的工作活动时间安排进行大概了解,寻找一个最为合适的参观时间段,以避免出现时间上的冲突。

(3)从人员安排到材料、活动准备,预计要有3~4天的准备时间,所以与校方确定参观时间应稍延后,留出这几天的时间。

(4)制定本次参观路线、接待人员、准备相关资料、做出预算等。

通过上述工作,我对这次参观做出以下安排:

本公司每天早上九点上班,因此,约定参观学生十点整在公司门口集合,由我前去迎接,并将他们引至公司会客室,由领导致欢迎辞并介绍公司情况,这时要将事先准备好的公司介绍材料及推广产品的材料分发到每位同学手中。

半小时后,我带学生参观办公区。参观时,请每个部门安排专门人员向同学介绍情况。

接下来安排学生在食堂就餐,每人配以五元标准餐。

下午参观研究室及产品生产流程、成品检测、最终产品的分装、展览区等。这些地方与学生专业联系紧密,由于知识相对专业,应事先安排好专业人员进行解说。

另外食品在生产之前，还需要繁琐的检测工作，测试其中的微生物含量、营养含量等是否达到国家标准。由于这些工作的卫生环境要求较高，需要学生们换上工作服才能进入工作间参观。

最后，由负责接待的领导出面，送别参观者。

我还要将此次活动进行总结汇报，并将材料进行整理存档。

另外需要准备的材料主要有：

· 领导在欢迎和送别参观者时的发言稿。

· 公司及产品介绍材料。

希望上述设计准备能够使这次参观活动达到预期效果，并使学生有所收获。

思考题

1. 在拨出电话之前应该先做好哪些准备工作？

2. 简述接听电话的一般要点。

3. 请你列举出一些过去你拨打或接听电话时对方让你感到不愉快的做法。

4. 简述办公室的接待工作的分类情况。

5. 简述办公室接待日常个人有约来访的工作程序。

6. 做商务旅行安排时要考虑哪些内容？

7. 简述办公室进行来函处理的工作程序。

8. 领导外出期间应如何处理各种来函？

参 考 文 献

1. 张丽莉编著. 涉外秘书实务. 北京:中国劳动社会保障出版社,2002
2. 江卫东编著. 人力资源管理理论与方法. 北京:经济管理出版社,2002
3. 于秀芝编著. 人力资源管理. 北京:经济管理出版社,2002
4. [美]亚瑟·W·小舍曼,乔治·勃兰德,斯科特·A·斯耐尔编著. 张文贤主译. 人力资源管理. 大连:东北财经大学出版社,2001
5. 张浩编著. 新编办公室规范管理手册. 北京:蓝天出版社, 2003
6. 张金城编著. 管理信息系统. 北京:北京大学出版社,2001
7. 司有和编著. 信息管理学. 重庆:重庆出版社,2001
8. [英]理查德·佩廷格编著. 刘天伟译. 掌握组织行为. 桂林: 广西师范大学出版社,2002
9. 任群编著. 中国秘书学. 重庆: 重庆出版社,1999
10. 傅西路编著. 秘书学论纲. 北京: 中国档案出版社,1999
11. 王银清,瞿麦生编著. 企业秘书实务. 北京: 中国人民大学出版社,1995
12. 阎向东编著. 保密工作读本. 西安:陕西人民出版社,2000
13. 郑晓沙编著. 密级项目界定与岗位定密. 北京:金城出版社,2001
14. 王守信编著. 保密工作管理概论. 北京:金城出版社,1998
15. 阎慧峥著. 有关我国对商业秘密保护的法律规定. 经济与法,2001(12)
16. 乔忠编著. 管理学. 北京:机械工业出版社,2002
17. 孙军编著. 管理学. 北京:机械工业出版社,2003
18. 罗杰·摩斯魏克,罗伯特·尼尔森编著. 高维泓译. 会议管理. 桂林:广西师范大学出版社,2001
19. 张多中编著. 会议成功的六大要领. 广州: 广东经济出版社, 2001
20. Marion E . Haynes 编著. 李飒译. 有效的会议技巧. 广州: 中山大学出版社, 2001
21. 赵国俊,陈幽泓编著. 机关管理的原理与方法. 北京:中国人民大学出版社,1999
22. 傅西路编著. 公文处理新规范. 北京:中国城市出版社,2001
23. 肖鸣政编著. 人力资源开发学. 开发组织内人力资源的理论与方法. 北京:高等教育出版社, 2002
24. 科林·麦肯纳编著. 边毅译. 全方位沟通——沟通技巧. 长沙:湖南科学技术出版社,2001

后　　记

自20世纪80年代中期在北京联合大学应用文理学院任教以来，已有十余年的秘书教学经历。在此期间，学习和研究了大量中外有关办公室和秘书工作的论著，并一直利用各种机会直接和间接地接触办公室和秘书工作实践，从而对我国机关、企业的秘书和办公室工作逐步形成了比较清晰的认识。

但是近些年来，越来越深刻地感觉到，尽管秘书工作和办公室工作有密不可分的关系，但对二者的研究还是从不同层次和角度进行的。就一般意义而言，“秘书”是机关和企事业单位中普遍存在的一种职务名称，是办公室人员的一个重要组成部分，所以，对秘书工作的研究主要是从“职位”的层次和角度进行；而“办公室”是为领导和整个组织提供辅助支持的一种专门机构，对它的研究相应地则是从“机构”的层次进行的。

而在秘书专业学生的教育和培养过程中，我们不仅要使之掌握秘书理论和技能，以便做个称职的秘书，还十分有必要让他们学习有关办公室管理理论和工作方法。首先这是因为，办公室是秘书从事秘书工作的环境和背景条件，只有对办公室的职能性质、工作内容等有非常清楚的认识了解，才能更好地从事秘书工作；其次，掌握办公室管理理论和工作方法，还有利于秘书拓展自己的工作领域，有能力胜任其他办公室工作；最后，从个人职业生涯发展角度看，相当一部分有能力和经验的秘书会有机会被组织提拔从事办公室管理工作，这时办公室管理理论还会为他们从事这些工作奠定基础。所以，如果说秘书知识和技能是从微观层面进行具体的职业培训，办公室管理理论就是从更广阔的范围为他们提供知识和技能准备。

正是在这种认识和想法越来越强烈时，非常荣幸地经中国高教学会秘书专业委员会范立荣会长、全国职业培训教材工作委员会范慰慈副教授推荐，承担了本系列教材中《办公室管理》一书的编写工作，十分感谢他们给了我这样的机会。

在编写过程中，我参考和借鉴了大量中外相关书籍资料，同事贺真、张虹等诸位老师也提供了大量的帮助，在此向他们一并表示深深的感谢。

沈蕾

2005年4月